Hauser · Mit Waldschritten gemessen

Albert Hauser

Mit Waldschritten gemessen

Land und Leute der alten und neuen Schweiz

Artemis Verlag Zürich und München

Diese Festgabe zum 70. Geburtstag des Autors am 21. August 1984 wurde herausgegeben von Arthur Meier-Hayoz und Gerhard Winterberger. Die Drucklegung wurde gefördert durch folgende Persönlichkeiten und Institutionen:
Martin Hürlimann, Zürich
Dr. Rudolph Sprüngli, Kilchberg ZH
Schweizerische Lebensversicherungs- und Rentenanstalt, Zürich
Sparkasse Wädenswil – Richterswil – Knonauer Amt
Vereinigung der landwirtschaftlichen Genossenschaftsverbände der Schweiz, Bern
Zentralverband Schweizerischer Milchproduzenten, Bern

Die Aufsätze dieses Bandes stammen aus den Jahren 1958 bis 1983. Nähere Angaben vermittelt die Bibliographie.

© 1984
Artemis Verlags-AG Zürich und München
Printed in Switzerland
ISBN 3 7608 0633 3

Inhalt

7   Albert Hauser zum 70. Geburtstag

HEIMAT UND STAAT
13 Grundzüge des schweizerischen Nationalbewußtseins
23 Heimatbegriff und Heimatbewußtsein in der alten Eidgenossenschaft
    Nostalgie – positiv und negativ gesehen
37 *Eine Krankheit der Wohlstandsgesellschaft?*
45 *Sehnsucht nach einer besseren Welt?*

DIE SCHWEIZ UND DIE EUROPÄISCHE INTEGRATION
57 Die Schweiz und der Deutsche Zollverein
74 Lehren der schweizerischen Wirtschaftsgeschichte im Zeitalter der Integration

KULTURGESCHICHTLICHES
91 Glanz und Elend des Jahrmarkts
103 Die Frau in Schweizer Chroniken und Sagen
112 Die Blumen im schweizerischen Brauchtum

FORSTGESCHICHTE
125 Der Wald als Schutz und Schirm
134 Leben mit dem Baum
144 Über die kulturelle Bedeutung des Waldes

AGRARGESCHICHTE UND AGRARSOZIOLOGIE
157 Das Selbstbild der Bauern in der Alten Eidgenossenschaft
174 Der Familienbetrieb in der schweizerischen Landwirtschaft
209 Bäuerliches Leben im Spiegel der Sage
232 Über die Nutzung von Böden im Grenzertragsbereich. Sozio-ökonomische und kulturelle Aspekte

DIE ZÜRCHER HEIMAT
241 Die Züribieterin im Wandel der Zeit
248 Die Seebuben – Zur Charakteristik eines Volksschlages
255 Bäuerliches Brauchtum im Wandel der Zeit

ANHANG
267 Bibliographie der Veröffentlichungen von Albert Hauser

Albert Hauser zum 70. Geburtstag

Am 21. August 1984 darf Albert Hauser seinen 70. Geburtstag feiern. Zu diesem Anlaß haben wir es – stellvertretend für einen grossen Freundeskreis – unternommen, aus der Fülle seiner Abhandlungen, Aufsätze und Vorträge zur schweizerischen Kultur- und Wirtschaftsgeschichte einige auszuwählen und sie in einem Sammelband auf den Geburtstagstisch zu legen. Bisher Unveröffentlichtes oder an nicht leicht greifbarer Stelle Publiziertes soll hier zugänglich gemacht werden und den grossen Rahmen erkennen lassen, in welchem sich Denken und Handeln des Jubilars bewegen.

Der in Wädenswil beheimatete und zeitlebens an seinem Bürgerort seßhaft gebliebene Albert Hauser ist ein typischer Repräsentant der «Seebuben», aus deren Reihen schon manch starke Persönlichkeit hervorgegangen ist. Seine Studien absolvierte er vorab an der Universität Zürich, wo er 1938 bei Professor Ernst Gagliardi mit der Dissertation «Der Bockenkrieg. Ein Aufstand des Zürcher Landvolks im Jahre 1804» zum Dr. phil. promovierte. In der Folge war der junge Historiker zunächst Redaktor einer renommierten Tageszeitung, anschließend Sekretär der Freisinnig-demokratischen Partei des Kantons Zürich, sodann Sekretär des Zentralverbandes schweizerischer Arbeitgeber-Organisationen, um schließlich die Leitung des Schweizerischen Bierbrauervereins zu übernehmen, wo er sich besonders mit kartellpolitischen Fragen zu befassen hatte. Daneben betraute ihn der Bundesrat mit Aufgaben in permanenten eidgenössischen Kommissionen.

Von Anfang an ging die anspruchsvolle praktische Tätigkeit Hand in Hand mit zunehmender theoretischer Vertiefung. Hier lassen sich Parallelen aufzeigen zu andern bedeutenden Gelehrten, die ebenfalls neben einem intensiven praktischen Beruf eine rege wissenschaftliche Tätigkeit entfalteten. Werner Näf hat in «Wesen und Aufgaben der Universität» (Bern 1950) diese Art Persönlichkeit – dieses Gegenstück zum «realitätsfremden Intellektuellen»

(Schumpeter) – treffend charakterisiert: «Wer in Amt und Beruf auf das Grundlegende und Grundsätzliche – auf das Wissenschaftliche – gerichtet bleibt und forschend produktiv wird, demonstriert seinen Überschuß an geistiger Energie und wissenschaftlicher Leistungsfähigkeit, der dem akademischen Lehrer und Gelehrten eigen sein muß.» So verfaßte Albert Hauser 1940/41 mitten in gefahrvoller Zeit eine Schrift über das eidgenössische Nationalbewußtsein, womit er zur Stärkung des helvetischen Staatsgedankens wesentlich beitrug. Seine Neigung zu Geschichte und Soziologie des überblickbaren ländlichen Raumes führte 1956 zur Habilitation als Privatdozent an der Eidgenössischen Technischen Hochschule in Zürich. 1965 wurde er außerordentlicher Professor, und 1967 erfolgte seine Ernennung zum Ordinarius für schweizerische Wirtschaftsgeschichte, insbesondere für Geschichte und Soziologie der Land- und Forstwirtschaft. Albert Hauser entfaltete bis zu seinem 1979 erfolgten Rücktritt eine reiche Lehr- und Forschungstätigkeit, die in zahlreichen Publikationen und in wertvollen, unter seiner Leitung entstandenen Dissertationen Ausdruck fand. Bekannt wurde seine «Schweizerische Wirtschafts- und Sozialgeschichte», dann die Arbeit «Vom Essen und Trinken im alten Zürich». Später fanden die Beiträge zur schweizerischen Agrar- und Forstgeschichte unter dem Titel «Wald und Feld in der alten Schweiz» sowie die prachtvollen Bände «Bauernregeln» und «Bauerngärten der Schweiz» weit über die Landesgrenze hinaus starke Beachtung. Die umfangreiche Bibliographie am Schluß dieser Festgabe vermittelt ein eindrückliches Bild seiner gewaltigen Schaffenskraft und der Spannweite seines Denkens.

All sein Tun ist durchdrungen von einer tiefen Verbundenheit mit diesem Land und seinen Leuten. Die Zuneigung zur Eidgenossenschaft und zur engeren Heimat ist bei ihm alles andere als eine oberflächliche Verherrlichung ihrer Ideale; sie äußert sich im ständigen Bemühen um die Festigung ihrer Fundamente, in der aufbauenden Pflege ihrer Strukturprinzipien und in der Stärkung der Lebenskraft ihrer Bevölkerungsschichten. Sein unermüdlicher Einsatz gilt dem Ausbau der rechtsstaatlichen Demokratie, der Förderung eines lebendigen Föderalismus, der Aufrechterhaltung sozialer Marktwirtschaft. Kein Wunder, daß er besondere Hochachtung vor dem Werk und dem Menschen Wilhelm Röpke hat, von dem er sich – wie manche seiner Freunde – angesprochen fühlt. In einer Zeit des Umbruchs traditioneller Lebensverhältnisse und des tiefen Wandels der Anschauungen kämpft er gegen drohende zentrifugale Kräfte und ringt um den Zusammenhalt innerhalb der Nation. Der Kampf erschöpft sich bei ihm nie in Worten. Allenthalben ist er bei der Realisierung seiner Vorstellungen aktiv dabei – auf internationaler, nationaler, regionaler und kommunaler Ebene. So wirkte er an vorderer Stelle im Internationalen Verband forstlicher Forschungsanstalten mit. Als Präsident leitete er die Eidgenössische Expertenkommission für die Bergzoneneinteilung. Um den Landschaftsschutz in seiner Region wäre es heute weniger gut bestellt, wenn er nicht als wachsamer Präsident des Verbandes zum Schutz des Landschaftsbildes am Zürichsee oft ein Machtwort gesprochen hätte. Die Gemeinde Wädenswil verdankt ihm neben vielem anderen den mustergültigen Aufbau des Heimatmuseums «Zur hohlen Eich».

Wer ein so gerüttelt Maß an Verantwortung zu tragen hat, braucht Verschnaufpausen. Albert Hauser fand sie beim Fischen drüben an der Sihl und im einsamen Hüttnersee, beim Musizieren – er spielt mit Vorliebe Bach auf seinem Spinett –, vor allem aber beim Malen und Zeichnen. Es wurde gleichsam zur Fortsetzung seiner Schriftstellerei mit andern Mitteln. Da wie dort ein gekonntes Wirken aus gleicher Grundhaltung: einer engen Vertrautheit mit dieser Landschaft und einer tiefen Zuneigung zu ihren Bewohnern; aus jener Liebe zu Schöpfung und Geschöpf, die nicht allein aus irdischen Wurzeln wächst. Der Erlös seiner Bilder – sie zieren manchen Wohnraum seeauf und seeab – kommt immer wieder wohltätigen und gemeinnützigen Institutionen zugut.

Entscheidende Kraft zur staunenswerten Vielfalt seiner Tätigkeiten schöpft Albert Hauser aus seiner Familie, aus der engen Verbundenheit mit seiner Gemahlin Trudi Hauser-Rebsamen, die ihn in seinem Werk immer wieder wirkungsvoll unterstützt.

Die Herausgeber entbieten Albert Hauser die besten Wünsche beim Übertritt ins achte Dezennium. Sie hoffen, daß ihm die wissenschaftliche Flamme, die künstlerische Kraft und die menschliche Wärme noch lange erhalten bleiben und sein Einsatz für eine «Civitas humana» auch weiter Frucht trage.

Arthur Meier-Hayoz und Gerhard Winterberger

HEIMAT UND STAAT

Grundzüge des schweizerischen Nationalbewußtseins

In der Augustausgabe der «Schweizer Monatshefte» (Heft 5, 44. Jahr) ist ein Historiker den Grundzügen des schweizerischen Nationalbewußtseins nachgegangen. Soweit seine Darstellungen das 19. und 20. Jahrhundert berühren, können wir mit ihm einig gehen. Nicht einig sind wir hingegen mit dem Verfasser des Artikels, wenn er feststellt, daß ein schweizerisches Nationalbewußtsein sich erst im 18. Jahrhundert entwickelte. Es kann kein Zweifel herrschen, daß es so etwas wie einen eidgenössischen Gemeinsinn schon im 14. Jahrhundert gegeben hat. Die Geburt eines lebendigen Patriotismus wartet ja nicht zu, bis ein klarer Begriff vom Staat und der Nation formuliert worden ist. Zu allen Zeiten ist der Patriotismus von einem genau erfaßbaren politischen Bewußtsein unabhängig; er stützt sich vielmehr auf die Grundlage instinktiver persönlicher oder, wenn wir wollen, irrationaler Vorstellungen, wie Liebe und Treue zur Heimat, den Willen, diese selbst zu regieren, den Haß gegen alle die, die diesem Willen trotzen. Aus dem talschaftlichen und kommunalen Zusammengehörigkeitsgefühl, aus dem Heimatsinn oder Heimatgefühl hat sich allmählich das Nationalbewußtsein entwickelt. Schon früheste Quellen der Eidgenossenschaft erzählen von einer großen Liebe des Gebirgsbauern zu seinem kargen Boden, von dem ihn keine menschliche Gewalt vertreiben könne. Frühzeitig hat man auch erkannt, daß man vielmehr die schützenden Naturkräfte gegen menschliche Gewalt ausspielen könnte. So sagt der Mönch Johannes von Winterthur, bekannt durch seinen Bericht über die Schlacht von Morgarten, in seiner in den Jahren 1340 bis 1348 in lateinischer Sprache geschriebenen Chronik, die Eidgenossen hätten den Aufstand gegen die Herrschaft Österreichs «im vollen Vertrauen auf den ganz sichern Schutz und Wehr ihrer himmelhohen Berge erhoben».[1] Von ausschlaggebender Bedeutung war sodann, daß den verbündeten Waldstätten nicht einzelne und verschiedene Gegner erstanden. Ihr gemeinsamer Feind war das Haus Habsburg-Österreich, und aus der Feindschaft des Volkes dem österreichischen Adel gegenüber erwuchs mit der Zeit so etwas wie Partei- oder Standesbewußtsein. In ihm hat das aufkeimende Nationalgefühl wohl seinen stärksten Ansatz gehabt. Wir sehen das besonders schön in den aus der zweiten Hälfte des 14. Jahrhunderts erhaltenen Volksliedern. In unnachahmlicher Weise kommt dies in einem Gedicht über die Sempacherschlacht zum Ausdruck:

«Do hub sich ein großer stoß
keiner da sines adels genoß
kam er den eidgenossen in die hend
er muest da nemen sin lestes end.[2]»

Im 15. Jahrhundert hat das Gefühl der Zusammengehörigkeit und wechselseitigen Verpflichtungen in entscheidenden Proben seine Kraft bewährt. In den Liedern steht anstelle einzelner Orte nun das gesamte Vaterland im Mittelpunkt. Die Chronisten, so etwa der im Auftrag von Schultheiß Mülner schreibende Zürcher Chronist sowie der für den Berner Rat tätige Konrad Justinger, setzen sich positiv für den Bund ein. Äußerungen politischer Ideen sind allerdings in dieser Zeit selten, doch vernehmen wir die Stimme des gefährdeten Gemeinsinns spürbar in den drohenden Zwistigkeiten. So bangte man im Zugerstreit von 1405 und im Raronhandel von 1419 um das Bestehen der jungen Eidgenossenschaft. Der Berner Gesandte entschuldigte das Vorgehen seiner Regierung auf der Tagsatzung: «sölte ein bruch in die eidgnoschaft beschechen, daz were inen leit, und wollten darzu kein ursach geben»[3]. Ähnliche Stimmen wurden im Zürcherkrieg laut. So hat etwa der Luzerner Johannes Fründ dargelegt, daß man die alten Bundesbriefe nicht nur rechtlich, dem reinen Wortlaut nach zu verstehen habe; sie seien vielmehr eine Gesinnungsverpflichtung, und zwar eine solche gegen Österreich. Als er vernahm, daß sich die Zürcher mit dem Abzeichen Österreichs (Pfauenfeder und rotes Kreuz) versahen, bäumte sich in ihm so etwas wie ein eidgenössischer Stolz auf. Auch in Zürich selbst empfand man in diesem Augenblick den Abfall von der eidgenössischen Tradition, weigerten sich doch die eidgenössisch Gesinnten, die fremden Abzeichen anzunehmen. Der Zürcher Heinrich Brunner sprach, als man ihn zwang, sich an Stelle des weißen Kreuzes ein rotes anzuheften, die schönen Worte: Dürfe er das auf seinen Wams genähte weiße Kreuz nicht mehr tragen, so wolle er es dafür im Herzen treu bewahren, allwo es ihm kein Mensch rauben könne[4].

Die kurze Zeit der glorreichen Burgunderkriege zeigte indessen, daß der gemeinschaftliche Gesichtspunkt, der während der großen Schlachten sieghaft hervorgetreten war, Volk und Obrigkeiten nicht restlos erfüllte. Zwar dankten nach dem Feldzug, so berichtet Schilling, «die von Bern und Solotern den Eidgenossen gar früntlich und mit ganzen herztrüwen, daß manchem biderben mann sin ougen übergingen von rechten fröüden». Nachher aber rührten die Orte keinen Finger mehr zur Behauptung und Wiedergewinnung der bernischen Eroberungen. So groß war die Eifersucht unter den Bundesgliedern. Nichts beweist aber schlagender das Fehlen der durchgreifenden nationalen Gesinnung, der staatlichen Solidarität, als die mehrfach bezeugte und völlig glaubwürdige Tatsache, daß sich unter den 6000 deutschen Söldnern Karls des Kühnen bei Murten viele Schweizer befunden haben. «Es sein bei 6000 Deutschen bei dem herzogen gewest, sein des merenteyll des landts von den Eydgnossen gewest. Dy han sich gar ritterlich gewert. Dy sein alle todt blyben.»

Wie weit die Verwilderung der Kriegszeiten eine Auflösung des Gemeinsinns bewirkt hat, ist schwer auszumachen. Tatsache ist, daß das große Wachstum der Macht die Eidgenossen zu verderben schien. Vergebens versuchten die Regierungen in dieser Zeit die wild erregten Scharen zu zügeln. Vergebens auch warnten sie vor Zwietracht und Uneinigkeit. Recht schön können wir bei den zeitgenössischen Chronisten Melchior Ruß, Johannes Knebel und Eulogius Kiburger sehen, wie sie die Einigkeit als Grundlage alles staatlichen Gedeihens betrachten. Der Berner Diebold Schilling, der als Augenzeuge der großen Machtentfaltung der Eidgenossenschaft mehr denn irgend jemand berufen war, Ideen über Staat und Vaterland in sich reifen zu lassen, leitet alles Heil, das der Eidgenossenschaft widerfahren sei, von der Einigkeit ab. Als er vom Berner Rat den Auftrag erhielt, eine Chronik zu schreiben, verband er damit den didaktischen Zweck, seine Zeitgenossen zu nationalem Denken zu erziehen. Die Nutzanwendungen, die er aus den Ereignissen zog, erheben sich allerdings nicht über das Maß landläufiger Lebensweisheit und primitiver Staatsklugheit. Aber Schilling besaß ein offenes Auge für die im eidgenössischen Lager zutage tretenden Schäden und vor allem den Mut, seinen Tadel dahin zu richten, wo er treffen sollte, nach oben und nach unten. Er brandmarkte «die schnöden Schelmen und Freiheitsbuben», die sich nicht am Kampfe, wohl aber an der Beute beteiligen, die nachher nicht arbeiten wollen und schuld sind an der schrecklichen Abnahme der öffentlichen Sicherheit. Das verfluchte Raubgut vergifte das Volk, prophezeite er, und rufe der Rache des Himmels. Er schreckte nicht davor zurück, die Schattenseiten des Volkes, Gottlosigkeit, Müßiggang, Geldgier und zügelloses Kriegsleben der Söldner bloßzustellen. Sodann appellierte er an die Obrigkeit: Die Beute werde ungerecht und ungleich verteilt; wenn ein Antrag auf gemeine Beute gestellt werde, könne er nicht durchgeführt werden, weil die «Mächtigen und Gewaltigen» so viel genommen hätten, das sie ungerne zurückgegeben hätten. Dies verletzte sein Gerechtigkeitsgefühl. Die Armen, sagte er, haben ebensoviel getan wie die Reichen; jedermann habe seine Bürde getragen, Blut und Gut für das Vaterland geopfert. Doch alle die mit kühnem Freimut vorgebrachten Zeugnisse nationaler und demokratischer Gesinnung fruchteten nichts.

Von großer Bedeutung ist sodann für das Nationalbewußtsein das Verschwinden des bis dahin immer noch vorhandenen deutschen Nationalgefühls im Schwabenkrieg. Es gibt für die Tatsache, daß die Deutschen damals für die Eidgenossen fremdes Volk geworden waren, ungezählte Indizien und Beispiele. So verlor der Reichsadler, der in den Chroniken von Schradin, Etterlin, Stumpf und Glarean erschien, seither seine Geltung. Im Bewußtsein, daß über den Schild weder Helm noch Krone passe, wählte der Chronist Brennwald eidgenössische Waffen. Auf Denkmünzen und Schweizerkarten wird der Reichsadler zum Teil auch durch einen Freiheitshut ersetzt. Das endgültige Auseinanderklaffen und die folgenschwere Trennung kommen wohl doch am schönsten zum Ausdruck im Wort eines Boten aus dem Grenzgebiet Thayngen. Dieser erklärte vor der eidgenössischen Tagsatzung, «daß sie lieber Eidgenossen tod, als Schwaben lebendig sein möchten». Erst nachdem die deutsche Sprache die Eidgenossen mit den Deutschen innerlich nicht mehr zu verbinden vermochte, ist eine eigentliche eidgenössische Nation entstanden. Ganz offensichtlich haben das auch ausländische Betrachter erkannt. So sprach etwa im Jahre 1516 der Papst und bald auch alle andern Potentaten von der «neuen, wohlhergekommenen edlen Nation der Eidgenossen». Die Eidgenossen, so sagt treffend Werner Näf, erhoben sich nicht zur Nation, indem sie sich innerlich von der deutschen

Nation ablösten; sie trennten sich vom Reich, weil sie zur Nation geworden waren.

Die Überzeugung vom Anderssein prägte sich im 16. Jahrhundert noch schärfer aus. Das Nationalbewußtsein wurde so stark, daß sich die schweizerischen Humanisten angetrieben und berufen fühlten, die Sonderexistenz der eidgenössischen Nation mit «wissenschaftlichen» und «historischen» Gründen zu erklären und zu rechtfertigen. Eidgenössische Gesinnung tritt etwa in der Abhandlung des Humanisten Albrecht von Bonstetten über die Burgunderkriege zutage. Wir finden sie auch in einer pathetischen Lobrede auf die Eidgenossenschaft von Heinrich von Gundolfingen. Alteidgenössischen Geist beschwor immer wieder auch Glarean. Selbst beim St.-Galler Reformator und Humanisten Joachim Vadian, einer eher unpolitischen Natur, tritt vor allem dann, wenn es sich ums Reislauf- und Pensionswesen handelt, ein politisches Interesse an einer starken und geeinten Eidgenossenschaft in den Vordergrund. Eidgenössische Gesinnung offenbaren auch die Werke von Jud, Gwalther, Myconius und Platter. Sie werden indessen an nationalem Gehalt übertroffen durch die Chronik des aus Rottweil stammenden Berner Reformierten Valerius Anshelm. Mit der ihm eigenen Sprachgewalt stellte Anshelm seinen Zeitgenossen die alten Eidgenossen als erhabene Vor- und Leitbilder vor Augen. Doch gelangten die großartigen Worte Anshelms nicht ins Volk. Seine Bände blieben lange im Archiv liegen, und eine Zeitlang hielt man seine Schriften sogar für verloren. Dafür erschien zu jener Zeit ein Werk, das dank seiner versöhnlichen Haltung und patriotischen Wärme imstande war, ein nationales Besinnen zu erwecken. Der Verfasser war Johannes Stumpf aus Bruchsal. Seine historischen und nationalen Interessen waren von seinem Schwiegervater, dem Geschichtsschreiber Brennwald, geweckt worden. Mit großer Kraft erhob sich der Reformierte Stumpf über die hadernden und streitenden Zeitgenossen. Sein Werk eröffnet die große Reihe von Chroniken, die das gesamte Gebiet der Schweiz in ihre Darstellung ziehen. Es fand in der ganzen Eidgenossenschaft fast ungeteilte Aufnahme und erlebte innert wenigen Jahrzehnten mehrere Auflagen.

Um die eidgenössische Nation zu erklären, haben fortan Chronisten und Liederdichter, vor allem die Humanisten, alles herangezogen, was den Schweizern irgendwie gemeinsam war und was sie von andern Völkern unterscheiden konnte. Heimische Art und

Sitte bekam höhere Bedeutung; Biederkeit und Einfalt, Frömmigkeit und Treue wurden nun nicht mehr allein als individuelle Tugenden bewertet, sondern als eidgenössische Eigenschaften gepriesen. Nun galt es auch der eidgenössischen Nation eine Begründung zu geben, die sie, die mehrere Sprachen und Kulturen beherbergte, als gleichwertig und naturnotwendig den andern Nationen gegenüberstellte. Ein später Humanist, der katholische Glarner Ägidius Tschudi, wagte diesen Schritt. Zur Ehre der Eidgenossenschaft stellte er durch geschickte Vermischung historischer Wahrheiten und kühner Konstruktionen das Bild einer Schweiz auf, das den Erfordernissen der Zeit genügte.

Zur gleichen Zeit, da man über Sinn und Ursprung der Nation nachdachte, begann sich dem Bewußtsein auch das Wesen des eidgenössischen Staates zu enthüllen. Die Frage, ob die Eidgenossenschaft überhaupt ein Staat sei, versuchte der Zürcher Josias Simler im Sinne seines großen Meisters Tschudi zu lösen. Er erkannte in seinem Werk «De republica Helvetiorum libri duo» vom Jahre 1576, daß dem Bund wichtige Merkmale des Staates, namentlich die oberste Befehlsgewalt, fehlten. Es bestehe aber, betonte er, unter den Gliedern ein so enger Zusammenhang, daß man von einem schweizerischen Staat reden könne. Der Franzose Jean Bodin, der ohne von Simler zu wissen das gleiche Problem behandelte, machte das Fehlen einer unbedingten obersten Gewalt zum Kriterium und kam zum Schluß, daß die Eidgenossenschaft kein Staat sei. Die reine Rechtserwägung entschied für Bodin. Simler aber sprach mit seiner Auffassung seinen Landsleuten aus dem Herzen. Deshalb auch sein ungeheurer Erfolg; sein Werk wurde bis zum Ende des 18. Jahrhunderts achtundzwanzigmal in verschiedenen Sprachen neu herausgegeben.

Es fehlte im 16. und 17. Jahrhundert auch nicht an tatsächlichen Versuchen, aus der Tagsatzung ein straff geführtes Instrument eines Bundesstaates zu machen. Auch im Zeitalter der Glaubensspaltung kann man in beiden Lagern immer und immer wieder die schönsten Zeugnisse des nie ganz untergegangenen Nationalbewußtseins finden. Ein Beispiel spreche für viele: Im Jahre 1656 erschien eine Schrift mit dem Titel «Der alte Eydtgnoß oder Wider-Lebende Wilhelmb Thell wider den Gräuel der Verwüstung Hochlöblicher Eydtgnosschaft oder Schweizerlandts». Verfasser ist wahrscheinlich der Luzerner Ludwig Pfyffer von Altishofen. Von nationalem Boden aus übt er scharfe Kritik an den Schäden des Bundes. Er rügt die Ämterverteilung, stellt fest, daß Tracht und Sitte sich nach fremdländischem statt nach schweizerischem Muster richten, das Herz hänge sich mehr an die Bundesgenossen denn an den Bund. Nie aber dürfe es vorkommen, daß Vater wider Sohn, Bruder wider Bruder, ja ein Eidgenosse gegen den andern fechten müsse. Die Schrift «Parnassi Trutina», erschienen 1656, sieht die nationale Schwäche in den Religionskriegen und macht für die unerquicklichen Zustände die Geistlichen verantwortlich. Von einem ähnlichen Geist ist der Verfasser der 1657 erschienenen «Heutelia» getragen. Wiederholt befaßt sich die zeitgenössische Literatur auch mit den französischen Werbungen. Der Verfasser einer im Jahre 1688 erschienenen Flugschrift sieht voraus, daß die Franzosen dereinst mit der schweizerischen Freiheit aufräumen werden.

Im 17. und im beginnenden 18. Jahrhundert geben sich sodann das weltliche Schauspiel und das Volkslied sehr häufig mit vaterländischen Stoffen ab, doch weisen sie fast ausnahmslos rückwärts und stellen der dunklen Gegenwart ein verherrlichtes Bild der alten, moralisch und politisch einsichtigen Eidgenossenschaft entgegen. Oft ersetzt das nationale Empfinden die harte und zum Teil nicht erfreuliche Wirklichkeit durch eine gefällige Täuschung[5]. Vor allem im 18. Jahrhundert begegnen wir auf Schritt und Tritt der Meinung, die Schweiz als solche sei ein freier und unumschränkter Staat. So sagt etwa Urs Balthasar in seinen patriotischen Träumen 1738, die 13 Orte und Zugewandten bilden einen «einzigen Staatsleib». Gabriel de Seigneux de Corovon, Säckelmeister von Lausanne, schreibt 1760 in einer Abhandlung für die Berner ökonomische Gesellschaft von «einer national und allgemeinen Freyheit des ganzen helvetischen Staates». Die beiden Zürcher Geschichtsforscher Johann Heinrich Füßli und Johann Carl Faesi sowie der Berner Carl Viktor von Bonstetten bezeichnen in ihren Schriften die Schweiz als helvetischen oder eidgenössischen Freistaat.

Doch waren sich die Aufklärer des 18. Jahrhunderts im großen ganzen des Kontrastes und der Divergenz zwischen ihren vaterländischen Ideen und der Wirklichkeit im klaren. Sie glaubten, daß die Aufklärung mit ihren leuchtenden Zielen, der Glaubensfreiheit und Duldsamkeit, schlußendlich die Wiedergeburt der eidgenössischen Nation mit sich bringen werde. Ungeachtet der Religion, so sagt beispielsweise J.C. Faesi, werden die Eidgenossen immer wahre Freunde bleiben, «wie dieses die Erhaltung der Freyheit und des Vaterlandes, welches den Catholischen sowol als den Evangelischen gemeinsam ist, erfordert».

Nationale Gedanken von besonderer Kraft finden wir in dieser Zeit unter anderem etwa bei Philippe-Syrice Bridel, dem Prediger an der französischen Kirche in Basel. Er möchte in allen Hütten und Häusern, ob welsch oder deutsch, das gleiche tiefsinnige Bekenntnis zur Schweiz sehen. Das Gegenstück finden wir im rührigen Solothurner Chorherren Franz Philipp Gugger, der es liebte, auf der Kanzel für ein gemeinsames Vaterland zu werben. Wie schon die Humanisten, so stellen nun auch die patriotischen Aufklärer des 18. Jahrhunderts ihr Wissen und ihre Erfahrungen in den Dienst des Vaterlandes, indem sie dem Volk die Augen zu öffnen versuchen für die Eigenart, die historisch und geographisch erklärt werden soll. Es war vor allem der bedeutende Naturforscher Johann Jakob Scheuchzer, der sich mit der Frage der Nation befaßt hat. Er brachte auch das Kunstwerk fertig, das Heimweh, das nie so recht ins landläufige Bild des tapferen Eidgenossen passen wollte, mit den atmosphärischen Druckverhältnissen zusammenzubringen. Auch Scheuchzer appellierte an die Einfachheit und Selbstgenügsamkeit der Vorfahren und warnte vor fremden Speisen und fremden Sitten.

Den von Scheuchzer vorgezeichneten Weg ging J. J. Bodmer weiter. Ihm hat so etwas wie eine schweizerische Volkskunde vorgeschwebt, die er mit seinen Freunden zusammenzutragen hoffte. Geblieben ist ein Fragment, ein Torso, das aber in dieser Gestalt noch für das Wiedererwachen des eidgenössischen Nationalbewußtseins zeugt. Es manifestiert sich weiterhin im Berner Freitagsblättlein, im Solothurner Wochenblatt, in den monatlichen Gesprächen des Glarners Heinrich Tschudi, den unparteiischen Gedanken von Franz Urs Balthasar, den Gedichten des Berners Ludwig von Muralt und den Abhandlungen des Baslers Isaak Iselin. Mehr oder weniger kräftig zeigt sich in all diesen Werken der Wille, Sitten und Geist zu veredeln, die politische Einsicht zu verstärken und die konfessionell getrennten eidgenössischen Orte wenigstens in der Tugend zu einen. Hier wie auch in den Gedichten Albrecht von Hallers tritt uns der den Aufklärern eigene Glaube an die Güte der Natur entgegen. Wie die Humanisten so führen auch sie den «verderbten» Zeitgenossen das Idealbild der einfachen und sittenreinen alten Eidgenossen und Hirten vor Augen. Auf den gleichen Ton sind auch die Gespräche und Aufrufe der Gründer der Neuen Helvetischen Gesellschaft abgestimmt. Da und dort tritt uns auch der Wille zur Reorganisation des lockeren und schwachen Staatenbundes entgegen.

Es gehört zur Tragik der alten Eidgenossenschaft, daß diese Einsicht nur in wenigen lebendig war. Der vielgepriesene und immer wieder heraufbeschworene nationale Geist hat sich am Ende des 18. Jahrhunderts nicht bewährt. Unter dem Ansturm der französischen Revolutionsheere brach die alte Eidgenossenschaft zusammen. Nach nüchternen Erwägungen hätte eigentlich der Staatenbund lange vorher zerfallen sollen. Es grenzt ans Wunderbare, daß er allen Mängeln und Gebresten, die ihm anhafteten, allen äußern Gefahren und innern Kriegen standhielt. Diese Tatsache kann nicht allein mit rationalen Gründen erklärt werden. Es hat dies wohl auch Charles Monnard, der waadtländische Geschichtsschreiber und Staatsmann, gespürt, als er sagte, «une force mystérieuse», eine geheimnisvolle Kraft, habe den Bund zusammengehalten. Wir glauben, daß sie im eidgenössischen Nationalbewußtsein wurzelte. Dieses wiederum gründete sich auf die Überzeugung, daß der Bund nicht nur notwendig und für die Eidgenossen ein einmaliger Glücksfall, sondern letzten Endes irgendwie unantastbar sei, wie das der Zürcher Orientalist J.J. Hottinger in seinem Hohelied auf die Eidgenossenschaft 1654 ausdrückte: «Es sei der Bund von ewiger Dauer – notwendig nach Ursprung und Fortsetzung – gerecht, lobenswert und nicht nur von den ernsthaftesten Schriftstellern aus den verschiedenen Gründen gefeiert, sondern auch von Kaisern, Königen, Päpsten, Kardinälen und Bischöfen sowohl bestätigt wie empfohlen – unter mehr als einem Titel wunderbar – erblich von Geschlecht zu Geschlecht – begünstigt, glücklich, köstlich – der Natur und dem Menschengeist gemäß – mit einem Worte sakrosankt[6].»

---

[1] Chronik des Johannes Vitoduranus, hg. von G. Wyß in: Archiv für Schweizer Geschichte, Band XI, 1856. Neue Ausgabe von T. Baethgen in Monumenta Germaniae historica, Scriptores.
[2] Die Lieder bilden eine ausgezeichnete Quelle. Vgl. hierüber: O. von Greyerz, Das Volkslied der deutschen Schweiz. Frauenfeld und Leipzig 1927; R. von Liliencron, Die historischen Volkslieder der Deutschen vom 13. bis 16. Jahrhundert, 4 Bde., 1865–1869.
[3] A. Hauser, Das eidgenössische Nationalbewußtsein, sein Werden und Wandel. Zürich und Leipzig 1941, S. 13.
[4] A. Hauser, S. 14. Auch für das Folgende sei auf diese Schrift, bzw. deren Quellenangaben verwiesen.
[5] Vgl. für das 18. Jahrhundert namentlich die Dissertation von K. Schwarber, Nationalbewußtsein und Nationalstaatsgedanken der Schweiz 1700–1789. Diss.

Basel 1919, ungedr. Außerdem sei nachdrücklich auf zwei neuere Arbeiten hingewiesen: H. von Greyerz, Nation und Geschichte im bernischen Denken. Bern 1953; Chr. Pappa, Die Entstehung des schweizerischen Nationalbewußtseins in Graubünden. Ein Beitrag zum Anschluß Graubündens an die Eidgenossenschaft. Chur 1944.

[6] F. Ernst, Der Helvetismus. Zürich 1954, S. 32.

Heimatbegriff und Heimatbewußtsein
in der alten Eidgenossenschaft

Staatliches Denken und Handeln ist in der Schweiz tief in der volkstümlichen Tradition verwurzelt. Die Eidgenossenschaft gilt als Volksstaat, als Staat, der wirklich auch vom Volk getragen wird. Dennoch regen sich – paradoxerweise gerade in den Volksschichten, welche die den Staat tragende Mehrheit ausmachen – hin und wieder «antistaatliche» Kräfte. Um es zu verdeutlichen: Wir meinen nicht die Leute der «Bewegung», nicht die Vertreter der revolutionär-marxistischen Liga und nicht die Leute der POCH, sondern einzelne Bauern in voralpinen und alpinen Regionen. So sagte kürzlich ein angesehener Nationalrat der Innerschweiz: «Der Bauer empfindet naturgemäß alles, was staatliche Regelung ist, als Druck und Zwang.» Ein angesehener Landammann eines innerschweizerischen Kantons erklärte dem Schreibenden, der als Präsident einer eidgenössischen Expertenkommission auftrat: «Was will man noch reden von Freiheit angesichts der Milchkontingentierung und anderer Maßnahmen von Bern. Hat nicht schon Geßler gesagt: Ich will nicht, daß die Bauern Häuser ohne meine Bewilligung bauen.» Ein angesehener Appenzeller Politiker meinte: «Wissen Sie, für mich besteht der Staat nicht aus dem Bundeshaus, sondern aus der Landsgemeinde.» Offenbar gibt es zwischen der volkstümlichen Bindung an die heimatenge Lokalgemeinschaft und der modernen zentralistisch-rationalen Staatsraison bedeutende Spannungen. Wer die oft extremen föderalistischen Äusserungen verstehen will, muß die volkstümlichen Voraussetzungen sowie vor allem die Herkunft der Eidgenossenschaft aus einer alpenbäuerlichen Demokratie kennen. Unser Beitrag will die Hintergründe dieses Spannungsfeldes beleuchten.

Daß unser Staat sein Dasein gerade den partikularistischen Neigungen verdankt, ist bekannt. Schon Peter Liver und Karl

Meyer haben in ihren Untersuchungen gezeigt, daß das Gebirge ein besonders geeigneter Boden für eine genossenschaftlich-partikularistische Entwicklung ist[1]. In der alten Eidgenossenschaft gab es ein talschaftliches und kommunales Zusammengehörigkeitsgefühl von großer Kraft[2]. Dieses örtliche Heimatgefühl war so stark, daß ein Patriotismus fürs Ganze, ein eidgenössisches Nationalgefühl, nur schwer und nur allmählich wachsen konnte. Wir haben dem Nationalbewußtsein bereits eine Studie gewidmet und wollen es diesmal außer acht lassen[3]. Im Vordergrund stehen nun Heimatgefühl und Heimatbegriff. Im Gegensatz zu Ina-Maria Greverus, welche das Heimatphänomen kürzlich – aus einer allerdings anderen Sicht – betrachtet hat, halten wir am alten Begriff Heimat fest. Sie glaubt, die Begriffe Heimat und Heimatgefühl seien unbrauchbar: «Heimat hat sich zu einem ethischen Symbol entwickelt mit dem Charakter einer ausgesprochenen Alternativattrappe.» Die Autorin spricht deshalb vom «territorialen Menschen», von einem Menschen, der seine Identität in einem bestimmten Territorium findet, «das ihm Verhaltenssicherheit gewährt, da in ihm Umwelt als Lebenswelt durch ihr Selbstverständnis zur Eigenwelt geworden ist»[4]. Wer noch von Heimat spricht, riskiert heute attackiert zu werden, als «Heimatexperte, der sowohl der landes- als auch kommunalpolitischen Massenwerbung Material liefert, indem er individualistische Tendenzen hemmt». Wir nehmen diese Kritik gelassen in Kauf.

Wer die Heimat definiert, muß zunächst feststellen, daß Heimat keine objektiv zu bestimmende Grösse ist. Sie existiert nur in einer subjektiven Bezogenheit und Bestimmtheit. Um das, was dieser Begriff ausdrückt, zu erfassen, muß man von den sie erlebenden und empfindenden Menschen ausgehen. Konkret gesprochen heißt dies: Was dachten unsere Vorfahren, wenn sie das Wort Heimat hörten? Gab es überhaupt dieses Wort und brauchte man es? Dachte man an Haus und Hof oder an die Familie oder an das Dorf, das Tal? Um auf diese Fragen Antwort zu bekommen, befragten wir die Quellen. In ihnen suchten wir die Aussagen des Volkes selber. Sie sind nur schwer faßbar und selten vorhanden, denn der gemeine Mann schrieb nichts. Und doch gibt es einige Quellen, die mindestens indirekte Hinweise liefern. Es sind das volkstümliche Sprüche und Schwänke, Volkslieder, Erzählungen, Sagen und Chroniken. Das Resultat unserer Nachforschungen war, was die Sprichwörter anbetrifft, zunächst niederschmetternd. Weder in den von Samuel Singer erfaßten

Sprichwörtern des Mittelalters noch in dem rund 2000 Sprichwörter umfassenden Werk von Schottel aus dem Jahre 1663 befindet sich ein einziges, welches das Wort Heimat enthält. Einzig das Sprichwort: «Der Haase ist gerne, wo er geworffen ist», weist auf die Bewußtheit eines der Faktoren der Heimat hin[5]. Gerade diese Tatsache kann aber als Beleg dafür gelten, daß der sprachlichen und brauchtümlichen Bewußtwerdung eine Art kulturschöpferischer Prozeß vorauszugehen hatte. Versuchen wir deshalb zu erfassen, in welchem Zeitpunkt das Wort und der Begriff Heimat überhaupt auftauchte. Nach Jacob Grimm bedeutete Heimat ursprünglich einfach «das land oder auch nur der landstrich, in dem man geboren ist, oder bleibenden aufenthalt hat». Zweitens konnte es auch bedeuten: «das elterliche haus und besitztum», außer in Bayern namentlich auch in der Schweiz: «die hêmet hâmet»[6]. Drittens konnte Heimat aber auch bedeuten: Heimat-Dorf, Heimat-Land. Das kommt etwa bei Ulrich Bräker zum Ausdruck: «Du bist in Dein kropfichtes (bergiges) Heimet vernarrt[7].»

Den Begriff Heimat, so wie wir ihn heute kennen, treffen wir indessen schon früher an. So wird etwa in der Zürcher Armenordnung von 1648 gesagt: «Solche Personen sollen ihren Namen und ihres Heimadt erkundiget werden.» Aus den Bestimmungen des Luzerner Stadtrechts von 1706 geht hervor, daß der Heimatbegriff im Laufe des Spätmittelalters offenbar auch eine rechtliche Bedeutung erhalten hat: «Wann einer in der Gemeind, da er gekaufet, den Einzug zahlt, soll er sein Heimat nit mehr in der ersten, sondern in der letzteren Gemeind haben.» Tatsächlich hatte ein Beschluß der Eidgenössischen Tagsatzung von 1551, wonach jeder Ort seine Armen und Sondersiechen in eigenen Kosten erhalten und «niemand auf den Hals schicken» solle, die Armenpflege des Heimatortes eingeleitet. Wie K. S. Bader meinte, konnte der Begriff Heimat auf diese Weise «geradezu den Geruch der Armengenössigkeit erhalten»[8].

Für unser Thema ist es indessen von Bedeutung, daß, wie schon Jacob Grimm antönte, der Begriff Heimat seit dem 15. Jahrhundert aus verschiedenen Gegenden Deutschlands, Österreichs und der Schweiz nachweisbar ist und daß er im 16. Jahrhundert allmählich seine heutige Bedeutung erhielt. Besonders schön hat dies etwa Zwingli formuliert: «die herberg und heimen, darin wir hie in zyt wonend.» Heimat umschreibt hier einen konkreten Raum, dem der Mensch zugeordnet ist.

Diese Zuständigkeit kommt auch einem Besitzanspruch gleich. Die Heimat kann – wir werden diesem Gedanken noch begegnen – zum ultimum refugium des Menschen werden, zum Vaterland im ursprünglichen Sinn des Wortes. Tatsächlich sind im 16. Jahrhundert «Heimandt», Vaterland, Patria synonyme Begriffe.[9]

Nach diesem kurzen wortgeschichtlichen Exkurs wenden wir uns dem subjektiven Erleben, der Relation Heimat-Mensch zu. Die subjektiv-emotionale Konnotation ist älter, als gemeinhin angenommen wird. Schon Homer hat das Heimatbewußtsein beschrieben. Wir folgen der Voßschen Übertragung: «Denn nichts ist süßer als unsere Heimat und Eltern, wenn man auch in der Fern ein Haus voll köstlicher Güter, unter fremden Leuten, getrennt von den Seinen, bewohnet[10].» Im Frühmittelalter hat Otfrid v. Weissenburg, der Verfasser des «Krist», von einer Heimatbindung gesprochen. Er empfand als Klosterschüler von Fulda ein eigentliches Heimweh, das er wie folgt beschreibt: «Mit arabeitin werbend, thie heiminges tharbêt»: Mit Mühsal leben dahin, die der Heimat entbehren[11].

Die Belege aus der alten Eidgenossenschaft setzen im 15. Jahrhundert ein: «Länger als bis am Ende dieses Monats will Niemand mehr im Feld bleiben, jeder möchte die Seinigen wieder einmal sehen»[12], heißt es in einem Brief der Hauptleute im Feld an die Obrigkeit zu Hause. Zu den schönsten Zeugnissen gehört ein Brief des schweizerischen Staatsmannes und Söldnerführers Ludwig Pfyffer aus Luzern. Er schrieb am 14. März 1569 nach der blutigen Schlacht bei Jarnac an den Luzerner Rat, es sei unter den Verwundeten auch des Hauptmanns Thamanns Vorfähnrich, «der Sunnenberg gestorben von heimwe»[13]. Dieser Begriff scheint damals keineswegs gängig und allgemein gewesen zu sein. Die Geschichte aus dem «Reyßgespan» deutet es an: «Zu Nissa in Proventzia lagen etliche Fähnlein Eydgenossen, einen Soldaten under ihnen kam das Heimwehe an, wie mans nambset, der gieng zu dem Hauptmann und sprach: Herr Hauptmann, ich bitt, ihr wöllet mir Urlaub geben; der Hauptmann sprach: Was ist das? Hast du das Heimwehe? Er sprach nein, aber ich bitt euch, laßt mich heimb; da fragt ihn der Hauptmann: wo er dann daheimb wäre? also bald zeigts er dem Hauptmann mit der Hand, lächlet und sprach: Herr, eben dort zu Meyenberg ähnen. Als ihn der Hauptmann aber nicht beuhrlauben wollt, starb er ehe dann in einer Stund. Dieser vermeinte, er wolte in einen Sprung daheimen gewesen seyn, wann er nur Urlaub hätte erlangen können, unan-

gesehen er zehen oder zwölff Meylen hätte zu reysen gehabt[14].»
Mindestens das Wort Heimweh – wie man's nennt – war also
offenbar neu. Noch erstaunlicher ist, daß das Zeitalter es gleich als
eine tödliche Krankheit sah. In «Schottels Teutscher Haubtsprache» aus dem Jahre 1663 lesen wir: «Heimmaht/Heimwehe/davon
jener starb...» Es erscheint angesichts des tödlichen Charakters
der Heimwehkrankheit folgerichtig, daß die erste wissenschaftliche Abhandlung über das Heimweh von einem Mediziner
stammt. Es ist die «Dissertatio de Nostalgia» des Basler Arztes
J.J. Hofer aus dem Jahre 1688. Er sieht die Ursache der Krankheit
in rein psychischen Faktoren und interpretiert sie als eine Reaktion
auf die Loslösung des Menschen, vor allem des in einem begrenzten Umkreis lebenden, aus seiner gewohnten Umwelt – «sie
können sich an keine fremden Sitten und Lebensarten gewöhnen,
noch der mütterlichen Pflege vergessen», und er fährt fort: «Sollten die Schweizer besonders diesem Urteil unterworfen sein, so
weiß ich nicht, ob ich es dem Mangel der zum Frühstück gewöhnlichen Suppe oder der schönen Milch, oder der Sehnsucht nach
der vaterländischen Freiheit zuschreiben soll.» Als einzig wirklich
hilfreiche Therapie sieht er die Heimkehr in das Vaterland an[15].

Die bekannteste Abhandlung über das Heimweh erschien 1705
in der Naturgeschichte des Schweizerlandes. Der berühmte Verfasser J.J. Scheuchzer, Professor für Mathematik und Stadtarzt
von Zürich, mißbilligt in seinem nationalen Selbstgefühl das
Heimweh. Er nimmt Anstoß daran, daß «die schweizerische,
sonst so freye, starke und tapfere Nation sich überwinden und
unterjochen lasse von einer solchen Krankheit». Deshalb bemüht
er sich, eine Erklärung zu finden, durch welche «die Ehre unserer
Nation gerettet, und verhoffentlich ein natürlicher Weg gebahnet
werde zur Heilung dergleichen Patienten». Der Schweizer, so
lehrt Scheuchzer, sei als Bewohner des «Gipfels von Europa» an
eine dünne und leichte Luft gewöhnt. In den ausländischen Niederungen aber laste die höhere Luftsäule schwer und hemmend auf
den Blutkreislauf des Gebirglers und bewirke dadurch eine
Erkrankung des Gemütes. Die Ausländer seien dem Heimweh
weniger unterworfen, weil sie ihre «schwere, dicke unreine Luft»
höchstens mit einer leichteren, angenehmeren vertauschen können. Zur Milderung dieses «seltsamen und gefährlichen Fiebers»
schlägt Scheuchzer vor, Arzneien wie Salpeter und Schießpulver
einzunehmen, damit sich der Körper-Innendruck dem Außendruck anpasse. Heimwehkranken empfiehlt er auch, einen Turm

oder eine Anhöhe zu ersteigen, «daß sie in sich schlucken können eine leichtere und nicht so schwer auf ihnen trukende Luft.»

Um 1764 spricht der Schweizer Arzt Zimmermann in einer Arbeit «Von der Erfahrung in der Arzneikunst» von «einer Traurigkeit aus der vergeblichen Begierde, seine Leute wiederzusehen». Er schreibt die Krankheit vor allem den Soldaten und Matrosen zu; vor allem die Soldaten spielen ja in der Heimwehliteratur eine bedeutende Rolle, und es ist deshalb auch kein Zufall, daß das Heimweh als «Schweizerkrankheit» in die Fachliteratur und Dichtung einging. Das Heimweh ist vor allem im 18. Jahrhundert zu einer vielbesprochenen Erscheinung geworden. Die Frage nach den Ursachen des Schweizerheimwehs und die Frage nach dem Heimatbewußtsein beschäftigte fast alle Zeitgenossen, welche über den Schweizer oder die Schweiz berichteten.

Eine Zeitschrift erzählt schon im Jahre 1718, daß der Schweizer in der Fremde beim Anhören heimatlicher Musikklänge, wie Kuhreigen, «in Heimweh und zugleich in ein febrem ardentem falle». Der «Ranz des vaches» wird in Noten beigegeben, damit «der Leser das Pläsir hat, diese zauberische Melodie in Natura zu sehen». Der Reisende D. H. von Mayer berichtet im Jahre 1788 ähnliches vom Alphorn und dessen Gefahr für die heimatfernen Schweizer. Burney bestätigt in seinem «Tagebuch einer musikalischen Reise durch Frankreich», daß die Schweizer in fremden Diensten vom Heimweh übermannt werden, wenn sie den Kuhreigen zu Gehör bekommen. F. L. Stolberg sagt 1794 sogar, «nichts entflamme mehr das Heimweh eines Schweizers in der Fremde, als der Kuhreigen». Diese Äußerungen – und das ist das Erstaunliche – stützen sich meist auf Tatsachen. Es ist keine Legende, daß die Schweizer Söldner beim geringsten Anlaß, der in ihnen Erinnerungen an das Vaterland hervorrief, vom Heimweh gepackt wurden. Nur zu leicht lichteten sich dann ihre Reihen. Um das Überhandnehmen der Desertion einzudämmen, verbot man in französischen Schweizerregimentern den Spielleuten, den «Ranz des vaches» zu spielen. Zeitweilig ward den Eidgenossen bei Strafe des Lebens untersagt, heimatliche Melodien zu singen oder zu pfeifen. Selbst Goethe kam auf diese schweizerische Erscheinung zu sprechen; er schreibt im Zusammenhang mit dem geplanten Tellschauspiel am 13. Januar 1804 an Schiller: «Der Schweizer fühlt nicht das Heimwehe, weil er an einem andern Orte den Kuhreigen hört, denn der wird, soviel ich weiß sonst nirgends geblasen –, sondern eben weil er ihn nicht hört, weil seinem Ohr ein Jugendbedürfnis mangelt.» ... Wir dürfen nach diesen Berichten nicht glauben, daß sich die Zeitgenossen nur mit dem «musikalischen Schweizerheimweh» befaßten. Sie suchten im weitern eifrig nach dem Gegenstand des Heimwehs. Ist es der Boden an sich, oder sind es die Angehörigen? Ist es die heimatliche Lebensweise und Gewohnheit? Oder ist es die berühmte «Schweizerfreiheit?» Bei der wilden und einzigartigen Schönheit des Alpenlandes glaubten die meisten ausländischen Beobachter die letzte Ursache des Heimwehs in der Verwachsenheit des Schweizer Bauern und Hirten mit seinem Boden zu finden. Der Schotte J. Montgomery wies ferner auf die Sehnsucht des in der Ferne weilenden Schweizers nach seiner Gattin und Familie hin. Und ein Schweizer selbst war es, der in den «Milchspeisen und Müser» den Gegenstand schweizerischen Heimwehs erblickte. Die Sehnsucht nach heimatlichen Speisen erweist in der Tat ein Schreiben eines heimatfernen Schweizers: Joh. Rud. Schmid von Stein am Rhein, der als österreichischer Botschafter einst am türkischen Hof weilte, bat im Jahre 1660 seinen Vetter zu Hause, «ihm einen bas großen Schweizerkäse zu schicken; er möchte gerne vor seinem Tode einen essen».

Die Deutschen J. H. Afsprung und M. L. Steinbrenner gelangten bei ihrer Betrachtung zu andern Ergebnissen. Sie staunten, daß die Schweizer so sehr an ihrer kargen Heimaterde hingen und keineswegs ein Leben in weniger rauhen, angenehmeren Landschaften vorzogen. Es konnte also bei ihnen nicht der Boden Gegenstand ihres Heimwehs sein; die Schweizer sehnten sich zurück nach ihren Sitten und nicht zuletzt nach ihrer Freiheit auf den Bergen. Geradezu klassisch kommt der Freiheitsbegriff in der selbstbewußten Formel von 1622 im Walser Landbuch des Hochtales Avers zum Ausdruck: «Wir haben von Gots Gnaden eine schöne fryheit; wir haben eigne Macht und Gwalt zu setzen und zu entsetzen. Wir haben eigen Stab und Sigel, Stock und Galgen; wir sind gotlob keinem fremden Fürsten und Herrn nichts schuldig noch unterworfen denn allein dem allmächtigen Got[16].»

Aus all diesen Zeugnissen wird eines deutlich: Je stärker wir in die Materie eindringen, um so größer wird die Entfernung von einem rein räumlichen Heimatbegriff, wie er bei uns beim Wort Heimat zuerst vor Augen steht und wie er auch in seiner sprachlichen Entwicklung zu greifen ist. Mehr und mehr tritt zur räumlich-klimatischen Heimat eine sozial-kulturelle Heimat. So sagt denn auch Richard Weiß: «Heimat ist primär nicht Bindung an einen irgendwie lokal bestimmten Raum, auch nicht an einen

Kulturraum, sondern Heimat ist innigstes Vertrautsein mit Menschen, ist Gemeinschaft.»

Ein besonders interessantes Zeugnis des Gemeinschaftsgeistes und gleichzeitig des Heimatbewußtseins ist die Ortsneckerei. Als Äusserung des selbstsichern Gemeinschafts- und Dorfgeistes richtet sie sich gegen die Fremden, die Andersartigen. Übernamen, Neckrufe oder Verse sind die traditionellen Formen solcher Äusserungen. Aus der alten Eidgenossenschaft sind, obwohl dieser Brauch kräftig blühte, nur noch wenige konkrete Beispiele bekannt. So gab es 1651 ein Spottlied auf die Thuner, das die Merliger dichteten. In Thun sollte nämlich ein Stier geschlachtet werden, der aber loskam und in der Stadt so übel hauste, daß man Militär gegen ihn aufbieten und ihn erschießen lassen mußte[17]. Aus dem 18. Jahrhundert stammt ein Spottlied, das erzählt, wie die Jäger von Grenchen statt eines Wildschweines einen Iltis erlegten. Sie hatten deshalb für Spott nicht zu sorgen[18]. Fast jede Gemeinde hatte ursprünglich ihren Übernamen. Am Zürichsee z.B. nannte man die Erlenbacher «Geißbrater», die Zolliker «Lunggesüder». Oft blieb es indessen nicht beim blossen Necken und Hänseln. An einem Wintermorgen des Jahres 1548 zogen die Buben von Hemmenhofen auf dem Eis über den See nach Steckborn und schlugen Trommeln nach Landsknecht-Art. Die Steckborner, aufgebracht und auch zum Kampf aufgefordert, schlugen sie nach einem kurzen Gefecht in die Flucht, «sodaß einer tot auf dem Platz liegen blieb, obwohl sie nur Stecken hatten. Nachher ist noch ein von den Steckbornern geschlagener Hemmenhofner Bub gestorben[19].»

Regionales, talschaftliches Bewußtsein regt sich auch in den Herkommenssagen und Herkommenstheorien[20]. Sie sind größtenteils auf die Spekulationen der humanistischen Geschichtsschreiber zurückzuführen. Aber es gibt deutliche Anzeichen dafür, daß sie volkstümlich waren. Der Bündner Chronist Ulrich Campell berichtet, daß beim Erscheinen der «Rhetia» von Aegidius Tschudi im Jahre 1538 die Bündner sehr entrüstet waren, weil sie der Autor als Nachkommen der Etrusker und nicht der Römer bezeichnet hatte[21].

Gerhard Winterberger hat in einem Aufsatz «Die Herkunft der Oberhasler» schön gezeigt, daß die Herkommensgeschichte, obwohl zum größten Teil Mythos, das Selbstbewußtsein der Oberhasler mächtig gestärkt und zur Erhaltung der demokratischen und genossenschaftlichen Grundlagen dieser Talschaft beigetragen hat[22].

Am Beispiel der Walser hat Paul Zinsli überzeugend dargelegt, wie wichtig im Prozeß des «Heimischwerdens» die Sprache ist. Als die Walser ihre neuen Wohnstätten erobert hatten, mußten sie sich gleichzeitig mit der ihnen zuerst noch unbekannten kleinen Bergwelt auseinandersetzen und sich in ihr zurechtfinden. «Dieses mähliche Heimischwerden spiegelt sich nicht zuletzt in der Fülle eigengeprägter Flurnamen, mit denen sich die hergezogenen Leute die Landwirtschaft zusehends vertrauter machten. ... Erst mit den beziehungsreichen Namen des landschaftlichen Raumes, gleichsam mit dem Ansprechen der Matte(n) und Mätteltí, der Tosse(n) und Gütsche(n), der Chäle(n) und Chrinne(n), mit dem Tier im Hohliecht, der Laubele(n) in den Züge(n) und Risine(n) wurde die fremde Umwelt zur innerlich erlebten nahvertrauten Heimat[23].» Wer von Walsern spricht, denkt immer gleich an Hofsiedlungen – dabei herrschen in den früheren Siedlungsgebieten der Walser, im Wallis (heute jedenfalls!) die geschlossenen Dorfsiedlungen vor. Dennoch: Die Walser waren im allgemeinen doch typische Einzelhofsiedler. Dieser Siedlungsform entspricht ein besonderer Menschenschlag, der des Hofbauern, und eine bestimmte Lebenseinstellung: der Hofgeist. Gotthelf hat ihn immer wieder beschrieben. Aber dieser Hofgeist ist natürlich viel älter. Wir treffen ihn schon in der alten Eidgenossenschaft an. Schon damals war die Siedlung «für das Volk nicht einfach Umwelt, sondern Heimat im umfassendsten Sinne des Wortes»[24].

Das Heimatbewußtsein wurde indessen auch durch andere Kräfte geprägt. Sie haben vorerst mit dem Staat nichts oder nur sehr wenig zu tun. Sie wurzeln in der Familie und im Sippenwesen, in der alpinen Hirtenkultur, in den Nachbarschaften und den Knabenschaften. Gerade diese Institution war Ausgangs- und Kristallisationspunkt zu echtem Gemeinschaftsgefühl und selbstverständlicher Solidarität. Die Richtschnur bildete dabei das Vorbild der Ahnen, der Altväter; das Ahnenbild bestimmte weitgehend das Handeln. Diesem Ahnenkult entspringt auch der in der schweizerischen Kriegsgeschichte mehrfach bezeugte Glaube an das Eingreifen hilfreicher Ahnen in der Stunde höchster Gefahr. Als 1474 in der Eidgenossenschaft gegen den Willen des Volkes ein Frieden mit dem Erbfeind Österreich abgeschlossen wurde, lief in Glarus ein altes Weib auf den Friedhof und schrie überlaut: «Stond uf, ir frommen lantlüt und behaltend (schirmt) über land und er; denn üwere sün hend sich verbunden mit dem der uns gern um Land, er gut zum öften mal gebracht hatte[25].» Welchen

Stellenwert die Familie, die Sippe hatte, kann hier nur angedeutet werden. Ein einziges Zeugnis steht für viele: Die Walsersippe der Strub hat ihre Devise auf dem alten Podestahaus im Averstal, einem auf 2042 m hochgelegenen Patrizierhaus, angebracht: «Hostibus invitis, vivat gens Strubea, pro pago agere et pati fortia Strubeum est», zu deutsch: «Zum Trutz der Feinde lebe das Strubsche Geschlecht; für die Heimat zu wirken und Schweres zu erdulden ist Strubsche Art»[26]

Zu den charakteristischen Merkmalen und Wesenszügen gehört, wie das vor allem Hans Georg Wackernagel immer wieder betont hat, das Hirtentum der Innerschweizer, das sich gegenüber den andersartigen Agrarkulturen deutlich abhob. Den Zeitgenossen war der Unterschied bewußt. So gibt es schon aus der Zeit von 1380 bis 1480 eine ganze Liste von Schmähwörtern, wie Küghiger, Kügstricker, Kuebuben, Misttrager, Milchbengel, Kuemüller. Die Innerschweizer Regionen werden als Kueställ, Sennhüttli, Milchkübel beschimpft. Man sang:

«Hie Swiz, Grund und boden,
hie Kuedräk bis an knoden.»

Solche Schimpfworte erregten nicht nur den Zorn – «hattend geseit, Küegstricher, do muest es brennen» –, sie stärkten auch das Selbstgefühl und das Selbstbewußtsein der Beschimpften. Das wird bezeugt in einer Geschichte, die Zinkgraf-Weidner überlieferte: «Als ein Schweitzer hörete, daß ein Spanier zum andern sagte: Man nenne die Schweitzer Kühemelcker, antwortete er: Ja, wir seyn Kühemelcker, aber wir haben nur zwo Kühe, die wir melcken, den König in Spanien und den in Frankreich.» Hier klingt bereits schweizerisches Bewußtsein auf. Doch, es gab unmittelbar daneben ein ebenso starkes, wenn nicht noch stärkeres Bewußtsein der einzelnen eidgenössischen Stände. So werden etwa in den Chroniken nicht nur die Eidgenossen, sondern auch die Stände, die Orte und deren Eigenart erwähnt. Im Vordergrund stehen ebenso sehr die Zürcher, Berner, Luzerner, Urner mit ihren Sitten, Bräuchen und ihrem eigenen Standesbewußtsein. Neben recht summarischen und stereotypen Umschreibungen finden wir vor allem in den Chroniken auch differenzierende Betrachtungen und Urteile. Wir müssen uns hier auf einige Beispiele beschränken. Für die Innerschweizer Länderorte soll Uri, für die Stadtstaaten die drei Stände Bern, Zürich und Basel stehen.

Uri haben wir deshalb gewählt, weil ein Urner Arzt, Eduard Renner, den Charakter, die Geisteshaltung der Urner in einmaliger Weise beschrieben hat. Er gibt an, welch hohen Stellenwert die Familie, der Glaube, die Landsgemeinde und damit der Staat im kargen Dasein des Urners hat. Besonders ausgeprägt ist aber sein Eigentumsbegriff: «Gang üse usem Eigä – chumm mer nit id's Eigä – Hiä fats Eigä a» – sind Begriffe, die schon jedem Kind geläufig sind und waren. Die Gemeinschaft und deren Regeln waren seit jeher hoch und heilig zu achten. Jeder Frevel fängt damit an, daß man sich außerhalb der Gemeinschaft stellt, nicht tut wie andere: «nit tue wia d'Lyt». Indem man die allgemeinen Sitten verachtet, bannt man die guten Kräfte und schafft dem Bösen freie Bahn. Wer gehört denn aber zur Gemeinschaft? Eduard Renner erklärt es: «Ein Brunner, also ein Bürger aus der benachbartesten Gemeinde unseres Nachbarstandes Schwyz, der schon lange in Erstfeld wohnte, wurde vor Jahren vom dortigen Gemeinderat wegen Waldfrevels gerügt und gebüßt. Der Mann machte mit Recht geltend, daß sich noch viele andere das gleiche Vergehen zu Schulden kommen ließen, ohne daß man davon großes Aufheben mache. ‹Die sind yserte›, donnerte ihn der Ortsgewaltige an, ‹aber ier sind en Üsländer›![27].»

Über das bernische Denken und den bernischen Gemeinsinn sind wir dank dem schönen Werk von Hans von Greyerz besonders gut orientiert. Schon in den Volksliedern des 14. Jahrhunderts tritt ein bernisches, ein «einzelörtliches» Nationalbewußtsein zutage. Im Lied über den Guglerkrieg von 1375 tritt der Berner Bär in Erscheinung:

«Der grimme ber vor zorn begond er wüeten,
Sin land und lüt gar sicher wol behüeten,
Mit werffen und mit schießen.»

Nach von Greyerz ist dieses einzelörtliche Nationalbewußtsein eng in den regionalen und lokalen Patriotismus verschlungen. «Es wird später national überdeckt, aber nie ausgelöscht[28].»

Deutlich ausgeprägt erscheint auch das zürcherische Standesbewußtsein. Immer wieder betonen insbesondere die ausländischen Betrachter, daß die Zürcher die Tradition, den Gemeinsinn und die vaterländische Geschichte pflegen. Da schildert etwa der Gelehrte Humanist Johannes Fabricius Montanus um 1550 in einem Gedicht, wie die Zürcher Ratsherren jeweils mit fröhlichen

Festmählern auf dem Lindenhof die «mos patrius» ihrer Stadt zu feiern pflegten. Um 1750 bemerkt Edward Gibbon, die Zürcher pflegen wie kein anderer Stand die eigene wie die allgemeine vaterländische Geschichte; der Staat habe einen eigenen Lehrstuhl eingerichtet[29]. Die ländlichen Untertanen, so etwa die Seebuben, hatten allerdings zu «ihrem» Staat ein wesentlich kühleres Verhältnis. Für sie wurde der Staat durch den Landvogt verkörpert. In feierlicher Handlung wurde er seinen Untertanen vorgestellt, und das seltene Schauspiel mag sich wohl in ihr Gedächtnis eingeprägt haben. Kaum war die Kunde von der Abdankung des alten Regimes 1798 auf die Landschaft gedrungen, erschienen zwanzig berittene Wädenswiler im Schloß, dem Sitz der Regierung, um den Landvogt abzusetzen. An ihrer Spitze befand sich hoch zu Pferd ein Bürger als Wilhelm Tell gekleidet. Bezeichnend ist auch die Tatsache, daß man sofort die Kokarde des Gemeindeweibels abänderte und die Embleme und Farben des Staates Zürich durch den Freiheitshut der Französischen Revolution ersetzte[30].

Auch in Basel gab es schon früh ein ausgeprägtes «einzelörtliches» Bewußtsein. Der alte Staat war hochgeachtet, von vielen, vor allem den Bemittelten und gehobenen Stadtschichten, auch geliebt. Er gründete seine Autorität auf Gottesgnade und war von der Ungleichheit der Menschen überzeugt. Das Volk sollte nach dem Willen der Regenten «under dero Schutz, Schirm und Regierung ein still, ruhig und Gott wohlgefälliges Leben führen». Zum Staatsbewußtsein kam ein Gemeindebewußtsein. Es basierte, so merkwürdig es erscheinen mag, auf den Pflichten und Lasten, die es zu tragen gab. «Jeder Gemeindebürger hatte Dorflasten zu tragen», Gemeindewerk, Gemeindefron und Gemeindewacht auszuüben. Nur wer die Lasten ordnungsgemäß trug, hatte teil am Weidland der Gemeinde und Anspruch auf das Gemeindeholz. Aber gerade diese gemeinsamen Arbeiten stärkten die Gemeinschaft. Immer schlossen sich Feste an wichtige Handlungen wie Ämterbesetzung, Ganten, Bachschorreten (Bachreinigungen). Das Gemeindebewußtsein wurde insbesondere auch vom Bannumgang gestärkt. Auf «alle faßliche, unmittelbare Heimat sich beziehend, hatte er vom Mittelalter bis hinein in unsere Tage festen Boden unter Füßen». Er beweist wie kaum eine andere Erscheinung, «daß alle republikanische Gestaltung und Entwicklung auf der freien Ortsgemeinde beruht»[31].

Heimatbegriff und Heimatbewußtsein des 19. Jahrhunderts –

nicht mehr unserm Thema angehörend – sahen anders aus. Zwar kommt es im Anschluß an das Hirtenfest von Unspunnen von 1805 zur Veröffentlichung und begeisterten Aufnahme der Sammlung von Schweizer Kuhreihen und Volksliedern. Josef Zangerl widmete 1840 dem Heimweh – wie auch Johann Heinrich Schlegel (Untersuchung über das Heimweh von 1835) – eine große Untersuchung und stellte gar fest, daß nicht nur Hirten, sondern selbst Schweizer Kühe beim Anhören des Kuhreigens von Heimweh erfaßt wurden. Anderseits führt die Aufklärung zu einer neuen Wirklichkeit. Wirtschaft und Politik werden rationalistischer. Der Blick wendet sich vor allem um 1848 von der kleinern Gemeinschaft weg auf den Bund. «Das Vaterland wird wichtiger als die Heimat» (Strübin). Aber dieser neue Staat, dieses Vaterland erwies sich als abstrakte, als kühle Größe. Die Nähe, die Nachbarschaft, die Überschaubarkeit, die Nestwärme der Heimat fehlte ihm.

Wir sind am Schluß unserer Betrachtungen angelangt. Wir sind nicht auf ethnische Zusammenhänge gestoßen. Das leidige Thema «Blut und Boden» mußte und konnte gar nicht anklingen. Wir können das Wort Heimat nach wie vor brauchen. Die ganze Geschichte ist lediglich ein wenig komplexer, als wir am Anfang dachten. Unsere Unfähigkeit des Verständnisses für «das Bunte, Zufällige» hindert uns ja oft, die Dinge richtig zu sehen. «Unser Leben ist ein Geschäft, das damalige war ein Dasein; das Gesamtvolk existierte kaum, das Volkstümliche aber blühte» (Jacob Burckhardt). Im volkstümlichen Leben aber gab es eben nicht eine Heimat, die Heimat schlechthin, sondern je nach Standort, Zeit und Individuum eine ganze Anzahl Dinge, Institutionen, Tiere und Menschen, welche die Heimat verkörperten. Anders ausgedrückt: Die Umwelt, die Heimat verdichtet sich in einzelnen Symbolen, die als unbewußte (oder selten bewußte) Assoziations- und Auslösefaktoren wirkten. Aber diese Symbole hatten eine Kraft, die wir uns heute kaum mehr vorstellen können. Alles was man erlebte – auch die Heimat und das Heimweh –, besaß noch jenen Grad von Unmittelbarkeit und Absolutheit, den Freud und Leid im Gemüte des Kindes bis heute noch bewahrt haben.

[1] Peter Liver, Abhandlungen zur schweiz. u. bündn. Rechtsgeschichte. Chur 1970, S. 17 ff.
[2] Karl Meyer, Die geograph. Voraussetzungen der eidg. Territorialpolitik. MH VS 34, 1926, S. 29.

[3] Albert Hauser, Das eidg. Nationalbewußtsein. Sein Werden und Wandel. Zürich 1941.
[4] Ina-Maria Greverus, Der territoriale Mensch. Frankfurt am Main 1972, S. 54 und 334.
[5] Ina-Maria Greverus, Heimweh und Tradition. Schweiz. Archiv f. Volkskunde. I. Jg. Basel 1965, Heft 1/2, S. 2.
[6] J. Grimm, Deutsches Wörterbuch. Leipzig 1877, IV/2, Sp. 865/866; ferner Deutsches Rechtswörterbuch. Weimar 1933/60 Bd. V, S. 59 c.
[7] Schweiz. Idiotikon, Wörterbuch der deutschen Sprache. Frauenfeld 1883, 2. Bd., Spalte 1283 ff.
[8] K. S. Bader, Dorfgemeinschaft und Dorfgemeinde. Köln/Graz 1962, S. 224.
[9] J. Grimm, a.a.O., Spalte 865.
[10] Homer: Odyssee, Ausgabe 1966, IX, S. 34–36.
[11] W. Burkhard, Schriftsteller deutscher Sprache. Aarau 1957, 4. Ausg., S. 22.
[12] W. Schaufelberger, Der Alte Schweizer und sein Krieg. Zürich 1952, S. 134 ff.
[13] Albert Hauser, Vom Schweizer Heimweh. Neue Schweizer Rundschau Juli 1939, Heft 3, S. 178. Vgl. auch F. Ernst: Vom Heimweh, Zürich 1949, S. 13.
[14] Elfriede Moser-Rath, Der Schweizer in der deutschen Schwankliteratur. Schweiz. Archiv f. Volkskunde, Basel 1966, 62. Jg., Heft 2, S. 27.
[15] Albert Hauser, Vom Schweizer Heimweh, a.a.O., S. 179, auch für das Folgende.
[16] Paul Zinsli, Walser Volkstum. Frauenfeld 1968, S. 369.
[17] Ludwig Tobler, Schweizerische Volkslieder. Neudruck Hildesheim 1975, S. CXII.
[18] Leo Zehnder, Volkskundliches in der älteren schweizerischen Chronistik, Basel 1976, S. 658.
[19] Leo Zehnder, a.a.O., S. 178.
[20] Leo Zehnder, a.a.O., S. 60.
[21] Paul Zinsli, a.a.O., S. 329.
[22] Gerhard Winterberger, Die Herkunft der Oberhasler. Berner Zeitschrift für Geschichte und Heimatkunde, Bern 1955/I, S. 19.
[23] Paul Zinsli, a.a.O., S. 322.
[24] R. Weiß, Volkskunde der Schweiz. Erlenbach-Zürich 1946, S. 86.
[25] Hans Georg Wackernagel, Altes Volkstum der Schweiz. Basel 1956, S. 15.
[26] Elfriede Moser-Rath, a.a.O., S. 24.
[27] E. Renner, Goldener Ring über Uri. Zürich 1941, S. 53 und S. 245.
[28] Hans von Greyerz, Nation und Geschichte im bernischen Denken. Bern 1953, S. 34.
[29] Monika Gasser, Zürich von außen gesehen. Zürich 1973, S. 184.
[30] Albert Hauser, Wirtschaftsgeschichte der Gemeinde Wädenswil. Wädenswil 1956, S. 136.
[31] Eduard Strübin, Baselbieter Volksleben. Basel 1952, S. 9 und 11, 49.

Nostalgie – positiv und negativ gesehen

Eine Krankheit der Wohlstandsgesellschaft?

Wortschöpfung eines Basler Arztes

Unter Nostalgie versteht man heute üblicherweise Heimweh, Sehnsucht nach einer entschwundenen, unversehrten, «heilen» Welt. Sowohl Begriff wie Inhalt sind, trotz gegenteiliger Meinung, älteren Datums. Das Wort Nostalgie ist eine Schöpfung des humanistischen Basler Arztes Johannes Hofer aus dem Jahre 1688. Als 22jähriger legte Hofer der Medizinischen Fakultät von Basel eine «Dissertatio medica de Nostalgia oder Heimwehe» vor. Allgemeinem Brauch entsprechend erschien sie in lateinischer Sprache. Sie ist jedoch 1779 in deutscher Übersetzung erschienen, und der Passus, in welchem von der Entstehung des Wortes die Rede ist, lautet: «Der teutsche Name zeigt den Schmerz an, den die Kranken deshalb empfinden, weil sie sich nicht in ihrem Vaterland befinden, oder es niemals wieder zu sehen befürchten. Daher haben denn auch die Franzosen, wegen der in Frankreich davon befallenen Schweizer, die Krankheit maladie du pays genannt: da sie keinen Namen im Latein hat, so habe ich sie nostalgia von nostos, die Rückkehr im Vaterland, und algos, Schmerz oder Betrübnis, benannt.»[1]

Hofers Vorschlag fand ungeteilten Beifall. Das Kunstwort ging nicht nur in die Terminologie der Medizin, sondern darüber hinaus in die Literatursprache ein. Inzwischen ist allerdings der Inhalt ein anderer geworden. Hofer fand die Nostalgie oder das Heimweh insbesondere bei schweizerischen Söldnern im Ausland sowie bei Studenten und Spitalpatienten. Das Mittel gegen diese Krankheit war ein einfaches: Man schickt den Kranken heim. Schon die Ankündigung der Heimreise kann nach Hofer Wunder wirken. Ein junger Berner, der sich studienhalber in Basel aufhielt und infolge des Heimwehs Herzensangst, große Traurigkeit, die sich bis zum Fieber steigerten, empfand, erholte sich auf der Rückreise nur wenige Meilen von Basel entfernt. Hofer bestritt energisch, daß nur Schweizer von der Nostalgie befallen werden können. Allerdings seien sie dazu besonders disponiert: «Vielleicht aus dem in der Fremde zu gewärtigenden Mangel der zum Frühstück gewöhnlichen Suppe, oder der schönen Milch, oder der Sehnsucht nach der vaterländischen Freiheit.»

Inhalt und Wesen der neuen Nostalgie

Die heute feststellbare Nostalgie stammt, wenn wir von gewissen Vorläufern im Humanismus absehen, aus dem 18. Jahrhundert. In der Literatur des 18. Jahrhunderts wird das Heimweh vor allem auf die Isolierung von der Familie, von der heimischen Umwelt zurückgeführt. Dazu kommt nun aber eine neue Komponente: Es ist die Sehnsucht nach den einfachen, unverdorbenen Sitten der ländlichen Welt. Sie kommt zum Ausdruck etwa bei Albrecht von Haller in seinem berühmten Gedicht, und sie wird gesteigert bei Rousseau, der dort, wo er die einfachen Sitten und Feste der ländlichen Bevölkerung nicht mehr vorfand, Feste «en plein air» vorschlug. Beide Linien setzen sich im Schrifttum des 19. Jahrhunderts fort. Schlegel schildert das Heimweh als eine unbefriedigte Sehnsucht, als eine Sehnsucht nach der Heimat, die für ihn der Ort der Kindheit ist. Karl Marbe und andere Autoren betonen den umweltbedingten Charakter des Heimwehs. In der Folgezeit scheint das Interesse an der Nostalgie zurückzugehen. Erst in jüngster Zeit taucht es wieder in der Literatur auf, wobei es einerseits die in einem bisher kaum erlebten Maße geschehene räumliche Entheimatung der Menschen in den Vordergrund rückt und anderseits die Suche des unsicher werdenden Menschen nach der «verlorenen Zeit» enthält. In diesem Zusammenhang wären etwa die Arbeiten des Frankfurters Charles Zwingmann zu erwähnen, die sich auf Erfahrungen mit Flüchtlingen und Gastarbeitern im Ausland stützen. Auf der andern Seite treffen wir den Begriff auch in kulturpessimistischen Schilderungen der Gegenwart, etwa in Riesmanns «Einsamer Masse» oder bei C. G. Jung und Alexander Mitscherlich.

Wie Richard Weiß einmal bemerkt hat, erwachsen Interesse und Sehnsucht nach «besseren» Zeiten immer in Kulturkrisen. In ihnen entsteht und wächst das Heimweh nach dem Paradies der Ursprünglichkeit, nach dem einfachen Leben. «Was die einen auf Robinson-Inseln suchten, fanden die andern bei einfachem Volke.» Hermann Bausinger hat dafür die Formel «Folklore der Gegenwelt» geprägt, und er spricht von kompensativen Zusammenhängen. Tatsächlich gehört die Sehnsucht nach dem «einfachen und ländlichen Leben» zu den längst bekannten und typischen Erscheinungsformen der industriellen Gesellschaft. Wir treffen dabei auf zwei gegensätzliche Motivationen: auf der einen Seite geht es um die Suche nach der verlorenen Natur, auf der andern Seite wird diese Distanz zur Natur nicht durchwegs zu überbrücken versucht, sondern vielmehr goutiert. Der Tourist, der in einem Bauernhaus Ferien verbringt, «vervollständigt seine Persönlichkeit, indem er vorübergehend in jene frühere Schicht hinabtaucht».[2] Die Sehnsucht nach der Natur, zum Gegenbild wird um so deutlicher, je stärker sich die verwaltete Technik und rationale Welt ausbreiten. Anders gesagt: Dem rationalen Fortschrittsglauben tritt mehr und mehr eine Art Rückschrittsglaube entgegen. Er äußert sich dort, wo er volkstümlich und traditionell ist, im bekannten Lob auf die gute alte Zeit, die Sitten, die Gesundheit, das Wetter, die Alpweiden und das Essen. Dazu kommt die etwas anders geartete Meinung vieler intellektueller Romantiker. Sie fürchten sich vor dem Gemachten; sie verabscheuen die Konstruktion, die an die Stelle natürlichen Lebens eine künstlich erzeugte Ordnung setzen würde, und manche postulieren eine Art Rückkehr zu natürlichen Kreisläufen, auch im Hinblick auf die gefährdete und zum Teil bereits nicht mehr intakte Umwelt.

Die Realität der «guten alten Zeit»

Wie sah es wirklich aus? Zunächst ist daran zu erinnern, daß das Volk in vorindustrieller Zeit in so armseligen Verhältnissen lebte, wie wir sie uns heute kaum mehr vorstellen können. Selbst das Handwerk besaß, im Gegensatz zu einer weitverbreiteten Meinung, keinen goldenen Boden. Die Tagesration eines Zürcher

Handlangers im Bauhandwerk bestand noch im 18. Jahrhundert aus einem Liter Wein, zwei Pfund Brot und einem Viertelpfund Käse. Der Nährwert der Tagesration betrug rund 2200 Kalorien. Weil der tägliche Kalorienbedarf bei körperlich Tätigen bei über 3000 Kalorien liegt, waren sie unterernährt. Außerdem war die Ernährung, wie auch neuere Forschungen aus dem Urnerland zeigen, sehr einseitig und mußte zu Krankheiten führen.

Selbst in der Landwirtschaft sah es nicht viel besser aus. Noch um 1650 konnte ein 11 ha großer Milchwirtschaftsbetrieb am Zürichsee lediglich fünf Kühe halten. Diese fünf Kühe gaben im Jahr je 800 l Milch. Nach Abzug der Zehnten und Zinsen und nachdem gekäst worden war, verblieben noch 1950 l. Dazu kamen 50 kg Käse pro Jahr, 8 q Dinkel und 10 hl Wein. Bei einer fünfköpfigen Familie entfielen pro Person 1461 Kalorien. Dazu kamen noch etwas Gemüse und Obst, so daß in normalen Zeiten die Selbstversorgung einigermaßen gewährleistet war. Kleinste Ernteeinbußen genügten aber, um das Gleichgewicht sofort zu stören.

Ganz ähnlich sah es beispielsweise im Glarnerland des 18. Jahrhunderts aus. Ein regelmäßiger Fleischkonsum war auch hier unerschwinglich. Der Verbrauch von Gemüse und Früchten war saisonal bedingt. In jedem Frühjahr traten erhebliche Versorgungsschwierigkeiten auf. Mangelerscheinungen waren weit verbreitet. Der Bericht eines zeitgenössischen Arztes spricht von Fieberzuständen, rheumatischen, gastritischen und katarrhischen Erscheinungen sowie von chronischen Hautausschlägen, die auf eintönige Eßgewohnheiten und, wie wir heute wissen, auf das Fehlen von Eisen und B-Vitaminen zurückzuführen sind.

Hauptursache der Schwierigkeiten waren die niedrigen Ertragsraten. So betrugen die Hektarerträge von Weizen im 18. Jahrhundert im Kanton Aargau 10 bis 15 q/ha. Wie wenig das ist, läßt sich anhand einiger Ziffern aus der jüngsten Vergangenheit ermessen. Zwischen 1926–1930 und 1970 stieg der Hektarertrag von 20 auf 41 q/ha. Um 1771 hat man am Zürichsee 30 bis 40 q Kartoffeln je Hektare geerntet, hundert Jahre später waren es 77 q, und heute rechnet man im schweizerischen Durchschnitt mit 270 q/ha. Ähnlich sah es im Sektor Fleisch aus: Um 1800 hatte ein 2 bis 3 Jahre altes Schwein ein Lebendgewicht von 40 kg, 50 Jahre später waren es 70 kg, und um 1900 ermittelte man für ein einjähriges Schwein ein Lebendgewicht von 100 kg. Es ist inzwischen auf 150 kg angestiegen.

Darbendes Volk

Dauernde Klagen über Armut und Bettelwesen begegnen uns in zeitgenössischen Berichten. Zwar gab es im 18. Jahrhundert keine Pest mehr, dafür traten Cholera, Typhus, Ruhr und Pocken auf. 1712 sind in der Gemeinde Wädenswil 20 von 98 Todesfällen auf die Ruhr zurückzuführen, 1782 starben von 189 Personen nicht weniger als 48 an Pocken. Die mittlere Lebensdauer betrug nach den Genfer Sterbetafeln in der zweiten Hälfte des 18. Jahrhunderts 34 Jahre. Eine der Todesursachen war immer wieder das schlechte Wasser. Noch um 1867 wurden in einer zürcherischen Seegemeinde von 160 Brunnen deren 70 als katastrophal bezeichnet. Die Wohnungen waren einfach, oft primitiv. Es fehlte an Licht und Luft sowie an jeglicher hygienischer und sanitärer Einrichtung. In Häusern, die heute von einer einzigen Familie bewohnt werden, hausten drei bis vier Familien. Leider erfahren wir nur sehr selten, wie dieses Volk lebte und dachte. Eine Ausnahme macht Ulrich Bräker («Der arme Mann aus dem Toggenburg»). «Ich hatte», so schreibt er, «fünf Kinder und keinen Verdienst, ein bißchen Gespunst ausgenommen. Mein kleiner Vorrat an Erdäpfeln und anderem Gemüs' aus meinem Gärtchen, das mir die Diebe übrig gelassen, war aufgezehrt. Die Not stieg im Winter 1770 so hoch, daß viele eigentlich blutarme Leute den Frühling kaum erwarten mochten, wo sie Wurzeln und Kräuter finden konnten. Auch ich kochte allerhand dergleichen und hätte meine jungen Vögel lieber mit frischem Laub genährt, als es einem meiner erbarmungswürdigen Landmännern nachgemacht, dem ich mit eigenen Augen zusah, wie er mit seinen Kindern von einem verreckten Pferd einen ganzen Sack Fleisch abhackte, woran sich schon mehrere Tage Hunde und Vögel sattgefressen hatten...»

Wandel der Lebensqualität

Unsere Beispiele haben sich auf die Lebenshaltung, nicht aber auf die Lebensqualität bezogen. Wie stand es damit, und welches Lebensgefühl besaßen unsere Vorfahren? Was uns in den Quellen immer wieder als hervorragende Merkmale entgegentritt, sind die Kontraste. Die Nahrung war karg, um so höher schätzte man den gedeckten Tisch. Reich und Arm unterschied sich stärker als heute. Alles, was man erlebte, besaß noch jenen Grad von Unmittelbarkeit und Absolutheit, der heute noch im Gemüt des Kindes bewahrt ist. Ein helles Herdfeuer, Trunk und Scherz bedeuteten nicht nur Genuß, sondern darüber hinaus eigentliche Heiterkeit und Freude. «Wie der Gegensatz zwischen Sommer und Winter stärker war als in unserem Leben, so war es auch der Unterschied von Licht und Dunkel, von Stille und Geräusch. Die moderne Stadt kennt kaum noch die lautere Dunkelheit und die wirkliche Stille, kaum noch die Wirkung eines einzelnen Lichtleins durch die Nacht oder eines einsamen fernen Rufes» (J. Huizinga). Das Leben vollzog sich in kleinem Kreis, in der Familie, Sippe und Nachbarschaft. Die Identifikation mit dem Vater, der älteren Generation war verhältnismäßig leicht. Der Sohn konnte im bäuerlichen und handwerklichen Bereich unmittelbar Erfahrung und Können des Vaters erleben. Das Ganze war überschaubar, was nicht zuletzt auf die dünne Besiedlung zurückzuführen ist.

Schon im 19. Jahrhundert begannen sich indessen große Wandlungen anzubahnen. Die Bevölkerung wuchs, und es kam zu ersten Ballungen. Aufmerksamen Beobachtern entging es nicht, daß dies für die Lebensqualität schwerwiegende Folgen zeitigen würde. In seinen Grundsätzen der politischen Ökonomie von 1848 schreibt Stuart Mill: «Es ist gefährlich, wenn die Bevölkerung, selbst wenn sie reichlich mit Nahrung und Kleidung versehen ist, zu dicht aufeinander wohnt. Es ist für den Menschen nicht gut, wenn er mit Gewalt gezwungen wird, immerfort mit seinesgleichen zusammenzusein. Eine Welt, aus der die Einsamkeit und Stille ausgerottet wird, ist ein armseliges Ideal. Wenn die Erde diesen Teil der Annehmlichkeiten verlieren müßte, nur zum Zweck, eine zahlreiche, nicht aber eine bessere oder glücklichere Bevölkerung zu unterhalten, so will ich zum Besten der Nachwelt hoffen, daß sie mit dem Ruhestand zufrieden ist, lange bevor eine Notwendigkeit sie zwingt, sich mit ihm zufriedenzugeben.»

Inzwischen ist es zu jener Übervölkerung, zu jenem Überangebot an Kontakten gekommen, die uns dazu zwingen, uns in einer grundsätzlich «unmenschlichen» Weise abzuschirmen. Und inzwischen haben wir auch feststellen müssen, daß «die Zusammenpferchung vieler Individuen auf engem Raum unmittelbar aggressionsauslösend wirkt» (K. Lorenz). In diesem Zusammenhang ist auch darauf hinzuweisen, daß es zu einem Schwund aller starken Gefühle und Affekte gekommen ist. Die alte Weisheit aus

Goethes Schatzgräber «Saure Wochen, frohe Feste» gilt nicht mehr. Durch die wehleidige Unlustvermeidung haben wir die Freude beinahe unerreichbar gemacht. Viele kennen wohl den Genuß, aber nicht die Freude. «Die im Wachsen begriffene Unlust-Intoleranz verwandelt die naturgewollten Höhen und Tiefen des menschlichen Lebens in eine künstlich planierte Ebene, aus den großartigen Wellenbergen und -tälern macht sie eine kaum merkbare Vibration, aus Licht und Schatten ein unförmiges Grau. Kurz, sie erzeugt tödliche Langeweile» (K. Lorenz).

Negative oder positive Nostalgie?

Die Reaktion auf die von Lorenz beschriebene tödliche Langeweile ist bekannt. Sie äußert sich in Ausreißversuchen, in Protesten, die sich bisweilen bis zu Rebellionen steigern, und nicht zuletzt auch in der soeben beschriebenen Nostalgie. Unsere Erscheinung hat positive und negative Aspekte. Manche von der Nostalgie erfaßten Zeitgenossen führen ethische Gründe ins Feld. Je nach Standort und Temperament wird die Gesellschaftsordnung oder die Technik für die Unbill unserer Tage verantwortlich gemacht. Leider wird dabei immer wieder vergessen, daß wir der vielgeschmähten Technik und Industrie unsere hohe Lebenshaltung verdanken. Wer von der guten alten Zeit spricht, vergißt die Entbehrungen unserer Vorfahren. Man darf nie übersehen, daß es auch in der agrarischen und vorindustriellen Gesellschaft sowohl integrierende wie desintegrierende Kräfte gab. Im übrigen war diese Gesellschaft weniger statisch, als bis anhin angenommen wurde. Auch sie war von zwei Polen bestimmt und bedingt: der Dauer und Tradition auf der einen, dem Fortschritt auf der andern Seite. Diese beiden Pole beherrschen auch unser Leben und unsere Gesellschaft; sie sind komplementär und ergänzen und bedingen sich. Sie gehören, wie Karl Schmid einmal gesagt hat, untrennbar zusammen: «Beides gehört zum Menschen, sowohl das Forschen, der Zugriff nach Neuerkanntem, wie auch der fromme Sinn dafür, daß wir auf Schichten aufruhen, die überzeitlich und dauernd dem Gefälle des Fortschritts entzogen sind.»

Unser Ziel kann nicht darin bestehen, die Technik und die Wissenschaft zu verteufeln. Wir werden aber unser Heil auch nicht darin erblicken wollen, die Entwicklung allein und einzig dem berechnenden Verstand, der Ratio, zu überantworten. Die Frage ist nicht, für oder gegen den Verstand zu entscheiden; vielmehr geht es letztlich darum, die autonom gewordenen Verstandesmächte wieder den Einsichten in weitere Zusammenhänge und den Zielen höherer, nicht meßbarer Ordnungen zu unterstellen. Wir können und wollen das Rad der Geschichte nicht zurückdrehen. Es gab nie eine heile Welt, und wir können deshalb auch nicht zu ihr zurückkehren. Auf der andern Seite können wir, so groß die Versuchung manchmal ist, auch nicht sagen: Was war, ist abgetan und vergangene Vorzeit; morgen fahren wir in die bessere Zukunft. Denn die ganze unbewältigte Vergangenheit ist heute gegenwärtig. «Richtige» Nostalgie könnte Bewältigung von Gegenwart und Vergangenheit bedeuten.

Die Suche nach der «verlorenen Zeit» bekäme dann einen Sinn, wenn wir uns in Anbetracht der seelischen Einsamkeit vieler Zeitgenossen daran erinnern würden, «daß der Mensch seiner Natur nach ein elementares Bedürfnis nach Einbettung, Bindung und Verwurzelung empfindet und auf die Nichtbefriedigung dieses Bedürfnisses früher oder später in einer Weise reagiert, die im einzelnen nicht voraussehbar, aber auf alle Fälle heftig und negativ sein wird» (W. Röpke). Einbettung aber bedeutet Heimat im weitesten Sinn. Sie ist, nach Richard Weiß, «primär nicht Bindung an einen irgendwie lokal bestimmten Raum, auch nicht an einen Kulturraum, sondern Heimat ist innigstes Vertrautsein mit Menschen, ist Gemeinschaft».[3] Nostalgie als unbestimmtes Sehnen aus einer unbewältigten Gegenwart hilft nicht weiter. Anders verhält es sich mit jener Nostalgie, die als Besinnung und als Konzentration auf bestimmte Fixpunkte verstanden wird. Sie allein kann jene Wärme vermitteln, die mit dem Wort Heimat verbunden ist und die wir heute – völlig zu Recht – suchen:

---

[1] F. Ernst: Vom Heimweh. Zürich 1949.
[2] H. Bausinger: Volkskunde. Berlin 1972.
[3] R. Weiß: Heimat und Humanität, in: Schweizerisches Archiv für Volkskunde 47 (1951).

Sehnsucht nach einer besseren Welt?

Das Phänomen Nostalgie ist in den letzten zehn Jahren wiederholt gewürdigt worden. Wesentliche Beiträge lieferte unter anderem der Genfer Gelehrte Charles Zwingmann[1]. Neuerdings hat ein bekannter Vertreter der Volkskunde den Begriff als Heimweh und Sehnsucht «nach der Schönheit von gestern» definiert[2]. Diese Umschreibung ist doch wohl zu eng gefaßt. Nostalgie kann auch bedeuten: Sehnsucht nach einer anderen, fernen oder zukünftigen «besseren» Welt. Beide Arten von Nostalgie sind widersprüchlich, und sie widersprechen sich auch als Arten. Das Heimweh nach der «guten alten Zeit», schon in früheren Zeiten verbreitet und volkstümlich, scheint heute zu wachsen und manchmal sogar in restaurative Tendenzen auszumünden. Diese Tendenzen stoßen indessen auf harten Widerstand: Aus politisch-ideologischen Gründen wird seit einigen Jahren nichts unterlassen, um die eigene Vergangenheit abzulehnen und sie auf Schritt und Tritt zu verdächtigen. Erstaunlicherweise erwächst gerade daraus die andere Nostalgie, die Sehnsucht nach einer fernen und «besseren» Zukunft. Man kann sogar sagen, daß in dem Maße, wie die Ablehnung der Vergangenheit und der Geschichte zunimmt, auch die Begeisterung für die Futurologie und das Engagement in der Mitgestaltung einer immer ferneren Zukunft zunimmt. Der Verdacht ist nicht ganz von der Hand zu weisen, daß der Zukunftsglaube, die Zukunftsnostalgie, eine direkte Folge des Unbehagens, des uns vor allem von seiten der Neuen Linken applizierten «schlechten Gewissens» ist, mit dem wir unsere eigene Vergangenheit mehr und mehr zu betrachten pflegen. Die beiden Arten von Nostalgie unterscheiden sich demnach in recht vielen Beziehungen, weshalb sie getrennt zu betrachten sind.

Das Heimweh nach der alten Welt

In einem Aufsatz über den alpinen Menschen hat Richard Weiss vor zehn Jahren darauf aufmerksam gemacht, daß der Bergbauer durch die Küher- und Sennenlieder eine «unrealistische, aber wohltätige Selbstverklärung der eigenen Hirtenexistenz» erfahre.

Diese Beobachtung darf man heute zweifellos erweitern und feststellen, daß weite Kreise des Volkes zu einer unrealistischen, aber wohltätigen Selbstverklärung Zuflucht nehmen. Schon früher hatten manche Schweizer, und zwar auch Stadtbewohner, um mit Otto von Greyerz zu sprechen, «einen Jodler im Herzen und ein Paar Bergschuhe im Kasten». Inzwischen sind die Jodlerchörli in den Städten ebenso weit verbreitet wie in den alpinen Regionen, und das Alphorn wird längst nicht mehr nur von Sennen, sondern von den verschiedensten Liebhabern geblasen. Die folkloristischen Sendungen des Fernsehens erfreuen sich größter Beliebtheit. Die Marché Concours von Saignelégier ziehen Jahr für Jahr Tausende und aber Tausende an. Das gleiche gilt für den «Zibelemärit» von Bern. Hirtenmaler und Holzschuhhersteller haben alle Hände voll zu tun. Alte Bräuche feiern Urständ, so die Brunner «Chäppelichilbi» oder die «Chästeilete», die, einst ein bäuerlicher Brauch im Justital, heute von einem initiativen Wirt als «Vorbild für eine kulinarische Aktion» genommen wird[3]. Neue Bräuche werden als alte deklariert und erhalten so ihre Weihe. So werden, wie Hermann Bausinger feststellte, «für die ganz junge Erscheinung des Adventskranzes heute bereits Erklärungen gegeben, die tief in die Geschichte hinein führen; und ähnliches gilt für den Muttertag...»

Der Antiquitäten-Boom

Die Sehnsucht nach der entschwundenen Welt wird besonders deutlich im Antiquitätenhandel. Er hat, zusammen mit der Imitationsindustrie, in den letzten zwei Jahrzehnten immer größere Ausmaße angenommen. Allein von 1972 bis 1973 hat sich der Umsatz verdoppelt. Weshalb denn eigentlich? Werden echte oder unechte Antiquitäten und Kopien wirklich nur gesammelt, um dem Leben einen ästhetisch gehobenen Rahmen zu geben? Dieser Aspekt ist gewiß vorhanden, wie auch nicht zu übersehen ist, daß es gerade vielen eigentlichen Sammlern nicht allein um die Freude am Objekt geht. Eugen Böhler in «Psychologie des Zeitgeistes» hat kürzlich bemerkt, daß wir uns in der unbewußten Überzeugung von der eigenen Nichtigkeit veranlaßt sehen, «unsere Bedeutung durch Förderung unseres Nachruhms auf die Zukunft zu übertragen. Daher die Tendenz der vermögenden Kreise, ihren Namen durch einzigartige Sammlungen von Bildern oder sonstigen seltenen Werten zu verewigen.» Neuerdings kommt sicher auch die Flucht in Sachwerte hinzu. Nun ist aber, wie H. Sturzenegger festgestellt hat, das Sammeln von Antiquitäten keineswegs auf irgendwelche soziale und wirtschaftliche Oberschichten beschränkt. Dieses Sammeln entspricht im Gegenteil «gerade der ausgesprochen konservativen Haltung des einfachen Menschen, der bestrebt ist, ein fernes, historisch absolut nicht klar lokalisierbares ‹Vergangenes› zurückzuerobern: ‹l'époque béatifique des commencements›». Dies erklärt auch, weshalb es sich, wie Sturzeneggers Untersuchung in Zürcher Familien klar gezeigt hat, bei den zu Hause aufgestellten Antiquitäten «nur selten um Erbstücke mit persönlichen Beziehungen zum Besitzer handelt und daß das Kriterium ‹echt› oder ‹imitiert› für die als Museumsstücke zur Schau gestellten Dinge der Wohnungen gar nicht immer wichtig ist»[4]. Sturzenegger fand bei einem Kaufmann ein Wohnzimmer mit Stilmöbeln, welche im Handel unter dem Namen Louis Philippe angeboten werden. Außerdem gab es auch Originale aus dem 17. und 18. Jahrhundert. In einer anderen Wohnung fand er drei Rosenstöcke von Redouté; über der Wohnzimmertüre thronte ein barocker Putto. Zwei antike Spiegel schmückten den mit alten Möbeln reich ausgestatteten Raum.

Ähnlich wie diese bürgerliche Familie hatte aber auch ein Arbeiter sein Heim in einem modernen Block eingerichtet. Der Interviewer saß auf einem rotbezogenen Polsterstuhl unter einem mehrarmigen elektrischen Kerzenleuchter. In der barock geschweiften Vitrine standen antike Tassen und Gläser. Auch gab es eine Bronzestatue einer dianaartigen Römerin, ferner eine verkleinerte Replik nach Kisslings «Wilhelm Tell mit dem Knaben». Über dem Küchentisch befand sich eine alte Lampe, an der Wand hing das Bild eines friedlichen Bauerndörfchens. Im Zifferblatt der Kirchturmuhr war ein richtiges Uhrwerk eingesetzt. Überall glänzten Kupfer und Zinn. Die Wohnung fiel durch die Heterogenität des Schmuckes auf; ähnlich wie in oberschichtlichen Beständen stammten die Gegenstände aus verschiedenen geographischen Bereichen und Zeiten. «Die Gleichzeitigkeit von Wunschträumen in Richtung auf das Urtümlich-Bäuerliche und solchen, die hohen sozialen Status anvisieren», schreibt Sturzenegger, «wirkt wohl irritierend, ist aber aus derselben psychologischen Wurzel erklärbar: Bald wird das verlorene Paradies im

‹Altbäuerlichen› gesucht, bald drücken sich die Wünsche nach der besseren Vergangenheit in der Sprache einer fürstlichen und urbanen Kultur aus.»

Das Bauernhaus als Traumhaus

Manchem Zeitgenossen erscheint die moderne Wohnung ungeeignet, um seine Träume zu verwirklichen. «Viele Mieter träumen neuerdings vom Wohnen im eigenen Bauernhaus», heißt es in der «Schweizerischen Allgemeinen» vom 8. Dezember 1973. In einem Bauernhaus sei individuelles Wohnen eher möglich als in einer Blockwohnung. Es gebe hier keinen Lärm und andere Nebenmieterprobleme. Freilich müsse man auf einen gewissen Komfort verzichten, aber das Holzspalten sei gesund, und wenn die «Chouscht» einmal warm sei, werde es recht gemütlich. Die Illustrierte verschweigt nicht, daß schon manche Leute ihr Traumhaus wieder verlassen haben, weil es auf die Dauer doch zu primitiv gewesen sei. Wir haben eine verkehrte Welt: auf der einen Seite sehnen sich Tausende von Menschen, die in verhältnismäßig primitiven Wohnungen auf dem Lande wohnen, nach höherem Komfort; auf der anderen Seite träumen Stadtleute vom «schönen, bäuerlichen Leben», das ja natürlich viel härter ist, als sie annehmen. Die Nostalgie nach dem Bauernhaus und nach ländlich-bäuerlicher Welt scheint auch gleichzeitig Symbol «einer verspielten, verträumten, nostalgischen Generation» geworden zu sein. Ein typischer Vertreter dieser Generation meint denn auch («Die Frau» Nr. 5, 1973), er träume noch immer vom Bauernhaus, «obwohl es nicht mehr originell und bereits ein Bünzlitraum geworden ist».

Um die Sehnsucht nach der bäuerlichen Welt zu stillen, braucht man indessen gar kein Bauernhaus zu kaufen. Sturzenegger berichtet von einer einsamen Frau, die mit unermüdlichem Eifer kleine Bauernhäuser bastelt und diese mit einem ganzen Volk von Zwergen ausstaffiert. Die Zwerge in den Bauernhäuschen sind offensichtlich Ersatz für die fehlende menschliche Gesellschaft. Die Psychologie würde hier wohl von einer Fluchtreaktion der gequälten Seele sprechen, welche die heutige Welt nicht mehr erträgt und sich geängstigt in die geborgene Welt des kleinen Gartens mit Märchengestalten zurückzieht.

Folklorismus als Konträrphänomen

Es ist leicht, über die Welt der Gartenzwerge zu lächeln, und es fällt manchem auch nicht schwer, einige zynische Bemerkungen über den Folklorismus zu machen. Haben nicht die Manager der Kulturindustrie, so fragen vor allem die Vertreter der Neuen Linken, diese Bedürfnisse und diesen Rummel selber produziert? Wir wollen dieser Frage nicht ausweichen. Lassen wir einen unverdächtigen Zeugen, einen den progressiven Kreisen nahestehenden Volkskundler, sprechen. H. Bausinger, der den Begriff «Folklorismus als Konträrphänomen» geprägt hat, zitierte Adorno, der sagte, daß «mit der Ausbreitung der verwalteten Welt die Sehnsucht nach Unverschandeltem wachse». Nach einem Seitenhieb auf die Kulturindustrie stellt Bausinger die berechtigte Frage: «Stecken in dem Rückzug auf die früheren, ihrer Herkunft und ihrer Struktur nach vielfach vorindustriellen Formen der Volkskultur nicht Ansätze zur Humanisierung, zu neuer Selbstbestimmung und Spontaneität? Man sollte diese Frage nicht einfach beiseiteschieben; ganz sicher wird hier ein wesentliches Motiv des Folklorismus greifbar – das Bedürfnis, der unübersichtlich und in extremster Weise ‹unhandlich› gewordenen Welt zu entgehen in einen Bereich des Übersichtlichen, des Handlichen, des Umgänglichen.» Die Nostalgie als Sehnsucht nach Untergegangenem hat aber noch einen anderen positiven Aspekt. Schon Jacob Burckhardt hat in den «Weltgeschichtlichen Betrachtungen» festgestellt, daß sie mehr «wert» sei, als im allgemeinen angenommen werde: «Ihr allein verdankt man es, daß noch so viele Bruchstücke der Kultur gerettet und durch eine rastlose Wissenschaft in Zusammenhang gesetzt worden sind... Die verehrende Kraft in uns ist so wesentlich, als das zu verehrende Objekt.» Hier wird ein neues Verhältnis und die Möglichkeit sichtbar, «das Vergangene und sich selbst in ihm zur Sprache zu bringen»[5].

Etwas anders verhält es sich mit der Sehnsucht nach Neuem und Zukünftigem, der wir uns im folgenden zuwenden wollen.

Das Fernweh

Gewiß gab es so etwas wie Fernweh schon früher. Die Söldner zogen aus, nicht nur um Sold zu verdienen, sondern auch um das Andere, Fremde zu erleben. Bei den wandernden Kaufleuten und Handwerkergesellen dürfte es ähnlich gewesen sein. Im 19. Jahrhundert setzte indessen eine Bewegung ein, die neue Züge trug. Die geographischen Grenzen werden gesprengt, der Tourismus und die Bevölkerungsbewegungen führen zum Zerfall des alten und engen Horizontes. Im 20. Jahrhundert schließlich gewinnt das Fremdartige, vor allem das Exotische, einen Zauber, den es – wenn wir von Ausnahmen wie der Chinoiserie oder den 1863 in die Schweiz eingeführten Japanesenspielen absehen – früher nicht besaß. Die Ferienverbesserer, lies Reisebüros, preisen immer wieder von neuem früher kaum erreichbare Paradiese an. Der Massentourismus nimmt geradezu phantastische Ausmaße an; doch die Flucht aus der Masse führt selber wieder zur Masse zurück. Das haben offenbar viele Junge gemerkt. Sie wollen, wie Werner Kämpfen an einem touristischen Seminar kürzlich sagte, auch die Ferien in einer neuen Freiheit gestalten: «Das Ideal dieser Ferien sind ‹aktive Ferien› in einer Bandbreite, die vom Kanufahren bis zum Selber-Musizieren reicht. Sie haben zudem den Ehrgeiz, eigene Entdeckungen zu machen und eigene Abenteuer zu erleben... Es ist das Romantische, das diese Jugend anspricht, eine Sehnsucht nach dem Zurück zur Natur, was sie bewegt.»

Wer seine Ferien in südlichen Ländern verbracht hat, kann neuerdings sein Fernweh auch stillen, indem er ein entsprechend aufgemachtes Restaurant besucht. «Mitten in Zürich», so hieß es kürzlich in einem Inserat der «NZZ», das mit «Südliche Nostalgie» betitelt war, «gibt es ein Restaurant, das an die warmen Küsten des Erdstriches erinnert, dessen Grenzen am Mittelmeer liegen und welcher Sehnsucht aller Maler und der Ferientraum jedes Großstädters ist. Hier gibt es Gerichte, die nicht nur nach ‹Sole mio› tönen, sondern auch danach schmecken.» In einem anderen Restaurant gibt es während der türkischen Woche «Meze» oder «Döner Kebab», das mitten im Restaurant als gewaltiger Turm am Spieß gegrillte Lammfleisch. Diese Erscheinung ist durchaus nicht zürcherisch; sie gilt für alle Städte Europas. «Hat irgendwo ein echter oder falscher Chinese oder Türke ein neues Lokal aufgemacht, sind seine Tische von Neugierigen voll, bis ein anderer ein noch größeres Spektakel verspricht.»[6]

Das Exotische hat längst auch in den Wohnungen Einzug gehalten. Sturzenegger fand in den Zürcher Häusern zahlreiche Negerbilder, Nepalmasken, Batikarbeiten aus Indochina, Buddha-Statuetten und vieles andere mehr. Er schreibt: «Ob Produkt der Massenkultur oder wertloses Kunstwerk, in beidem spricht sich ein Fernweh aus, verstanden als Wunsch, die kraftgeladene Ferne in unserer Wohnung anwesend sein zu lassen.»

Beats und Hippies

Weniger harmlos als dieses Fernweh erscheint die Nostalgie der Beats. «Geschlagen vom System», suchten sie das Glück (beatitude) in einer anderen Welt, in einem Leben ohne Fixpunkte: Reisen, Wandern, Tanzen, Feiern, Lieben, Malen oder Schreiben diente als Befreiung. Die Beats suchten das Glück auch in der Ekstase, im Rausch, oft sogar im Rauschgift. Ein Vertreter der Beat-Generation hat in einem Interview seine Ziele erläutert: bei der Hingabe an Jazz, Rauschgift und Sex handle es sich um Formen von Ekstasen, die zu Gott führen. Er selber bezeichnete sich ausdrücklich als Christ und erklärte schließlich, daß «das Geschlecht, der Rhythmus, die Ekstasebereitschaft, die Sehnsucht, nahe dem Tod zu leben, von Gott gegeben seien. Denn der Mensch, der sich all diese Erlebnismöglichkeiten erschließe, wäre davor bewahrt, innerlich einzufrieren, und das sei die einzige wirkliche Sünde, die Sünde derer, die in der Konvention leben.»[7] Die Hippies gingen weiter: Freiheit kann nur erreicht werden, so lehrten die Blumenkinder, «wenn der Rückzug aus der offiziellen Gesellschaft kompromißlos verwirklicht werde». Man ist Hip, man weiß Bescheid über die angeblich ausweglose Situation derer, die den Glauben an unsere gesellschaftlichen Formen verloren haben. Man ist bereit, in die ferne Freiheit zu pilgern. Der Weg der Hippies führt fort aus dem «Dunstkreis der Alten», aus der «Welt in Watte», aus der «Ordnung» unserer technischen und industriellen Zivilisation. Nach dem Soziologen Walter Hollstein gewann der Protest der Hippies, «weil er von Jugendlichen gelebt wurde, die alle Vorteile und Vergünstigungen des Systems in Anspruch nehmen konnten. Nicht Neid und Ehrgeiz führten zum

Aufstand der Blumenkinder, sondern Überdruß und das Verlangen nach anderem.»[8] Entwicklungsgeschichtlich gesehen mag das teilweise richtig sein. Die Hippies in den USA entstammten ursprünglich vorwiegend den Ober- und Mittelschichten. Das Motiv für den Ausbruch war einst Unbehagen über den amerikanischen Lebensstil. Nur eine kleine Minderheit hatte indessen die bürgerliche Welt mit ihrer angeblich völlig «repressiven» Struktur analysiert. Der Protest war gefühlsbetont, naiv und entsprang einer kaum definierten Nostalgie. Das ganze Gehaben der Blumenkinder zeigt dies deutlich. Mit einem Seitenhieb auf die Gesellschaft, die sie verlassen hatten, konstatierten sie, «daß sie ihr Leben lebten, während ihre Eltern lebendig starben».

Das hat sich verhältnismäßig schnell geändert. Zunächst veräußerlichte sich die Bewegung; vor allem aber breitete sich die Droge rasch aus. Bald mangelte es auch an Nahrung und Unterkunft. Krankheiten dehnten sich aus. Sexualverbrecher und andere düstere Elemente profitierten vom wachsenden Chaos, Blumenmädchen wurden verfolgt und vergewaltigt, und man schrieb von einem ruhmlosen Ende der Hippies. In Wirklichkeit wurde nur die Etikette gewechselt: Die blumenreiche Nostalgie wurde ersetzt durch den revolutionierenden Willen, die Macht und das System zu attackieren. Die neue Bewegung, jetzt allgemein und zusammenfassend «Untergrund» genannt, griff von den USA bald auch nach Europa über. Es entstanden überall Zentren und Gemeinschaften, auch Kommunen, und der Entwicklungsstand der Epoche sollte die Mittel bereitstellen, um nach dem Untergang der bürgerlichen Welt ein glücklich-freies Dasein zu verwirklichen. «Eine ganze neue Gesellschaft muß aufgebaut werden», erklärte, wie Hollstein mitteilt, ein Anhänger der Neuen Linken, «wir wissen nicht welche Art die neue Gesellschaft haben wird, wir werden es herausfinden.» Viele Zeitgenossen lächeln über solche utopischen und anscheinend irrealen Bekenntnisse. Sie übersehen aber, daß, um mit einem Sympathisanten dieser Bewegung zu sprechen, es sich bei der neuen Bewegung nicht mehr um ein Phänomen bloßer Adoleszenz und der Nostalgie handelt. Im Untergrund sammelt sich vielmehr eine «Gegenwelt, welche die neue Welt von morgen werden will». Merkwürdigerweise haben wir das noch immer nicht zur Kenntnis genommen, und erstaunlicherweise legen wir gegenüber der Rauschgiftsucht, der enthemmten Sexualität und der Pornographie eine durch nichts zu rechtfertigende Langmut an den Tag.

Das Geschäft mit der Nostalgie

Wollen wir aber wirklich unseren Kindern die zweifelhafte Chance geben, sich durch Rauschgift physisch und psychisch zugrunde zu richten? Erzeugt wirklich, wie viele offenbar glauben, die totale sexuelle Enthemmung eine neue Lebensqualität? Wir glauben es nicht. Es gehört vielmehr zu den großen Irrtümern und Torheiten unserer Zeit, zu meinen, aus der totalen Emanzipation, der Überwindung aller kulturellen «Zwänge» und Normen ginge strahlend der freie Mensch hervor. Alle geschichtliche und menschliche Erfahrung zeigt demgegenüber, daß nach dem Austritt aus den kulturellen Normen ein defektes physiologisches System und deformierte Menschen zurückbleiben. Wer nach Belegen dafür sucht, wie eine als Zügellosigkeit mißverstandene und mißbrauchte Freiheit sich selbst und den Menschen zerstören muß, indem sie die moralischen Voraussetzungen vernichtet, braucht nur die deutschen Illustrierten zur Hand zu nehmen. Hier sind, von rühmlichen Ausnahmen abgesehen, die Beweise von geistigen und moralischen Auflösungen mit Händen zu greifen. Hier werden alle Arten und auch Abarten der Nostalgie demonstriert. Hier, und natürlich auch in vielen Filmen, wird das Geschäft mit der Nostalgie mit offener Schamlosigkeit betrieben. Wie L. Stucki in «Lob der schöpferischen Faulheit» mit Recht sagte, «würde es kein Autohändler wagen, ein Auto anzupreisen, das kein Benzin und keine Versicherung kostet. Aber die Propheten der sexuellen ‹Befreiung› versprechen höchstes Glück der Liebe ohne Bindung». Leider gehen die Betrogenen in der Regel nicht zum Anwalt, um gegen die Verführer vorzugehen, sondern zum Psychiater. Es ist Zeit, daß wir unserem Volk sagen, wer die Verführer sind und welche falschen Idole sie ihm direkt vor Augen halten. Man kann es heute, so hat schon Wilhelm Röpke in «Torheiten der Zeit» gewarnt, «nicht kräftig und oft genug sagen: Freiheit ist einer der höchsten moralischen Begriffe und völlig sinnlos, ja pervers ohne die Schranken und Normen, die das Wesen des Moralischen ausmachen».

Legitime Sehnsucht

Das ist die eine Schlußfolgerung, die wir zu ziehen hätten. Die andere wäre, daß wir gewisse Nostalgien gar nicht zu verdammen brauchen. Es wird nur darauf ankommen, sie richtig zu klassieren und zu deuten. Die Sehnsucht nach Selbsterfüllung und Selbstverwirklichung, die Sehnsucht nach unverfälschter Natur und dem inneren Gleichgewicht ist durchaus legitim. Die Intuition darf, ja sie muß sogar zu ihrem Recht kommen. Der Mensch lebt nicht von Autos, Tiefkühltruhen und Fernsehapparaten, sondern von der unkäuflichen Welt jenseits des Ökonomischen, von der Würde, von der Schönheit einer Blume oder eines Bergbaches, von Gemeinschaft, echter Liebe und Freundschaft, vom Unberechnenden, über den Tag und seine Zwecke Hinausreichenden. «Der Mensch lebt», um mit dem Evangelisten Matthäus zu sprechen, «nicht vom Brot allein, sondern von einem jeglichen Wort, das durch den Mund Gottes geht.»

[1] Von seinen vielen Arbeiten kann hier aus Platzgründen nur die neueste Arbeit erwähnt werden: Ch. Zwingmann: «The Nostalgic Phenomenon and its Exploitation», New York/Heidelberg/Berlin 1973, Akademische Reihe, Gesamtherausgeber Ch. Zwingmann und M. Pfister-Ammende.
[2] W. Heim: Artikel «Nostalgie» in Heft 5/6, Korrespondenzblatt der Schweiz. Gesellschaft für Volkskunde, Basel 1973, S. 67.
[3] zitiert von W. Heim: «Nostalgie», S. 69.
[4] H. Sturzenegger: «Volkstümlicher Wandschmuck in Zürcher Familien. Wesen und Funktion», Bern 1970, S. 188.
[5] H. Kappes: «Mündigkeit – Sprache gewordene Existenz, Orientierung», Zürich 1973, S. 243, zitiert von W. Heim.
[6] U. Busch-Sievers: «Kneipen, Pubs und Restaurants». München 1973, S. 7.
[7] K. O. Paettel: «Beat, eine Anthologie», 1968, S. 11.
[8] W. Hollstein: «Der Untergrund», 2. Auflage, Neuwied 1970, S. 67.

DIE SCHWEIZ UND DIE EUROPÄISCHE INTEGRATION

Die Schweiz und der Deutsche Zollverein

In der Diskussion um die europäische Wirtschaftsgemeinschaft, den gemeinsamen Markt und die Freihandelszone wird immer wieder auf die deutsche Zollunion von 1833/34 hingewiesen. Wiederholt ist die deutsche Zollunion als Paradestück einer Zollunion bezeichnet worden. Daß dieser Vergleich in verschiedenen Teilen hinkt, hat Wilhelm Röpke bereits dargetan. Da nun aber, wie heute, auch damals die Schweiz von den Integrationsbestrebungen berührt wurde, dürfte es interessant sein, zu sehen, wie sie sich damals zu den europäischen Integrationsbestrebungen stellte, und anderseits, welche Rolle die Promotoren der Zollunion der Schweiz zudachten. Um diese Frage beantworten zu können, müssen wir uns kurz die Situation vergegenwärtigen, wie sie um 1815 bestand.

Die restaurierte oder wiederhergestellte Schweiz genoß bei ihren Nachbarn keinen guten Ruf. «Die Schweiz ist ein unlenkbares Bundesgebilde, ein trauriges Gemälde verschiedenartiger Ideen und Meinungen», sagte beispielsweise der badensische Staatsrat von Dusch. «Argwohn, Parteieid und kantonale Interessen triumphieren namentlich auf wirtschaftlichem Gebiet, und ein gesamtschweizerisches Handeln ist undenkbar.» Ähnlich urteilte der preußische Gesandte in der Schweiz, Justus von Gruner. Er fand, daß sich der alte Geist der ewigen Bünde nicht mehr bewähre, daß man nirgends mehr brüderliches Entgegenkommen, gemeinsames Ausharren, sondern überall nur selbstische Sorge und einseitige, verderbliche Maßregeln antreffe. Noch einen Schritt weiter ging der württembergische Professor Friedrich List. Er sprach der Schweiz kurzerhand jede Nationalität ab, sie sei nichts mehr und nichts weniger «als ein Konglomerat von Municipalitäten». So verschieden nach Herkommen und politischer Auffassung diese drei Deutschen waren, so übereinstimmend lautet also ihr Urteil über die Schweiz.

Wer die Wirtschafts- oder Handelspolitik der Eidgenossenschaft jener Jahre etwas näher ansieht, ist geneigt, dieses Urteil als berechtigt anzusehen. Unter der Okkupation und Feindherrschaft ist zwar das nationale Bewußtsein geweckt oder erneuert worden. Aber es erstreckte sich nicht auf die wirtschaftliche oder wirtschaftspolitische Zusammenarbeit. Es fehlte am Wissen breiterer Kreise um den nationalen Zusammenhang des wirtschaftlichen Lebens. Als z. B. die Mißernten des Jahres 1816 eine eigentliche Verknappung und Teuerung mit sich brachten, erließen verschiedene Getreide produzierende Kantone gegenüber ihren benachbarten Kantonen Getreidesperren. Gleichzeitig beklagte man sich in der Schweiz bitter über die Ausfuhrverbote der süddeutschen Staaten, die ebenfalls unter Getreidemangel litten. Wie wenig das nationale Denken auf wirtschaftlichem Gebiet entwickelt war, zeigen vor allem auch die Binnenzölle und kantonalen Abgaben. Allein der Kanton Aargau hatte über hundert Binnenzölle, St. Gallen zählte nicht weniger als 63 Tarife. Der Zürcher oder Schaffhauser Wein war durch das luzernische oder baslerische Ohmgeld stärker belastet als durch die deutschen Zölle.

Den extrem föderalistischen Tendenzen und dem kantonalen Partikularismus entsprach auch die Regelung des Zollwesens und der zoll- und handelspolitischen Kompetenzen. Formell war zwar die Tagsatzung ermächtigt, Wirtschaftsverhandlungen zu führen und Handelsverträge abzuschließen, aber sie besaß, da die Zollhoheit bei den Kantonen lag und es einen eigentlichen eidgenössischen Grenzzoll nicht gab, keine Waffen, um eine zielbewußte Handelspolitik zu treiben. Für die Kantone war die Zollhoheit fast ausschließlich fiskalisches Recht; eine systematische Handelspolitik trieben auch sie nicht.

Auf den ersten Blick scheinen ähnliche Zustände damals auf der andern Seite des Bodensees oder Rheins geherrscht zu haben. Auch der deutsche Bund, wie er aus den Wiener Verhandlungen von 1815 hervorging, war ein lockeres Gefüge von Staaten mit vollständiger Souveränität. Auch hier war das Zollwesen Sache der Bundesglieder, und auch hier fehlte eine Zentralgewalt, die fähig gewesen wäre, die auseinanderklaffenden Wirtschaftsinteressen zu koordinieren. Im Gegensatz zur Eidgenossenschaft besaßen aber die deutschen Staaten mindestens Ansätze eines Zollsystems mit Grenzzöllen. Sowohl Bayern wie Württemberg und Baden hatten schon vor 1815 eigene Landzollordnungen geschaffen und eine systematische Handelspolitik getrieben. Nach jahrelangen Verhandlungen war zwischen Baden und der Eidgenossenschaft 1812 ein Handelsvertrag zustande gekommen. Auch zwischen Württemberg, Bayern und der Schweiz waren Verhandlungen geführt worden. Sie hatten zwar nicht zu Handelsverträgen, aber doch zu einem gewissen «modus vivendi» geführt. In diesen Jahren hat sich ein reger Warenaustausch zwischen diesen Ländern und der Schweiz entwickelt; das bayerische Salz hatte dem lothringischen den Rang abgelaufen, deutsches Eisen hatte das französische verdrängt, und Schwaben war zur eigentlichen Getreidekammer für die Schweiz geworden. Ausser Salz und Getreide hatte die Schweiz sächsisches Garn, Leinwand und Leder gekauft, während sie selber Textilien, Zuchtvieh, Käse und Wein ausführte. In dieser Zeit hat sich das wirtschaftliche Schwergewicht zuungunsten Frankreichs nach Deutschland verlagert, sind die wirtschaftlichen Beziehungen nach dem Norden und Osten stärker geworden, während auf der andern Seite der Wirtschaftsverkehr nach Frankreich an Bedeutung verlor. Daran hatte niemand eine grössere Schuld als Frankreich selber, d. h. genauer gesagt die französische Wirtschaftspolitik.

Zwischen 1815 und 1830 dauerte dieser Prozeß an. Entgegen allen Erwartungen verschärfte Frankreich durch die Zollgesetze von 1814 und 1816 seinen schutzzöllnerischen Kurs, und die Niederlande, Spanien sowie Österreich folgten dem Beispiel prompt. Schutzzöllnerische Strömungen begannen sich aber auch in Preußen abzuzeichnen. In Württemberg und Baden sah man diese Entwicklung mit größtem Unbehagen. Beide Länder verfolgten, ähnlich wie die Schweiz, eine freihändlerische Handelspolitik, und beide Länder sahen sich, als nach der Aufhebung der Kontinentalsperre englische Baumwollwaren eindrangen, außerstande, diesen Strom aufzuhalten. Was war deshalb natürlicher und selbstverständlicher, als daß diese Länder, ringsum von fremden Zollsystemen gehemmt, wiederum nach der offengebliebenen Schweiz blickten, wenn sie sie als Verbündete gegen die Schutzzollstaaten zu betrachten begannen und wenn in diesen Jahren wiederholt der Gedanke eines eigentlichen Zusammenschlusses auftauchte? Daß solche Pläne und Ideen entstehen konnten, ist auf einen Umstand, eine Erscheinung zurückzuführen, die vielleicht bis jetzt in der Wirtschaftsgeschichte etwas zu wenig Beachtung gefunden hat. Wir meinen damit den Helvetismus oder die deutsche Schweizer Begeisterung, die schon im 18. Jahrhundert eingesetzt hatte und die in den deutschen Freiheitskämpfen einen eigentlichen Höhepunkt erreicht hat. Die Schweizer Reisen, schon um die Jahrhundertwende als eigentliche Mode bezeichnet, begannen zwischen 1810 und 1820 neuerdings überhandzunehmen. In den Fremdenverzeichnissen von Rigi Kulm standen die Deutschen an erster Stelle. In hellen Scharen besuchten sie auch die eben entdeckten Gießbachfälle, wo der Schulmeister von Brienz das Alphorn vorführte und mit seinen Schülern Schweizer Lieder sang. Aber im Gegensatz zur Anfangszeit der Schweizer Begeisterung, in der noch die Natur- und Idyllenbewunderung vorgeherrscht hatte, begannen sich die Deutschen nun auch mit den Sitten, dem Volkscharakter und den Erzeugnissen des schweizerischen Gewerbes und der Landwirtschaft zu befassen. In dieser Literatur finden sich unzählige Beschreibungen von Sennhütten, Käsereien und Speichern, neben Tadeln über die Geldgier auch Lobreden über die Qualität schweizerischer Erzeugnisse, beispielsweise über die Leckerbissen schweizerischer Bäckereien, über das Schweizer Papier, die Basler und Berner Bänder, die Genfer Uhren und die Neuenburger Automaten. Ein einziges Beispiel spreche für viele: Jean Paul erhielt von literarischen Verehrern mehrmals Emmentaler Käse zugeschickt. Er verteilte ihn an seine Freunde und schrieb dazu: «Solchen Käse findet man in den deutschen Fürstentümern nirgends. Er ist reich, fett, mild wie ein junger und hinterher von schärfstem und schönstem Nachgeschmack wie ein alter.» Es brauchte also, um die schweizerischen Produkte anzupreisen, damals weder Handelskammern noch Verkehrszentralen.

Zweifellos hat die Schweizer Begeisterung auch in Handels- und Wirtschaftskreisen eine gewisse Wirkung gehabt. So können wir beispielsweise feststellen, daß man die Reiseliteratur, namentlich G. Ebels Anleitung zur Reise in die Schweiz, die 1818 neu aufgelegt wurde, kannte und seine Hinweise auf Geschichte, Handel und Statistik lange Zeit als unentbehrliche Unterlagen betrachtete. Erstaunlicherweise hören wir aus diesen Kreisen sozusagen keine Klagen gegen die schweizerische Industrie, obwohl sie neben der englischen zu den gefährlichsten Konkurrenten der aufstrebenden Industrie Deutschlands gehörte. Meist wird die durch Sprache, Sitten und Sinn verwandte Schweiz als Verbündete, ja ganz unbefangen als handelspolitisch zu Deutschland gehörend betrachtet. So rechneten zum Beispiel die Stiftungsurkunden des deutschen Vereins zur Unterstützung vaterländischer Industrien von 1815/16 die schweizerischen Waren ausdrücklich zu den inländischen Erzeugnissen, und so betrachtete man es als ganz selbstverständlich, daß bei der Gründung des deutschen Fabrikantenvereins in Leipzig 1816 auch Schweizer maßgeblich mitwirkten. Nach den Plänen jenes Vereins wollte man Deutschland in 14 Handelsdistrikte einteilen; die Schweiz hätte den 10. Distrikt gebildet, und St. Gallen war als Zentralstadt ausersehen.

Neben solchen Projekten, die eine wirtschaftliche oder zollpolitische Zusammenarbeit erstrebten, gab es auch solche, die den politischen Anschluß, ja die eigentliche Einverleibung der Schweiz ins Auge faßten. Die Schweiz ohne Meer, so wurde ausgeführt, «muß entweder mit Frankreich oder mit Italien oder mit Deutschland in den Bund treten. Allein von wem erhält sie ihr Salz, das Korn am billigsten? Von Deutschland. Welcher Nachbar ist der mächtigste und zugleich der redlichste? Der deutsche Staatenbund. Die Schweiz folge also dem Rhein, dem Inn und der Aare mehr, denn der Rhone oder dem Tessino.» In den europäischen Annalen von 1814 wurde zur Erreichung eines engeren deutsch-schweizerischen Verhältnisses die Regentschaft von Baden über die Schweiz vorgeschlagen, und verschiedene Gelehrte, wie Lorenz Oken, Heinrich Luden, Wilhelm v. Humboldt und Ludwig Heeren, legten zwischen 1814 und 1816 Pläne zum Anschluß der Schweiz vor. Kurz und bündig äußerte sich Friedrich Rückert. Er sagte und fand damit weitgehende Zustimmung: «Zum deutschen Freiheitsbrot gehört der Schweizer Käse!»

Es gab aber auch Deutsche, die um die Problematik, ja Unausführbarkeit solcher Pläne wußten. So wurde in einem anonymen Bericht von 1816 ausgeführt, daß man in der Schweiz eine Vereinigung mit Deutschland nicht suche, «solange in den meisten Staaten Deutschlands noch immer der Wille des Herrschers das einzige Gesetz ist und die Völker vergebens um ihre Rechte handeln».

Tatsächlich dachten die Schweizer, auch wenn sie sich der Gemeinsamkeit verschiedener wirtschaftlicher Interessen bewußt waren, in erster Linie politisch. So lehnte das Kaufmännische Direktorium von St. Gallen das Projekt des deutschen Fabrikantenvereins, trotz der St. Gallen zugedachten Ehrung, einstimmig ab. Auch Zürich sprach sich gegen den Beitritt aus. Und trotz intensiver Werbung erhielt der von Professor List gegründete und geförderte Verein deutscher Kaufleute und Fabrikanten wohl die Zustimmung und Mithilfe einzelner Kaufleute, nicht aber der Kantonsregierungen und Handelskammern. Nachdem sich vor allem Metternich als entschlossener Gegner dieses Vereins entpuppt hatte, löste er sich übrigens 1820 wieder auf, so daß sich sowohl Hoffnungen wie Befürchtungen als verfrüht erwiesen hatten.

Aber im gleichen Jahre begannen in Darmstadt Verhandlungen, die einen Mittel- und Süddeutschen Zollverein zum Ziel hatten. Auch hier erwog man eine engere wirtschaftliche Bindung und Zusammenarbeit mit der Eidgenossenschaft. «Von den auswärtigen Staaten», so wurde u. a. argumentiert, «verdient die Schweiz alle mögliche schonende Rücksicht, und kaum wird man umhin können, so wie man über die Grundlage eines gemeinschaftlichen Systems einverstanden ist, sich mit der Eidgenossenschaft in Unterhandlungen einzulassen». Aber bevor es soweit kam und noch während die Darmstädter Verhandlungen andauerten, erhöhte Frankreich durch das Gesetz vom 27. Juni 1822 seine Schutzzölle. Baden und Württemberg schlossen sich sofort zusammen und versuchten die ebenfalls betroffene Schweiz in ihre Abwehrmaßnahmen einzuschließen. Zwei Gesandte (Nebenius und Kaufmann) bemühten sich, die Tagsatzung von der Nützlichkeit gemeinsamen Handelns zu überzeugen. Aber ihre Mission scheiterte an der Uneinigkeit der Eidgenossen, die von Preußen einmal mehr vergrößert und ausgenützt wurde. Eine Kommission, die diese Frage zu prüfen hatte, stellte zwar fest, daß Frankreich die Eidgenossenschaft unstreitig am meisten einenge, daß anderseits Deutschland einen verhältnismäßig großen Spielraum gewähre. Trotzdem sei es besser unabhängig vorzugehen, denn man müsse auch auf wirtschaftlichem Gebiet am Neutralitätsprinzip festhalten. Am 5. November 1822 konnte der preußische Gesandte de Meuron triumphierend nach Berlin melden, daß die süddeutschen Gesandten unverrichteter Dinge heimgekehrt seien.

Veranlaßt durch die agrikolen Kantone der Westschweiz unternahm hierauf die Tagsatzung einen verzweifelten Versuch, gegen Frankreich Repressalien zu ergreifen. Die Frucht dieser Anstrengungen war das sogenannte Retorsionskonkordat, das von 13½ Kantonen angenommen wurde, aber schon nach zwei Jahren inneren und äußeren Einflüßen unterlag und kapitulierte. Die Verleihung französischer Orden an Schweizer, die gegen dieses Konkordat gearbeitet hatten, zeigt, welche Mittel man damals und leider nicht ganz erfolglos anwandte. Der Zusammenbruch des Konkordates wurde im Ausland weitgehend als ein Schwächezeichen aufgefaßt, und die Folge war, daß Frankreich durch königliches Dekret die Woll- und Viehzölle erneut erhöhte, daß

Sardinien die Einfuhr der meisten schweizerischen Industriewaren mit einer durchschnittlichen Zollerhöhung von 50% erschwerte und daß Bayern seine Zollsätze erhöhte, ohne die Eidgenossenschaft überhaupt zu verständigen.

Einzig Württemberg nahm eine andere Haltung ein. Freilich standen dabei nicht besondere Sympathien, sondern vielmehr ganz reale Interessen im Spiel. Nach dem Scheitern der Darmstädter Verhandlungen fühlte man sich etwas isoliert, und sodann waren in Württemberg 1822 ausgedehnte Salzlager entdeckt worden, und man hoffte nun, dieses Salz nach der Schweiz ausführen zu können. In den sich anbahnenden Verhandlungen spielte denn auch dieser Punkt eine entscheidende Rolle. Daneben wünschte Württemberg, wie schon zehn Jahre zuvor, besondere Begünstigungen für den Transitort Friedrichshafen. Auf schweizerischer Seite verlangte man Ermäßigung der württembergischen Zölle und die Reziprozität, d. h. die Möglichkeit, gleich hohe Zölle anwenden zu dürfen. Daneben wurde die Sicherung der Getreideversorgung, die man in den Teuerungsjahren 1816/17 so schmerzlich vermißt hatte, verlangt. Obgleich die Schweiz praktisch nichts zu bieten hatte und auf keinen der württembergischen Wünsche wirklich eintrat, kam ein Vertrag zustande, der für die Eidgenossenschaft wider Erwarten günstig ausfiel. Als schwieriger erwiesen sich die Verhandlungen mit Baden. Dem Unterhändler von Dusch war es durch Bestechung gelungen, in den Besitz des geheimgehaltenen Vertrages mit Württemberg zu gelangen. Mit erschreckender Deutlichkeit kommt in diesen Verhandlungen die Ohnmächtigkeit und Kraftlosigkeit der Tagsatzung zum Ausdruck. Aus den deutschen Akten sieht man, wie durch verschiedene Kanäle Nachrichten über die schweizerischen Absichten nach Baden gelangten. So befinden sich zum Beispiel im Staatsarchiv Karlsruhe die Abschriften vertraulicher interner Expertenberichte. Man sieht aber auch, wie die einzelnen Kantone sich denunzierten und wie sie gegeneinander ausgespielt wurden. Als endlich im Januar 1826 der Vertrag bereinigt war, weigerten sich einzelne Orte, ihn zu ratifizieren. Der badische Abgeordnete von Dusch schrieb diese unerfreuliche Wendung französischen und bayerischen Einflüssen zu; daß es zu keiner Einigung kam, dürfte aber nicht zuletzt auch auf die staatliche Struktur des eidgenössischen Staatenbundes zurückzuführen sein.

Aber schon in der Tagsatzung des Jahres 1827 betrachtete man diese Angelegenheit mit etwas anderen Augen. Inzwischen ist der süddeutsche Zollverein – dem Baden nicht angehörte – entstanden und hat Preußen seinen Einfluß geschickt zu mehren gewußt. Aus diesen Gründen schien es ratsam, mit den nächsten Nachbarn ins Reine zu kommen. In Karlsruhe war man sich darüber im klaren, daß man nun in handelspolitischer Beziehung zwischen dem Zollverein und der Schweiz wählen müsse. Noch einmal gab man der Schweiz den Vorzug und trat auf die noch offenen schweizerischen Wünsche ein. Einzelne Kantonsregierungen, wie jene von Basel, Zürich und St. Gallen, sahen auf Grund ihrer Informationen ziemlich deutlich, daß man nun in ein entscheidendes Stadium der Handelspolitik getreten war. Aber die eintreffenden Berichte von Spannungen zwischen Bayern und Baden stimmten zu optimistisch; ein letzter energischer Anlauf, um über die auseinandergehenden Interessen der einzelnen Kantone hinaus zu einer Einigung mit Baden zu gelangen, unterblieb deshalb. Schließlich wurde die badische Regierung der mühsamen Verhandlungen überdrüssig, und von Dusch schlug vor, auf die schweizerischen Wünsche nicht mehr einzutreten. Das badische Ministerium gab der Schweiz überhaupt keine Antwort mehr.

Trotz diesen enttäuschenden Erfahrungen wehrten sich in den Verhandlungen über den großen Zollverein die süddeutschen Staaten energisch für ihre Abmachungen und Verträge mit der Schweiz, indem sie auf die Wichtigkeit und die günstigen Auswirkungen eines freien Verkehrs mit ihren nächsten Nachbarn hinwiesen. Man würde nun erwarten, daß die Tagsatzung ihre Kontrahenten in dieser Richtung unterstützt hätte, aber das geschah nicht. Lediglich St. Gallen schrieb am 13. Juni 1833 den übrigen Ständen, daß der preußische Zolladler in bedrohliche Nähe rücke und die deutsche Zolleinigung eines Tages für die Schweiz eine große Gefahr bedeuten könnte. Im letzten Augenblick versuchten Abgeordnete einzelner Stände und schließlich auch der Sondergesandte der Tagsatzung, von Gonzenbach, in Karlsruhe, mindestens Baden, das noch am längsten gezögert hatte, vom Eintritt in den großen Zollverein abzuhalten. Aber hier gab man diesen Sendboten deutlich zu merken, daß sie zu spät gekommen seien. Von Dusch erklärte den Vertretern der süddeutschen Staaten, daß die Schweizerische Eidgenossenschaft ein unsicherer Partner sei, daß man sie ruhig beiseite lassen könne, daß allfällige Gegenmaßnahmen nicht zu befürchten seien, weil sich die einzelnen Kantone doch nicht einigen könnten und überdies Furcht hätten, gegen die Naturprodukte der süddeutschen

Staaten Zollmaßregeln zu ergreifen. Im übrigen sei das schweizerische Zollwesen so milde, daß ein Beitritt der Schweiz zum Zollverein nicht einmal im deutschen Interesse gelegen wäre.

In der Schweiz selber dachte man nicht an einen Beitritt. So wird zum Beispiel im Expertenbericht von 1833 festgehalten, daß die Schweizerische Eidgenossenschaft unabänderlich an ihrem bisherigen System der Freiheit des Handels und des Gewerbes festhalten soll. Sie dürfe sich unter keinen Umständen weder den Mauthlinien Frankreichs noch der preußischen Zollinie anschließen. Lediglich in einem einzigen Kanton, in Schaffhausen, tauchte, nachdem sich 1835 noch der letzte süddeutsche Staat, Baden, dem deutschen Zollverein zugewandt hatte, die Idee eines Anschlusses auf. Am 23. November 1835 reichte Kantonsrat Fritz Hurter im Großen Rat eine Motion ein, durch welche die Regierung eingeladen wurde, die für den Anschluß an den Zollverein notwendigen Schritte zu unternehmen. Diese Motion stieß in der ganzen Eidgenossenschaft auf einmütige Ablehnung; man sagte, daß dieser Schritt im Widerspruch zum Bundesvertrag von 1815 stände. Mit bewegten Worten versuchte zwar die «Erneuerte Schaffhauser-Zeitung» diesen Einwand zu entkräften: «Die Bundesakte von 1815 sagt nirgends, daß der Kanton Schaffhausen sein Joch wie ein elender Sklave tragen müsse, die Bundesakte sagt nirgends, daß man die deutschen Nachbarn wie Heiduken, Hottentotten und Unmenschen zu betrachten habe, mit welchen in lebhaften Verkehr zu treten ein Kriminalverbrechen sei.» Aber schließlich siegte auch in Schaffhausen die politische Einsicht: Im Januar 1836 lehnten Regierung und Großrat die Motion Hurter ab, weil sie mit der Selbständigkeit und Unabhängigkeit der Schweiz unvereinbar sei. Daß dieser Vorschlag in Schaffhausen auftauchte, ist verständlich, hatten doch gerade die Gerbereien, Färbereien und Weinproduzenten dieses Grenzkantons sehr unter den deutschen Zöllen zu leiden. Die Sätze des neuen deutschen Vereinstarifes, die im allgemeinen dem preußischen Tarif von 1818 folgten, waren ja wesentlich höher als zum Beispiel die badischen. So betrug der Eingangszoll auf Seide 187 Gulden anstatt wie bisher 10 Gulden. Für Baumwollwaren und Wollwaren wurde ein neuer Satz von 85 respektive 55 anstelle von 10 Gulden festgesetzt. Für Spitzen und Uhren betrug er gar 93 Gulden gegen bisher 10 respektive 6 Gulden. Allerdings behandelte der Vereinstarif die Roh- und Hilfsstoffe etwas günstiger, und dazu kamen einige Erleichterungen für die Produkte der schweizerischen Landwirtschaft. Aber trotzdem wurde die Belastung beispielsweise des Käses verdreifacht, so daß von wirklichen Vergünstigungen nicht gesprochen werden kann. In der schweizerischen Presse hat man damals die neuen Zollmauern mit den Raubburgen des Mittelalters verglichen.

Indessen hat die Gründung des deutschen Zollvereins nicht jene verheerenden Folgen gehabt, die pessimistische Beurteiler glaubten prophezeien zu müssen. Erstaunlicherweise nahm die Dichte der Handelsbeziehungen mit Deutschland in den folgenden Jahren nicht ab, sondern weiterhin zu. Schon im Jahre 1840 belief sich der Gesamtverkehr der deutschen Staaten und der Schweiz auf 58 Millionen Franken, zehn Jahre später bereits auf 96 Millionen Franken. Aber schon im Jahre 1840 war die Handelsbilanz passiv, indem die Schweiz für 40 Millionen Franken Waren aus Deutschland bezog, aber nur für 18 Millionen Franken Waren ausführte. An der Spitze der Importe standen nach den Angaben von Franscini die Wollwaren mit 23 Millionen Franken, gefolgt vom Tabak mit 12 Millionen, Getreide mit 11 Millionen und Baumwolle mit 6 Millionen Franken. Leider fehlen für die Ausfuhr genauere Zahlen und Angaben, da die Kantone keine oder nur mangelhafte Statistiken führten. Franscini errechnete, daß 1840 für 21 Millionen Seidenwaren, 13 Millionen Baumwollprodukte und 3,5 Millionen Franken Garn nach Deutschland gingen. Ein Teil dieser Waren war allerdings Transitgut. Nach wie vor waren die deutschen Staaten große Abnehmer von landwirtschaftlichen Produkten; 1840 gingen beispielsweise 22 925 Zentner Schweizer Käse nach Deutschland, gleichzeitig wurden nur 11 000 Zentner nach Frankreich exportiert.

Sowohl der Abschluß des deutschen Zollvereins wie die Unmöglichkeit, die gewünschten Erleichterungen zu erhalten, gaben der Diskussion über die Prinzipien der Zoll- und Handelspolitik neuen Auftrieb. Und weil man, wie schon früher, sich über die zu treffenden Maßnahmen nicht einigen konnte, übergab man die Streitfrage im Jahre 1838 einer der unvermeidlichen Kommissionen. Aber sie vermochte dem Problem keinen neuen Aspekt abzugewinnen und beschränkte sich auf Darlegungen über die allgemeine Nützlichkeit der Handelsfreiheit und die Verwerflichkeit jedes Mauthsystems. Nur eine kleine Minderheit plädierte für die Aufhebung der Binnenzölle und für temporäre Schutzzölle, «eine Maßnahme, die das eidgenössische Nationalgefühl wesentlich stärken würde». Die ganze und außerordentlich mühselige Diskussion über die Revision des Zollsystems und der Verfassung muß außerhalb des Kreises der Betrachtung bleiben. Unserem Vorhaben auch in diesem Augenblick treu, fragen wir wiederum nur nach der besonderen Rolle, welche unser Thema in diesen Verhandlungen gespielt hat. Und da stellen wir fest, daß sozusagen alle Befürworter eines einheitlichen Zollsystems, der thurgauische Wollfabrikant Geguf, der Freiburger Bankier Schmuts, der eidgenössische Staatsschreiber von Gonzenbach, in ihren Schriften den deutschen Zollverein zum Anlaß und Beispiel nahmen, um die Öffentlichkeit für ihre Pläne zu gewinnen. Der Zürcher Christian Beyel, der ebenfalls ein schweizerisches Grenzzollsystem empfahl, erörterte in einer Schrift vom Jahre 1840 nochmals die Vor- und Nachteile eines Anschlusses an den deutschen Zollverband. Dafür spreche die enge Verflochtenheit der deutsch-schweizerischen Wirtschaft, sodann die Tatsache, daß Deutschland auf dem Wege sei, ein bedeutender Handelsstaat zu werden, dagegen die ungleiche Größe und Stärke der beiden Länder und schließlich aber auch politische Bedenken. Den einzigen Ausweg sah Beyel in der Schaffung eines geschlossenen Handelsstaates. Erst wenn dieser Schritt vollzogen sei, könne die Schweiz ihren Nachbarn Achtung abringen, und erst dann könne man auf der Basis der Gleichberechtigung verhandeln.

Diese Auffassung hat sich schließlich, nachdem alle Versuche, zu einem schweizerischen Zollkonkordat oder Zollverein zu kommen, gescheitert waren, in den Revisionsverhandlungen Schritt für Schritt gegen die finanziellen und politischen Bedenken der auf ihre kantonale Souveränität bedachten Regierungen durchgesetzt, und sie hat ihren Ausdruck schließlich in der Bundesverfassung von 1848 gefunden. Aber nachdem die mühsamen, sich durch Jahre schleppenden Verhandlungen einmal abgeschlossen waren, nachdem Tagsatzung, Stände und Volk dem Verfassungsentwurf im September zugestimmt hatten, handelte man überraschend schnell und entschlossen. Schon am 7. April 1849 legte der Bundesrat seine Vorschläge über die Einrichtung des schweizerischen Zollwesens nieder, und am 30. Juni 1849 konnte bereits das Bundesgesetz über das Zollwesen, das auch den neuen Zolltarif enthielt, erlassen werden.

Es ist aufschlußreich, zu sehen, wie die deutschen Nachbarn auf diesen für die Schweiz so entscheidenden Schritt reagierten. Die Vorkämpfer einer nationalen deutschen Einigung sowie die demokratischen und monarchiefeindlichen Betrachter stellten sich durchaus positiv. So sagte zum Beispiel Johannes Scherr, der spätere Professor für Geschichte am Eidgenössischen Polytechnikum in Zürich: «Während wir uns allmählich aus der Spinnenwelt philosophischer Spekulation ins wirkliche Leben hineinfinden, haben sich die Schweizer mit ihrem nüchternen, praktischen Sinn doch vieles errungen, wonach wir uns noch lange vergeblich sehnen werden.» Der Altphilologe Karl Grunemann meinte gar, die neue Verfassung müsse jedem Betrachter als ideale Lösung imponieren. In wirtschaftlichen und namentlich auch offiziellen Kreisen urteilte man aber anders. In der Denkschrift, die der badische Gesandte bei der Eidgenossenschaft im Namen der drei süddeutschen Staaten im Herbst 1849 dem Bundesrat übergab, wurde gesagt, daß das neue schweizerische Zollsystem Deutschland schweren Schaden zufüge und daß die Schweiz nicht auf die uralten guten Beziehungen zu den deutschen Staaten Rücksicht genommen habe. Die Denkschrift schließt mit der Drohung, daß Deutschland, falls die Eidgenossenschaft den Wünschen, die detailliert aufgeführt wurden, nicht willfahre, alle Verbindungen und Abmachungen als gelöst betrachte. Aber der Bundesrat konnte in seiner Antwort, die ein schönes Dokument des erstarkten nationalen Denkens darstellt, beweisen, daß die unbedeutenden Grenzzölle nur den umgewandelten Gegenwert der älteren zahlreichen Binnenzölle und Gebühren darstelle. Er legte dar, daß auf der andern Seite nach dem Beitritt der süddeutschen Staaten auch der deutsche Markt für die Schweizer geschlossen sei. Nur für wenige Produkte seien Erleichterungen gewährt worden. Von umfassenden Zugeständnissen könne keine Rede sein. Ein Vergleich zeige, daß die schweizerischen Zölle, gemessen mit den deutschen, überhaupt belanglos seien.

	Deutschland Gulden/Kreuzer	Schweiz Gulden/Kreuzer
Chemische Produkte	5.50	−.40
Leder	10.30	1.—
Glas	10.30	3.20
Lederwaren	17.30	3.20
Rohes Eisen	2.37	−.08
Eisenblech	7.—	1.—
Blechwaren	17.30	3.20
Baumwollwaren	87.20	3.20
Wollwaren	52.30	3.20
Seidenwaren	192.30	6.40
Schuhe	17.30	3.20

Diese Ansätze zeigen in der Tat, daß die deutschen Industrieerzeugnisse, im Gegensatz zu den schweizerischen, einen starken Zollschutz genossen. Die Schweiz habe, so wird ausgeführt, die vom Zollverein gewährten Erleichterungen keineswegs vergessen, sondern nur in allzureichem Maße erwidert. Man sei deshalb etwas erstaunt, daß deutscherseits mit vollem Munde neue Begünstigungen verlangt werden, ohne daß der Zollverein selber etwas zu geben bereit sei. Und nun folgen einige Zahlen, die für uns von höchstem Interesse sind. Die jährliche Einfuhr aus dem Zollverein, so wird festgehalten, belaufe sich auf 60 Millionen, dagegen führe die Schweiz nur für 36 Millionen Franken Waren aus. Während der Zollverein jährlich 1 838 000 Zentner Waren und 45 000 Stück Vieh in die Schweiz einführe und dafür einen Zoll von Fr. 777 600 bezahle, könne die Schweiz ihrerseits nur 168 000 Zentner und 12 000 Stück Vieh nach Deutschland ausführen, müsse dafür aber Fr. 3 805 000 an Zollabgaben entrichten. Wahrlich, so schließt der Bericht, es wäre an der Schweiz, Forderungen zu stellen und Erleichterungen zu begehren. Offenbar hat man die Stichhaltigkeit dieser Argumente auf deutscher Seite anerkannt, denn auf diese Schrift erfolgte deutscherseits keine Antwort. Hingegen beschloß eine Konferenz in Karlsruhe kurz darauf, einige Vorteile, die der Schweiz bisher eingeräumt worden waren, zu beseitigen.

Man hat diese Haltung in der Schweiz nicht verstehen können, denn jedermann sah, wie die deutschen Produkte nach der Aufhebung der zahllosen Binnenzölle und übrigen lästigen Fesseln, trotz den neuen schweizerischen Grenzzöllen, viel leichter an ihren Bestimmungsort gelangten als früher. Viele schweizerische Gewerbezweige, so die Eisenschmelzen, die Gerbereien, die Leinwandindustrie und das handwerkliche Geräte erzeugende Gewerbe, hatten schwer unter dem Druck deutscher Produkte zu leiden. Namhafte Gerbereien, ja selbst Unternehmungen der Metallindustrie, vermochten ihm nicht standzuhalten und brachen zusammen. Angesichts dieser Tatsachen begreifen wir es ohne weiteres, wenn gesagt wird, daß in den Beziehungen der beiden Länder damals eine wesentliche Verschlechterung oder mindestens Lockerung eintrat. Allerdings war diese Lockerung auch das Resultat wirtschaftlicher Strukturverschiebungen. Deutschland hat seine Stellung als Hauptlieferant von Salz und Getreide zusehends eingebüßt; beim Getreide begannen die Fernimporte eine immer größere Rolle zu spielen, und in bezug auf das Salz war die

Schweiz, nachdem im eigenen Land Salinen entdeckt worden waren, autark geworden. Gleichzeitig verlor Deutschland als Absatzgebiet seine frühere Bedeutung. Nachdem sich – verspätet, aber mit um so größerer Wucht – die Industrialisierung in fast allen deutschen Staaten durchgesetzt hatte, brauchte man die schweizerischen Industrieerzeugnisse nicht mehr und schloß sie mittels erhöhter Zollbarrieren von der Konkurrenz aus. Die unmittelbare Folge war, daß die schweizerischen Kaufleute und Industriellen sich nach neuen Märkten und Absatzgebieten umsehen mußten. Schon 1836 hatte der Engländer John Bowring notiert, daß die schweizerischen Fabrikanten «fast unbeachtet und gänzlich unbeschützt sich allmählich siegreich ihren Weg zu allen Märkten der Welt gebahnt hatten», und 1840 hat Staatsschreiber von Gonzenbach festgestellt, «daß die amerikanischen Staaten und die Levante dermalen die Hauptmärkte für die schweizerischen Industrieprodukte sind». Ein hoffnungsfreudiger Optimismus trat an die Stelle der pessimistischen Beurteilung, die noch in den dreißiger Jahren vorgeherrscht hatte. «Was kann uns der deutsche Zollverband schaden», sagte ein aargauischer Strohindustrieller, «solange die Vereinigten Staaten von Nordamerika, England und der Orient offenstehen?»

Das scheinen uns einige Gründe zu sein, weshalb der neue Bundesstaat auch in wirtschaftlicher Beziehung freier, unabhängiger und selbstbewußter wurde und weshalb die Schweiz, wie der Deutsche Wilhelm Löwe 1857 feststellte, trotz aller Verwandtschaft mit ihren deutschen, französischen und italienischen Nachbarn, nun doch zur «eigentlichen Nation» wurde.

Der Zeitabschnitt, den wir betrachtet haben, trägt keineswegs ein einheitliches Gepräge. Die Ideen, Anschauungen und Phasen lassen sich nicht genau trennen; die einzelnen Kräfte haben sich zum Teil überschnitten, gekreuzt und auch bekämpft. Trotzdem lassen sich einige Tendenzen und eindeutige Gegebenheiten herausschälen. Einmal kann man sagen, daß die wirtschaftliche Struktur der beiden Länder, mindestens solange Deutschland nicht industrialisiert war, für einen Warenaustausch und Wirtschaftsverkehr prädestiniert erschien. Eindeutig läßt sich auch feststellen, daß es vor allem Frankreich war, welches die süddeutschen Staaten und die Eidgenossenschaft näher zusammenführte, und daß Preußen anderseits jede Annäherung der süddeutschen Staaten an die Schweiz hintertrieben hat. Wenn eine Einigung trotz allen Projekten, die namentlich von deutscher Seite vorlagen, unterblieb und man auf beiden Seiten eigene Wege ging, so ist dies nicht allein auf Einflüsse anderer Staaten, auf wirtschaftliche Strukturänderungen, sondern vor allem auch auf die staatliche Struktur der Eidgenossenschaft zurückzuführen.

Auch in wirtschaftlichen Fragen dachte der Schweizer immer auch politisch, und er war damals wie heute nicht geneigt, um vermeintlicher oder wirklicher wirtschaftlicher Vorteile willen seine staatliche Souveränität aufzugeben. Zu dieser wichtigen Feststellung gesellt sich eine zweite: Die schweizerische Wirtschaft wußte sich trotz gewisser Nachteile, die ihr aus der Errichtung der deutschen Zollunion erwuchsen, zu helfen, indem sie neue, zum Teil auch außereuropäische Absatzgebiete erschloß. Sie hat dies ohne staatliche Hilfe und allein im Vertrauen auf die eigene Kraft getan und damit einen Beweis von Kraft und Weitsicht geleistet, der auch heute noch unsere uneingeschränkte Bewunderung verdient. Das etwa sind die wichtigsten Lehren und Folgerungen, die wir aus dieser Epoche der schweizerischen und europäischen Wirtschaftsgeschichte ziehen könnten.

QUELLEN- UND LITERATURNACHWEIS

A. Handschriftliche Quellen
  Staatsarchiv Karlsruhe. Akten betreffend Handelsverkehr mit der Schweiz in den Jahren 1800 bis 1850.
  Staatsarchiv München. Diverse Akten (Protokolle über Darmstädter Verhandlungen).
  Bundesarchiv Bern. Akten betreffend Wirtschaftsverkehr und die Verhandlungen mit den süddeutschen Staaten. Vorortsprotokolle und Protokolle der Experten-Kommissionen.
  Staatsarchiv Basel. Akten betreffend Wirtschaft und Verkehr mit den deutschen Staaten und Orten (U 7, U 3, U 12, U 15, L 2, Q 1 und N 2).
  Staatsarchiv St. Gallen. Akten betreffend Handel (Rubrik 174).
  Staatsarchiv Schaffhausen. Handelsverhältnisse mit Schwaben. III/I.
  Staatsarchiv Zürich. Akten betreffend Wirtschaftsverkehr mit deutschen Staaten. L 6.1, L 74.1, L 4.8, L 4.9, L 5.1, D 25, O 61, K III.

B. Gedruckte Quellen
  Abschiede. Offizielle Sammlung. Jahrgänge 1815–1848 und Repertorium von J. Kaiser.
  Beleuchtung der Denkschrift über die Verhältnisse des deutschen Zollvereins zur Schweiz. Bern 1851.
  Bericht über die schweizerischen Handelsverhältnisse zu den verschiedenen Staaten des Auslandes. 1833.

Bericht über die Zoll- und Handelsverhältnisse im Innern der Schweiz, erstattet an den eidgenössischen Vorort von der in Angelegenheiten des Handels im Christmonat 1833 einberufenen eidgenössischen Expertenkommission.
Bernoulli, C. Schweizerisches Archiv für Statistik und Nationalökonomie. Basel 1827.
Beyel, Chr. Über die Handels- und Gewerbeverhältnisse der Schweiz. Zürich und Frauenfeld 1840.
– Kommissionalbericht über die schweizerischen Verkehrsverhältnisse. Zürich 1843.
Bowring, J. Bericht an das englische Parlament über den Handel, die Fabriken und Gewerbe der Schweiz. Zürich 1837.
Deutsche Blätter. (Hg. Brockhaus F.A.) Leipzig 1813.
Ebel, J.G. Anleitung auf die nützlichste und genußvollste Art die Schweiz zu bereisen. Zürich 1810 und 1818.
Franscini, St. Statistik der Schweiz. Bearbeitet von G. Hagnauer. Aarau 1828 und Ausgabe 1848.
Geguf, J.C. Beleuchtung über die Handels- und Zollverhältnisse 1837.
– Entwurf eines Grenzzollgesetzes für die Eidgenossenschaft. Sursee 1838.
Gemälde der Schweiz. Hist. geogr. statist. Bern 1834–1859.
Gonzenbach v., A. Über die Handelsverhältnisse zwischen der Schweiz und den deutschen Zollvereinsstaaten während des Jahres 1840. Luzern 1840.
– Darstellung der Handelsverhältnisse zwischen der Schweiz und Frankreich während des Jahres 1840. Bern 1842.
Humboldt v., W. Über den Anschluß der Schweiz an Deutschland (Gesammelte Schriften, Ausgabe der preußischen Akademie der Wissenschaften, Band II, Berlin 1903).
– Gesammelte Werke. Berlin 1903. Band XI.
List, Friedr. Alleruntertänigste Bittschrift der zur Ostermesse 1819 in Frankfurt a. M. versammelten deutschen Fabrikanten und Kaufleute. Leipzig 1819.
«Neue Zürcher Zeitung», «Republikaner», «Erneuerte Schaffhauser Zeitung». (Verschiedene Jahrgänge.)
Oncken, H. Vorgeschichte und Begründung des deutschen Zollvereins. 1815–1834. Aktensammlung, 2 Bände. 1934.
Rudhart, J. Über den Zustand des Königreichs Bayern. Bände I und II. Erlangen 1825 und 1827.
Übersicht über Einfuhrzollansätze in den verschiedenen Nachbarstaaten der Schweiz. Zürich 1837.
Vormann, W.H. Aus den Fremdenbüchern von Rigi Kulm. Bern 1883.
Zellweger, J.K. Bericht des eidgenössischen Zollrevisors Joh. Kaspar Zellweger an den Eidgenössischen Vorort. Luzern 1826.

C. Bearbeitungen
Bächtold, H. Die schweizerische Volkswirtschaft in ihren Beziehungen zu Deutschland. Frauenfeld und Leipzig 1927.
Berend, E. Jean Paul und die Schweiz. 1943.
Dietsche, R. Die industrielle Entwicklung des Wiesenthales bis zum Jahre 1870. Basler Diss. 1937.
Dietschy, E. Die Schweiz und Deutschland. Basler Diss. 1927.
Flaig, H. Die Schweiz im Schrifttum der deutschen Befreiungszeit 1813–1817. Basler Diss. 1942.

Gehring, J. Handel und Industrie der Stadt Basel. 1886.
Guggenbühl, G. Bürgermeister Paul Usteri 1768–1831. 2 Bände. 1931.
Huber, A. Die Entwicklung des schweizerischen Zollwesens. Diss. Bern 1890.
Lehmann, H. Die aargauische Strohindustrie. Aarau 1896.
Liebi, A. Das Bild der Schweiz in der deutschen Romantik. Bern/Leipzig 1946.
Lüthi, M. Die Schweiz im Urteil deutscher Flüchtlinge um 1815. In Heft 9 der Berner Untersuchungen zur allgemeinen Geschichte. Herausgegeben von W. Naef. Bern 1936.
Nabholz, H. Ausgewählte Aufsätze zur Wirtschaftsgeschichte. Zürich 1954. («Die Entstehung des Bundesstaates, wirtschaftsgeschichtlich betrachtet.»)
Oechsli, W. Geschichte der Schweiz im 19. Jahrhundert. 2 Bände. Leipzig 1903 und 1913.
Pieth, F. Die Mission Justus Gruners. Berner Diss. 1899.
– Die Entwicklung zum schweizerischen Bundesstaat in der Beleuchtung preußischer Gesandtschaftsberichte aus den Jahren 1819–1833. Basler Diss. 1944.
Rau, K.H. Über Badens Anschluß an den Zollverein. Heidelberg 1815.
Ruckert, F. Die Handelsbeziehungen zwischen Deutschland und der Schweiz. Leipzig 1926.
Rupli, W. Zollreform und Bundesreform in der Schweiz 1815–1848. Zürich 1949.
Sartorius, A. von Waltershausen. Deutsche Wirtschaftsgeschichte. Jena 1923.
Sombart, H. Die deutsche Volkswirtschaft im 19. Jahrhundert. Berlin 1923.
Sommer, H. Deutsche Schweizerreisen in der ersten Hälfte des 19. Jahrhunderts, o.J.
Schlaepfer, W. Landammann Jakob Zellweger. Zürcher Diss. 1939.
Schmidt, P.H. Die Schweiz und die europäische Handelspolitik. Zürich 1914.
Schweizer, P. Geschichte der schweizerischen Neutralität. Frauenfeld 1895.
Treitschke v., H. Die Anfänge des deutschen Zollvereins. Berlin 1872.
Wallschmitt, F. Der Eintritt Badens in den deutschen Zollverein. Heidelberger Diss. 1904.
Wartmann, A. Geschichte der Industrie und des Handels des Kantons St. Gallen. 1875.
Wartmann, A. Industrie und Handel in der Schweiz im 19. Jahrhundert. Bern 1902.
Weber, W. Der deutsche Zollverein. Leipzig 1869.
Welti, A. Der Zuger Landammann Josef Sidler. 1782–1861. Zürich 1940.
Ziehen, Ed. Die deutsche Schweizerbegeisterung in den Jahren 1750–1815. Frankfurt 1922.

Lehren der schweizerischen Wirtschaftsgeschichte im Zeitalter der Integration

In der zweiten Hälfte des 20. Jahrhunderts, die mit so eindeutigen Siegeszeichen eines triumphalen Erfindergeistes eingeleitet wurde, von geschichtlichen Lehren zu sprechen ist keine leichte Sache. Sprechen wir nicht besser von der Gegenwart, ja der Zukunft? Was geht uns die Geschichte heute noch an? Kehrt denn Vergangenes jemals wieder? Ist es nicht unwiderruflich dahin? Viele Zeitgenossen, und hauptsächlich die nach dem Jahre 1939 geborenen, denken so. Sie – nicht alle selbstverständlich – leben mit dem Tag, der Stunde, dem Augenblick; es kümmert sie wohl die Zukunft, nicht aber die Vergangenheit. Sie scheinen vergessen zu haben, daß Zukunft und Gegenwart in entscheidender Weise von der Vergangenheit geformt werden. Sie bewundern die Errungenschaften der modernen Technik und verehren die moderne Kunst. Sie diskutieren etwa, was an sich erfreulich ist, Ausstellungen und Theaterstücke von Zeitgenossen leidenschaftlich, aber spielen sie oft auch gegen die älteren Autoren oder Meister aus, gerade so, als ob es nicht mehr wäre, «daß in unseres Vaters Haus viele Wohnungen sind». Mancher schämt sich seiner historischen «Neigungen», die er als romantisch-museal abzutun oder zu unterdrücken pflegt, als Flucht in die Idylle der guten alten Zeit. Wer, wie der Schreibende, diese «gute alte Zeit» schon ein wenig durchforscht hat, kann zunächst einmal bezeugen, daß sie weder gut noch romantisch ist und daß der Historiker in den allerwenigsten Fällen ein Mensch ist, der aus der Gegenwart in die Vergangenheit ausweicht, sondern vielmehr, wie das Emil Staiger kürzlich ausgezeichnet formuliert hat, einer «der es ablehnt, das Gesetz des Handelns, Denkens und Fühlens sich völlig unbesehen von seiner Umgebung diktieren zu lassen, der es für nötig hält, die Gegenwart selber vor ein Gericht zu ziehen und ihren Wert, ihre ungeheuren Anmaßungen zu überprüfen». Die Geschichte liefert nicht nur Kenntnisse, sondern Maßstäbe, sie liefert ein Maß für die eigene Zeit. In ihr gewinnen wir Abstand von heute geltenden Anschauungen, sie löst uns vom Bann des heute geltenden Geistes; sie gibt uns die Freiheit, diesen Geist, den man gemeinhin den Zeitgeist nennt, zu anerkennen oder sich ihm zu versagen.

Dazu kommt ein weiteres: Selbst wenn wir die Vergangenheit vergessen wollten, so könnten wir es nicht. «Wenn man sie nämlich», so sagte Ortega y Gasset, «hinauswirft, kommt sie wieder, unabänderlich. Darum kann man sie nur wahrhaft abtun, wenn man sie nicht hinauswirft, sondern mit ihr rechnet, sich mit dem Blick auf sie bewegt, damit man ihr aus dem Wege gehen kann, kurz, wenn man auf der Höhe der Zeit lebt, mit feinstem Gefühl für historische Gelegenheiten... Wir bedürfen der Geschichte in ihrem vollen Umfang, wenn wir ihr entfliehen und nicht in sie zurückfallen wollen.» (Der Aufstand der Massen, S. 109 und 111.) Anders ausgedrückt: Wir könnten es uns zur Not ersparen, zu wissen, wie es einst gewesen, obwohl wir dabei viel an Einsicht und Tiefe des Erfassens verlören. «Doch zu wissen, wie es gekommen ist, den Prozeß zu begreifen, den wir selbst weiterführen müssen, das können wir uns nicht ersparen, ohne uns selbst mit moralischer und physischer Blindheit zu schlagen.» (Herbert Lüthy in einem Aufsatz: «Geschichte als Funktion unserer Gegenwart»).

Demgegenüber wird man einwerfen: Die Kenntnis der Vergangenheit hilft uns nicht! Alle historischen Perspektiven haben bis heute nicht geholfen! Mit Recht bringen wir den historischen Perspektiven, Systemen und Lehren ein gewisses Maß an Mißtrauen entgegen. Aber «als pädagogisches Hilfsmittel zur vorläufigen Erinnerung» solange als wir über keine eigenen Erfahrungen verfügen, kommen wir, wie E. Böhler einmal sagte, nicht ohne sie aus. Denn sowohl gestern wie heute und auch morgen handeln die gleichen Menschen und werden, gestützt auf die Gemeinsamkeit des kollektiven Unbewußten, auch immer wieder die gleichen oder mindestens ähnlichen Situationen wiederkehren. Deshalb werden – und mögen die Umstände auch anders sein – immer wieder die gleichen Fragen gelöst werden müssen.

Jede Generation glaubt zwar, vor einer völlig neuen Situation zu stehen, Probleme meistern zu müssen, die sich vollständig von jenen der Vorfahren unterscheiden. Zweifellos haben Wirtschaft und Technik die menschliche Gesellschaft in den letzten Jahrhunderten grundlegend umgestaltet. Vor allem ist eine Zentralisation der politischen und wirtschaftlichen Kräfte eingetreten, die in der Geschichte ihresgleichen sucht. Es ist auch nicht von der Hand zu weisen, daß unser Kleinstaat mit seinem verhältnismäßig kleinen

Wirtschaftspotential im Zeitalter der Kernspaltung und der Machtblöcke neuartige und schwierige Aufgaben zu bewältigen hat. Wer aber die Geschichte unseres Landes auch nur einigermaßen kennt, weiß indessen, daß diese Situation an und für sich nicht vollständig neu ist. Unser kleines Volk lebte immer im Schatten von Großen. Die schweizerische Wirtschaftsgeschichte ist ihrem Wesen nach gar nichts viel anderes als die Geschichte eines jahrhundertelangen Kampfes des Kleinstaates gegen die Machtmittel, Machtposition und Ansprüche der Großstaaten und großstaatlichen Mächtegruppen.

Sehen wir von der Gründungsgeschichte der Eidgenossenschaft ab, so liefert Genf, das im 14. Jahrhundert eine große Bedeutung als Handels- und Messestadt hatte, eines der frühesten Beispiele. Hier kauften savoyische, französische, italienische, deutsche und schweizerische Händler Wolle, um sie in die verarbeitenden Zentren zu bringen. Neben Häuten und Leder konnte man deutsche Eisenwaren kaufen, und selbstredend waren die begehrten Dinge des Südens, wie Gewürze, Farbstoffe und Gewerbeerzeugnisse der reichen Städte Italiens und Frankreichs, zu haben. Die Genfer Messe war außerdem Börse und Abrechnungsplatz. Eine gewisse Blüte, ein vorerst noch bescheidener Reichtum zeichnete sich ab. Genf hätte sich prächtig und ohne Unterbruch entwickeln können, wenn dies dem mächtigen Nachbarn gefallen hätte, was leider nicht der Fall war. Um 1463 begann die französische Regierung Genf systematisch zu bekämpfen; den französischen Kaufleuten wurde der Besuch der Genfer Messe verboten, dafür wurde Lyon als neuer Messe- und Handelsplatz gefördert. Obgleich sich die Kaufleute Berns und Freiburgs in Paris für Genf einsetzten, siegte in diesem wirtschaftlichen Zweikampf Lyon. Genf hätte seine Stellung als europäische Messestadt wohl halten können, wenn es sich politisch Frankreich untergeordnet hätte.

Die merkantilistische Handelspolitik wurde am frühesten und nachhaltigsten in England und Frankreich ausgebildet; hier erzielte sie im 15. bis 18. Jahrhundert auch ihre größten Erfolge. Die Schweizer bekamen das sehr deutlich zu spüren. Sie hatten keinen mächtigen Staat im Rücken, und es grenzt an ein Wunder, daß sie sich trotzdem im Außenhandel immer wieder durchsetzen konnten. Es ist das auf ganz verschiedene Gründe zurückzuführen. Zunächst ist an den Vertrag zwischen der Eidgenossenschaft und Frankreich von 1516 zu erinnern. In diesem Vertrag, man nennt ihn den Ewigen Frieden, sicherten sich die beiden Parteien gegenseitigen freien Handel und Verkehr zu, unter Vorbehalt derjenigen Zölle und Abgaben, die «von alters her Brauch gewesen sind.» Die Eidgenossen legten diese Klausel bis zum Ende des 18. Jahrhunderts als vollständige Steuer- und Zollfreiheit aus. Nicht so der französische Partner. Ihm waren die eidgenössischen Krieger lieber als ihre Industrie- und Gewerbeerzeugnisse. Er versuchte deshalb immer wieder diese Privilegien einzuschränken. In diesem Kampf waren die schweizerischen Exportkaufleute, es handelte sich namentlich um St. Galler, vollständig auf sich selber angewiesen. Ihr einziges Mittel bestand darin, sich unter der Hand mit den lokalen Behörden zu verständigen. Dieses Verfahren hat offenbar so gut funktioniert, daß sich die St. Galler in einer bestimmten Phase selbst die Hilfe ihrer eigenen Regierung verbaten: «D'ailleurs, nous sommes bons amis avec Messieurs les Directeurs de la Douane, autrefois on voulait tout emporter de haute lutte, mais on se trouve mieux vivre avec les vivants»; die Obrigkeit solle sich um Gottes Willen nicht in diese delikaten Angelegenheiten einmischen. Die politische Schutzlosigkeit war auch eine Stärke: «Nur als einzelne, in vollkommener Unabhängigkeit von wirtschaftspolitischen Direktiven, nicht als Agenten schweizerischer Interessen, traten sie den Kaufleuten der andern Nationen gegenüber; gerade deshalb wurden ihre sehr kühnen und ausgreifenden Unternehmungen nirgends als Gefahr, als Ausdruck eines feindlichen Wirtschaftsimperialismus empfunden» (H. Lüthy). Ganz auf sich selber angewiesen und gestellt, entwickelten die Eidgenossen eine erstaunliche Anpassungsfähigkeit. Der Initiative des einzelnen, die sich mit allen Mitteln der gütlichen Vereinbarung, wenn nötig auch der Bestechung und des Schmuggels, direkt mit den Zollbehörden auseinandersetzte, waren die teilweise unzuverlässigen Ausführungsorgane des merkantilistischen Staates nicht gewachsen.

Wie weit die alte Eidgenossenschaft wegen ihrer föderalistischen Struktur einfach nicht in der Lage war, die Wirtschaft wirksam zu unterstützen und wie weit dies aus der damaligen politischen Haltung heraus gar nicht gewollt war, kann nicht in jedem einzelnen Fall belegt werden. Es kommt aber wahrscheinlich doch nicht von ungefähr, daß ein ausländischer Diktator, nämlich Napoleon I., der Schweiz das erste Grenzzollsystem aufoktroyierte, und es ist auch sicher kein Zufall, sondern gewollt, daß die Eidgenossen sich in dem Augenblick, da die sie umgebenden Staaten mehr und mehr zu einer Schutzzollpolitik übergingen, an ihrer föderativen, freiheitlichen Doktrin festhielten.

Diese Haltung kam hauptsächlich zum Ausdruck bei der Gründung der deutschen Zollunion, die am 1. Januar 1834 unter der Führung Preußens erfolgte und der mit Ausnahme Österreichs alle deutschen Staaten beitraten. In der Schweiz verfolgte man diese «Integration» mit größter Besorgnis. Denn nun rückte, wie sich ein Zeitgenosse ausdrückte, der starke preußische Adler bedrohlich in die Nähe, und es war zu erwarten, daß die liberale Politik der süddeutschen Staaten, mit welchen die Eidgenossen intensive Handelsbeziehungen unterhielten, abbrechen würde. Eine Zeitlang erwog man sowohl in den Hauptorten der süddeutschen Staaten wie in der Eidgenossenschaft eine stärkere gegenseitige Bindung, ja es wurde damals zeitweise sogar von einem «Anschluß» der Eidgenossenschaft gesprochen. Doch hat bei den süddeutschen Nachbarn hauptsächlich Preußen jede Annäherung hintertrieben, von der Rolle Frankreichs ganz zu schweigen. In der Eidgenossenschaft konnte man sich, trotz verlockender Pläne – man denke etwa an jenen des deutschen Fabrikantenvereins von 1816, nach welchem die Schweiz den 10. Distrikt der neuen Organisation gebildet hätte und St. Gallen Zentralstadt geworden wäre –, nicht zu einem solchen Schritt entschließen. Einzig in Schaffhausen tauchte, nachdem sich auch der letzte süddeutsche Staat, Baden, dem deutschen Zollverein zugewandt hatte, die Idee eines Anschlußes auf. Am 23. November 1835 reichte Kantonsrat Fritz Hurter im Großen Rat eine Motion ein, durch welche die Regierung eingeladen wurde, die für den Anschluß an den Zollverein notwendigen Schritte zu unternehmen. Diese Motion stieß in der ganzen Eidgenossenschaft auf einmütige Ablehnung; ganz allgemein wurde festgestellt, daß dieser Schritt im Widerspruch zum Bundesvertrag von 1815 stehe. Mit bewegten Worten versuchte zwar die «Erneuerte Schaffhauser-Zeitung» diesen Einwand zu entkräften: «Die Bundesakte von 1815 sagt nirgends, daß der Kanton Schaffhausen sein Joch wie ein elender Sklave tragen müsse, die Bundesakte sagt nirgends, daß man die deutschen Nachbarn wie Heiduken, Hottentotten und Unmenschen zu betrachten habe, mit welchen in lebhaften Verkehr zu treten ein Kriminalverbrechen sei.» Aber schließlich siegte auch in Schaffhausen die politische Einsicht: Im Januar 1836 lehnten Regierung und Großrat die Motion Hurter ab, weil sie mit der Selbständigkeit und Unabhängigkeit der Schweiz unvereinbar sei. Daß dieser Vorschlag in Schaffhausen auftauchte, ist verständlich, hatten doch gerade die Gerbereien, Färbereien und Weinproduzenten dieses Grenzkantons unter den neuen deutschen Zöllen zu leiden. Die Sätze des neuen deutschen Vereinstarifes, die im allgemeinen dem preußischen Tarif von 1818 folgten, waren höher als die badischen. Die ganze Episode (vgl. das vorangegangene Kapitel) zeigt, daß die Eidgenossen, trotz gewisser wirtschaftlicher Nachteile (sie erwiesen sich übrigens später nicht als so groß, wie Pessimisten geglaubt hatten), dem Anschluß an den Zollverein aus staatspolitischen Erwägungen abhold waren. Auch in wirtschaftlichen Fragen dachte der Schweizer politisch, und er war vor allem nicht bereit, um vermeintlicher oder wirklicher Vorteile willen seine staatliche Souveränität aufzugeben.

Und die Wirtschaft selber? Sie half sich, indem sie neue, zum Teil auch außereuropäische Absatzgebiete erschloß. «Was kann uns die deutsche Zollunion schaden», sagte damals ein aargauischer Strohindustrieller, «solange uns der Orient und solange uns die Märkte der Vereinigten Staaten bleiben?» Überall, auf beinahe sämtlichen Kontinenten, in Hunderten von Ländern, sehen wir in dieser Zeit schweizerische Kaufleute und Fabrikanten am Werk, und das Resultat war, während im Innern nach äußerst mühsamen Diskussionen und Verhandlungen der schweizerische Bundesstaat geboren wurde, ein neuer Aufschwung der schweizerischen Exportindustrie. Selbstverständlich blieb er der protektionistischen Umwelt nicht verborgen. Französische Diplomaten sprachen von einem unklugen Aufstieg der schweizerischen Industrie, und ähnliche Töne konnte man auch in andern Ländern hören. Mehr Verständnis brachten die Engländer der schweizerischen Industrie-Expansion entgegen; sie erkannten, daß zwischen dem überdurchschnittlichen Wohlstand der Schweiz und den Prinzipien der eidgenössischen Wirtschaftspolitik (vollkommene Nichteinmischung in den Außenhandel, das heißt freier Zugang zu den billigsten Rohstoffen und Arbeitslöhnen) ein Zusammenhang bestehe. Sie erblickten in der Industrialisierung der Schweiz eine großartige Bestätigung der von den eigenen Nationalökonomen vertretenen Lehre, daß der Wohlstand der Völker entscheidend von dem Grad der gesellschaftlichen Arbeitsteilung abhange und daß ein Höchstmaß des Volkswohlstandes dann erreicht werde, wenn die Arbeitsteilung nicht an den Staatsgrenzen Halt mache. Der bedeutende englische Volkswirtschafter Dr. John Bowring, der im Auftrag des englischen Parlamentes die Schweiz damals bereiste, hat diese Zusammenhänge erkannt und in seinem Bericht ein plastisches, objektives Bild vom Handel, den Fabriken und Gewerben der Schweiz entworfen: «Es mußte», so sagte er, «die Aufmerksamkeit jedes Nachdenkenden erregen, daß die Schweizer Fabrikanten, fast unbeachtet, gänzlich unbeschützt, sich allmählich siegreich ihren Weg zu allen Märkten der Erde gebahnt hatten, seien sie auch noch so fern oder anscheinend unzugänglich. Offenbar war dies Resultat nicht Folge der geographischen Lage der Schweiz; denn nirgends produziert sie die rohen Stoffe für ihre Fabriken, noch besitzt sie einen Hafen für die Ausfuhr, außer unter den Bedingungen, die ihre seefahrenden Nachbarn ihr auferlegen. Keine ihrer Fabriken verdankt ihr Glück einer schützenden oder vorzugsweise begünstigenden Gesetzgebung; und doch ist es nicht minder wahr, daß ohne durch Zollinien oder Zollgesetze die fremde Konkurrenz zu verhindern oder zu beschränken, ihr Fortschritt in industriellem Glück fast beispiellos genannt werden darf...

Bei meinen Reisen durch die verschiedenen Kantone fand ich überall Kaufleute und Fabrikanten, welche mit den entferntesten Teilen der Erde in fester Geschäftsverbindung standen. Sie versicherten mir, daß ihre Besorgnisse infolge der Zollinien, womit Frankreich, Deutschland und Italien ihre Grenzen rings umzingelt haben, nun vorüber seien; daß sie mit der engherzigen und selbstsüchtigen Politik, die die Zolltarife so mancher europäischer Völker diktiert hätte, gar nichts zu tun haben wollten; in eine weitere und einträglichere Bahn habe man sie gestoßen, die sie im Verhältnis ihrer Kapitalien und ihrer Fabrikation mit Glück verfolgen könnten...

Während der letzten zwanzig Jahre sind die geringen natürlichen Hilfsquellen, die Arbeit und die Kapitalien der Schweiz ihrer eigenen, ungehinderten, ungezwungenen Entwicklung überlassen geblieben. Kein Land hat wohl solche Fortschritte im Wohlstande gemacht; ich kenne mindestens keines, in dem der Wohlstand sich so allgemein und so tief herab erstreckte wie unter den arbeitenden Klassen der Fabrikgegenden der Schweiz. Ich war erstaunt, wie viele von ihnen durch ihre Ersparnisse Grundeigentum erworben hatten, wie viele in Häusern wohnten, von Gärten und Feldern umgeben, die vermöge ihrer Arbeit ihr Eigentum geworden waren. In den Bergen des Jura wie in Appenzell, längs den Gestaden des Zürich- wie des Bodensees, überall hatte der Arbeiter seinen eigenen Herd, in seiner Wohnung eine Menge Bequemlichkeiten, wie man sie bei wenigen seines Standes in andern Ländern findet...

Wenn irgendein Grund für Besorgnisse ist, so ist es das allmähliche Umsichgreifen des Maschinenwesens, welches man überall spürt und das die Schweiz um so heftiger und unmittelbarer bedroht, als eine so große Menge ihrer Fabrikate Produkte häuslicher Arbeit sind. Stickerei und Spitzenklöppeln, welche bis jetzt eine unzählige Menge von Händen in St. Gallen, Neuenburg und Appenzell beschäftigt haben, sind in der letzten Zeit mit Maschinen betrieben worden, und diese Neuerung hat den Preis der Handarbeit so tief als möglich herabgesetzt. Doch sah ich im Thurgau Stickmaschinen in den Wohnungen der Arbeiter; und sollte man nicht hoffen dürfen, daß da, wo die Hilfsquellen des menschlichen Verstandes keinem Zwange unterliegen, und zu einer Zeit, welche einen dauernden Frieden verspricht und die Mittel zum Verkehr mit der ganzen Welt bietet, ein Land wie die Schweiz, ohne Staatsschuld, ohne schwere Aufgaben, im Besitz von Kapital-Tätigkeit, Intelligenz und ruhigem Staatsleben, den Weg finden werde, seinen Haushalt mit allen den Änderungen in Ackerbau und Fabrikation ins Gleichgewicht zu setzen, welche Bildung, Erziehung, Erfahrung mit sich bringen?»

Der große Künder und Verteidiger der Freihandelslehre hat es nicht mehr erlebt, wie sich die europäischen Staaten mehr und mehr von der liberalen Handelspolitik abwandten. Er hätte wohl die Schweiz gepriesen, weil sie zusammen mit England das Ideal des Freihandels solange wie irgend möglich hochhielt. Allen anderen Auffassungen und Verhaltungsnormen zum Trotz, betrachteten die Schweizer den Weltmarkt weiterhin als ihr eigentliches Aktionsfeld. Doch wurde ihre Lage zusehends schwieriger. Um die Wende zum 20. Jahrhundert hatte der Kleinstaat im internationalen Urteil den Beigeschmack der politischen Idylle erhalten, und zu den wohlwollenden Urteilen kamen immer mehr abschätzige, ja zum Teil sogar gehässige. Kurz vor Ausbruch des Ersten Weltkrieges bezeichnete der norwegische Dichter Knut Hamsun die Schweizer in einer Sprache, die er offenbar der helvetischen Umgangssprache abgelauscht hatte, als das «kleine Scheißvolk in den Alpen, das in seiner ganzen Geschichte niemals etwas bedeutet und niemals etwas hervorgebracht hat».

Solche Stimmungen und Anschauungen wichen nach dem

Ersten Weltkrieg positiveren Urteilen. Wilson wählte Genf als Sitz für den Völkerbund, und die Großen waren nun froh, daß es so etwas wie eine helvetische und neutrale Arche gab. Der Machtlose war, wenn er sich im Krieg auch ein wenig bereichert hatte, doch der Ungefährliche, dem man vertrauen konnte, und die Neutralität, auf die man vorher gespien hatte, wurde mit andern Augen betrachtet. Im übrigen gingen natürlich auch die Wirren dieser Zeit – namentlich die Erschütterungen der Nachkriegs- und Krisenjahre – nicht spurlos an der Schweiz vorbei. Um dem durch den Währungszusammenbruch verursachten deutschen «Ausverkauf» zu wehren, griff auch die Schweiz im Jahre 1921 zum Mittel der Einfuhrbeschränkungen, doch besann sie sich glücklicherweise bald auf ihre alte Tradition und verfocht in der «Blütezeit» der Devisenbewirtschaftung, der Restriktionen und Handelshemmnisse doch mehr oder weniger konsequent die Politik der Marktwirtschaft und der monetären Disziplin.

Wie weit diese Haltung beispielhaft gewesen ist und zur Aktivierung jener Kräfte beigetragen hat, die Europa schließlich von den Fesseln des kollektivistischen und inflationistischen Kurses der Wirtschaftspolitik befreiten, wagen wir nicht zu sagen, denn wir laufen ja konstant Gefahr, als selbstgerechte Pharisäer verschrien und gescholten zu werden. Eine solche Feststellung erscheint um so gewagter, als gerade jetzt, in allerneuester Zeit, solche und ähnliche Vorwürfe neuerdings eine gewisse Rolle zu spielen beginnen. Sie werden übrigens nicht nur von Ausländern erhoben, sondern auch von Schweizern wacker und frisch verkündet. Daß von der Schweiz aus gewisse Kräfte zur Befreiung der Wirtschaft von den Fesseln des Weltkrieges und einer schweren Weltwirtschaftskrise ausgingen, kann indessen kaum bestritten werden. Wir erinnern in diesem Zusammenhang lediglich an das mutige Wirken des Genfer Nationalökonomen Wilhelm Röpke oder an die mahnenden, ja beschwörenden Worte des Zürcher Volkswirtschaftslehrers Eugen Böhler.

In diesem Zusammenhang darf doch wohl auch daran erinnert werden, daß die Europäische Wirtschaftsgemeinschaft ohne die Ablösung der national gefärbten Wirtschaftspolitik der einzelnen Staaten durch die Prinzipien der Marktwirtschaft, der Konvertibilität, der monetären Disziplin nicht möglich gewesen wäre. Es gehört deshalb zur Ironie des Schicksals, daß die Schweiz, die immerhin mitgeholfen hat, diese Entwicklung zu fördern, von der integrationspolitischen Isolierung bedroht wird.

An diesem Punkt angelangt, wird es richtig sein, wenn wir abermals die Geschichte befragen: Können wir dieser Gemeinschaft, selbst wenn sie dazu bereit wäre, angesichts der Lehren, die uns die eigene Wirtschaftsgeschichte erteilt, ohne weiteres beitreten? Müssen wir nicht vielmehr an unseren altbewährten Prinzipien, namentlich der Neutralität, festhalten? Es wird bei unserer Antwort, wie das einmal Peter Dürrenmatt in geradezu klassischer Weise formulierte, immer darauf ankommen, mit welchen Augen und aus was für Überlegungen man die vergangenen fünfzig Jahre europäischer Geschichte betrachtet und beurteilt, ob als große oder als kleine Zeit. «Als der Erste Weltkrieg ausbrach, hielten die Offiziellen der großen Mächte das Ereignis noch für ein gesundes und notwendiges Kräftemessen unter Starken, für einen frischfröhlichen Krieg. Die Friedensmacher, die am Schluß des fürchterlichen vierjährigen Ringens in Aktion traten, verpfuschten den Frieden in seinen Anfängen, nicht zuletzt aus dem gleichen Irrtum heraus, die Geschichte werde, als die Geschichte machtbewußter europäischer Großmächte, nach kurzer Unterbrechung dort weitergehen, wo sie 1914 aufgehört hatte. Sie, sowenig wie die Urheber des Krieges, wollten einsehen, daß der frischfröhliche Krieg tatsächlich die Selbstzerstörung Europas eingeleitet hatte. Betrachtet man die Neutralität der Schweiz unter diesem Stichwort der europäischen Selbstzerstörung, die 1914 begonnen und in der Folgezeit nach wenigen, anscheinend echten Friedensjahren mit der Weltwirtschaftskrise, mit der Beunruhigung durch Faschismus und Nationalsozialismus, mit den Wirren der Volksfront in Frankreich und schließlich mit dem Ausbruch und dem Verlauf des Zweiten Weltkrieges fortgesetzt worden ist, so erscheint die Neutralität der Schweiz in einem besonderen Licht. Die Eidgenossenschaft nimmt sich, mit all ihren Stärken und Schwächen, wie eine letzte europäische Ausgespartheit aus. Diese Neutralität, die bewaffnet war, die in ihrer geistigen Haltung die Gesinnungsneutralität ablehnte und den europäischen Haß möglichst von ihren Grenzen wies, die im Rahmen des Möglichen den Solidaritätsbeitrag an beide europäischen Lager entrichtete, hat Europa nicht nur in keinem Moment geschadet, sondern eine Brücke zwischen gestern und morgen geschlagen.» Soweit Peter Dürrenmatt. Natürlich wird man uns entgegnen, daß der Europäer gerade jetzt, da das Neue beginne, von der Schweiz einen beispielhaften Schritt nach vorn, auf Europa zu erwarte. Wir sind dazu sicher bereit, dann jedenfalls, wenn dieses Europa auch den

Kleinen gewisse Chancen bietet. So wie heute die Dinge aussehen, ist es übrigens sehr wohl möglich, daß die Integration unter dem Einfluß des Mythos vom Großraum auch die wachsenden Machtzusammenballungen und internationalen Spannungen verstärkt und erhöht. Wie Böhler mit Recht sagt, ist damit zu rechnen, daß die wirtschaftliche Integration in wachsendem Masse das Eigenleben, vor allem auch der Kleinen, zerstört, weil sich ein Strom ausländischer Kapitalien auf ihre Grundstücke, auf die Aktien der Industriefirmen und die Qualität der Arbeitskräfte stürzt. Und es ist ferner zu befürchten, daß in diesem Abwertungsprozeß unser nationales Eigenleben, die Eigenart unseres Volkes und die Möglichkeit des Durchhaltens in schweren Zeiten, kurzum unsere Selbständigkeit und Souveränität vollständig verlorenginge. Sodann erhebt sich die Frage, ob der Integrationsprozeß nicht nur ein einmaliger Vorgang ist, dessen Ende durch die Forcierung des Wachstums und die Übersteigerung der Kapazität beschleunigt wird. In diesem Falle wären als Endergebnis ähnliche Sättigungsschwierigkeiten zu erwarten, wie sie zur Zeit die Vereinigten Staaten von Nordamerika beschäftigen. Eines scheint für uns festzustehen: Die Europäische Wirtschaftsgemeinschaft nimmt uns, obwohl sie uns eine Stärkung des Westens verspricht, den entscheidenden Kampf mit dem Kommunismus nicht ab. Denn die geschichtliche Erfahrung lehrt uns, daß jede Konzentration von Macht einer weiteren Konzentration auf der Gegenseite ruft. Die Spannungen werden also wachsen, während die wichtigste Aufgabe, die militärische Integration, in wünschenswertem Maße wenigstens bis heute nicht erreicht worden ist. Schließlich zeigt uns die neueste Erfahrung aufs deutlichste, daß es in der Europäischen Wirtschaftsgemeinschaft Nationen gibt, die nicht ganz frei sind von großstaatlichen Ambitionen. Ist da nicht ein gewisses Zögern berechtigt? Ja, müssen wir nicht, im Angesicht aller Erfahrungen, welche die Schweiz in der Auseinandersetzung mit den Großen gemacht hat, mit vollem Grund ein wenig hellhörig und kritisch sein? Haben nicht im Zeitalter des Völkerbundes kleine und mittlere europäische Völker, als sie mit Großen Bündnisse und Verträge eingingen, damit jeweils auch ihr Todesurteil unterschrieben?

Wir wissen sehr genau, daß die schweizerische Wirtschaft eng mit derjenigen Europas und namentlich mit jener der Europäischen Wirtschaftsgemeinschaft verflochten ist. Es ist deshalb sicher richtig, wenn der Bundesrat zusammen mit den maßgeblichen Instanzen versucht, mit der EWG ein wirtschaftlich erträgliches Verhältnis zu finden. Ebenso wichtig wie alle diese Schritte und Anstrengungen, die darauf hinzielen, die Zolldiskriminierung und andere Nachteile zu kompensieren, scheint uns die Stärkung unserer Wirtschaft zu sein. «Je stärker und konkurrenzfähiger die schweizerische Wirtschaft auf den Märkten in Europa und in Übersee aufzutreten vermag, desto weniger sind die schweizerischen Politiker und Diplomaten genötigt, jemals einen Assoziationsvertrag um jeden Preis aus Brüssel heimzubringen» (K. Appert). Unserem Volk müßte man, deutlicher als dies bis anhin geschehen ist, sagen, daß ein Anschluß an die EWG gar nicht möglich ist und daß eine Isolierung allenfalls in Kauf genommen werden muß. Das Volk muß wissen, daß zur Erhaltung unserer Unabhängigkeit möglicherweise mehr oder weniger schwere wirtschaftliche Opfer gebracht werden müssen. Gleichzeitig wäre aber auch darauf hinzuweisen, daß unsere Situation nicht a priori schlecht ist, unter einer Bedingung allerdings: daß wir uns entsprechend verhalten.

Obwohl wir nur über ein kleines, mit Rohstoffen nicht gesegnetes Land verfügen, haben wir doch ganz bestimmte Chancen und Stärken. Unsere Volkswirtschaft ist, trotz vielfach ungünstiger Voraussetzungen, unverhältnismäßig leistungsfähig. Die Gründe und Ursachen sind mehr oder weniger bekannt, müssen aber wieder einmal in Erinnerung gerufen werden. Seit der Schaffung des Bundesstaates von 1848 sind wir von Kriegen verschont geblieben. Dazu kommt die bemerkenswerte innenpolitische Stabilität; Streiks und Aussperrungen, wie sie zur Zeit in allen Industrieländern an der Tagesordnung sind, sind bei uns selten. Unsere Volkswirtschaft verfügt zudem über ein großes Realkapital, und die seit dem letzten Krieg andauernde gute Konjunktur ermöglichte beträchtliche Investitionen. Außerdem verfügen wir über eine qualifizierte Angestellten- und Arbeiterschaft; die technische Mentalität des Schweizers ist sprichwörtlich geworden. Weil bei uns der Industrialisierungsprozeß schon vor sehr langer Zeit begann, verfügen wir über eine große Erfahrung. Jede Generation gibt der nächsten ihren Schatz an technischer Fertigkeit weiter. Auch wenn es da und dort noch nicht so ist, wie es sein sollte, sind doch unsere Schulen im großen und ganzen auf der Höhe der Zeit, und selbst die Forschung hat, seit wir über einen nationalen Fonds verfügen, Fortschritte gemacht. Allerdings wird auf diesem Gebiet ein mehreres getan werden müssen. Zu den

Aktivposten zählen wir auch die geistige Beweglichkeit der Unternehmer. Seit dem 18. Jahrhundert sind schweizerische Kaufleute auf den Weltmärkten anzutreffen. Die Weltoffenheit der schweizerischen Industrie gehört zu ihren besten Traditionen.

Wenn nicht alles trügt, verlangt aber das Zeitalter der Integration eine Intensivierung unserer Kräfte, ja vielleicht eine Neubesinnung. Schöpferisches und kühnes Denken wird gepaart sein müssen mit zähem Fleiß, und es wird vielleicht eines Tages auch ohne Fremdarbeiter, ohne andauernd große Wachstumsraten, ohne Superdividenden gehen müssen. Einer Generation, der gigantische Pläne in großen Räumen vorschweben, mag der Appell an die schlichte Pflichterfüllung in engbegrenztem Rahmen wenig heroisch erscheinen. Den Zeitgenossen, die nach Größe lechzen und das Kleine hassen, schrieb Jacob Burckhardt mit der ihm eigenen Nüchternheit ins Stammbuch: «Wer nicht zu einem Dreißigmillionenreich gehört, der schreit: Hilf Herr, wir versinken! Der Philister will mit Teufelsgewalt an einem großen Kessel essen, sonst schmeckt es ihm nicht mehr.» Karl Schmid, dessen kürzlich erschienener Abhandlung über das «Unbehagen im Kleinstaat» wir dieses Zitat entnehmen, hat eindringlich darauf hingewiesen, daß dem ebenso ehrgeizigen wie vagen Streben nach Größe, das heute weitherum festzustellen ist, gegenüber «ähnliche Kräfte der Bescheidung mobilisiert werden müssen, wie wir sie an den lichtesten Stellen unserer nationalen Vergangenheit am Werke sehen.» Es gibt, so sagt er mit vollem Recht, eine gewisse asketische Zurückhaltung gegenüber dem Staate, und es ist auch dazuzusehen, daß nun nicht irgendwelche europäischen Allianzen und Integrationen überfordert werden. «Nur die nüchterne Revision der Erwartungen, die an Staat und Wirtschaftsorganisation zu knüpfen sind, und die Befreiung von dem Glauben, die Ausmaße des räumlich-staatlichen Rahmens entscheiden über das Glück, können da helfen.»

Größe und Glück – auch das würde uns die Wirtschaftsgeschichte lehren, wüßten wir es nicht aus allgemeiner Erfahrung – folgen nicht dem Gesetz der großen Zahl. Sie können auch bei einem kleinen Volk einkehren, hängen sie doch von ganz spezifisch menschlichen Eigenschaften, inneren Werten und Kräften ab. Sie zu pflegen und weiterzuentwickeln, dafür zu sorgen, daß sie nicht durch den technischen Apparat beherrscht, nicht durch die Konjunktur verschüttet werden, scheint uns das Gebot der Stunde zu sein. Diese Arbeit, die mit der Selbsterkenntnis und damit auch der Gotteserkenntnis beginnt, kann jetzt, hier, bei uns zu Hause, bei jedem einzelnen getan werden; indem wir die inneren Kräfte wieder freilegen, fördern wir auch die allein wirksamen Gegenkräfte, die der Westen entfalten kann, enthalten sie doch jene Freiheitsmöglichkeiten, die die Menschen bis heute verzweifelt und doch resultatlos in der äußeren Welt und in der Organisation suchten. Unsere Würde besteht im Gedanken, sagt Pascal. «Daraus muß unser Stolz kommen, nicht aus Raum und Zeit, die wir nicht ausfüllen können. Bemühen wir uns also, gut zu denken...»

KULTURGESCHICHTLICHES

Glanz und Elend des Jahrmarkts

Der Jahrmarkt, etwas allgemeiner der Waren- und Viehmarkt, gehört zu den farbigsten Erscheinungen des Wirtschaftslebens, und er bildet eine beinahe unerschöpfliche Fundgrube und Quelle für Volkskundler, Wirtschafts- und Sozialhistoriker, Soziologen. Diese Quelle ist aber bis heute aus noch zu erklärenden Gründen wenig benützt worden. Es gibt weder eine Geschichte noch eine Soziologie, weder eine Volkskunde noch eine Geographie des Marktes und Marktbetriebes. Wir wissen dank einigen Mediävisten und Kunsthistorikern mehr vom mittelalterlichen Markt als von jenem der Gegenwart. Hektor Ammann, Paul Hofer, Siegfried Rietschel, Hans Planitz haben die kulturraumbildende Wirkung erforscht und gezeigt, daß die Märkte imstande waren, Städte und Orte zu zeugen, zu gestalten und entscheidend zu formen. Theodor Mayer hat einmal behauptet, daß die Städte anfänglich nicht viel anderes waren «als eine Häuserumrahmung des Marktplatzes, an die sich erst allmählich Straßen und Gassen für die Gewerbe und Wohnzwecke anschlossen». Wir kennen die im Laufe des Mittelalters sich erweiternde Instrumentierung (Maß, Gewicht, Beschau); wir kennen auch die Kontroll- und Sicherheitsbauten; wir wissen, daß die Verwaltungen, auch die Gerichte, ihren Sitz mit Vorliebe im oder am Markt errichteten; es entstanden Stapel- und Vorratshäuser, Gredhäuser, Salz- und Kornhäuser, Waaghäuser. Wohl wurden die Funktionen des Marktes im Laufe der Zeit verändert und verschoben sich die Gewichte. In grundsätzlicher Richtung hat sich aber seit der hauptsächlichen Marktgründungszeit, also seit dem 11., 12., 13. Jahrhundert bis weit hinein ins 18. Jahrhundert, wenig geändert.

Ausgangslage

Der Markt war noch im 18. Jahrhundert Zentrum, Brennpunkt, auch Höhepunkt des wirtschaftlichen, kulturellen und volkstümlichen Lebens. Alles, was ein bäuerlicher und bürgerlicher Haushalt brauchte, wurde hier gekauft. Am Weihnachtsmarkt wurden selbst Knechte und Mägde angeboten. Auf dem Berner Meitschimärit fand man für wenig Lohn und mit schönen Versprechen währschafte Bernerinnen; in Moudon und an einigen andern Orten standen kräftige Knechte bereit, angedingt zu werden. Wie Richard Weiß in seiner «Volkskunde der Schweiz» sagt, wurden auf dem Markt «Geschäfte und Verträge aller Art abgeschlossen, Freundschaften und Feindschaften begründet und vor allem auch Hochzeiten zusammengebracht. Für die charakteristische Verbindung von Sauhandel, Brautschau und Heiratsverhandlung bietet wiederum Gotthelf den klassischen Beleg in ‹Michels Brautschau› mit der Schilderung vom Huttwylmärit.»

Für viele Bauern war der Markt noch im 18. Jahrhundert einziger Ort des Kontaktes mit der Welt des Geldes und Handels, und es ist keine Frage, daß zahllose Impulse für die Umstellung vom altbäuerlichen Selbstversorgungsbetrieb auf den marktbezogenen landwirtschaftlichen Betrieb vom Markt ausgingen. Ähnliches gilt für Handel und Gewerbe. Der Altmeister der Wirtschaftsgeschichte, Traugott Geering, hat schon bemerkt, daß die Märkte und Messen die einzige Gelegenheit waren, bei welcher das fremde Angebot in direkte Berührung mit den Käufern trat. Es war die einzige Konkurrenz, welche das Zunftsystem in dem sonst ausschließlichen Verkehr der lokalen Krämer und Handwerker mit den Konsumenten duldete. Der Markt war daher, so sagt er in «Handel und Industrie der Stadt Basel» wörtlich, «eine Medizin, ein Mittel gegen zünftlerische Intoleranz».

Indessen erschöpfte sich die Bedeutung des Marktes weder im 18. Jahrhundert noch heute im ökonomischen Bereich. Man kam auf den Markt, um Neuigkeiten zu hören, um Leute zu sehen, um nach langer Arbeitsfron wieder einmal auszuspannen, um nach Zeiten der Kargheit, ja des Hungers, wieder einmal zu essen und zu trinken, «bis man es mit dem Finger erlängen mag», um zu tanzen, zu singen, um tanzende Zigeuner und Bären und andere Schaustellungen zu sehen. Die Mandate der Basler Fürstbischöfe, deren volkskundliche Bedeutung Theodor Bühler im «Schweizerischen Archiv für Volkskunde» (1968) beleuchtet hat, zeigen, welch buntes Volk da erschien: «Korbmacher, Kessler und Spengler, Schleifsteinträger, Bürstenbinder, Stroh- bzw. Schaubhütler, Gassenliederträger, Gewürz-, Zundel-, Kragen- und Fleckensteinkrämer, Marktschreier, Balsamkrämer, Spielleute, Lyren- und Zauberlaternenträger, Lotterie- und Taschenspieler, Regenschirmmacher, Zitronen-, Skorpion- und Skorpionölkrämer und schließlich, einfach und schlicht, Zigeuner und Landstreicher.»

Zum Jahrmarkt gehörte wie zur Agora der Mehr- und Wettkampf. Bekannt sind die Wettrennen für Knaben und Mädchen vor dem Sternentor in Basel, die Kegel- und Brettspiele auf der Zurzacher Messe, die sich selbst hielten, als diese einstmals berühmten Messen ihre wirtschaftliche Bedeutung verloren hatten. Bekannt ist auch das Bild des Diebold Schilling von den Wettkämpfen am Einsiedler Markt: Es erscheinen da Männer und Frauen beim Schnellauf und Sennen beim Ringen, Steinstoßen und Weitsprung. Frühe Beispiele solcher Wettkampfspiele hat vor allem auch Hans Georg Wackernagel (in «Altes Volkstum der Schweiz») beigebracht.

Noch im 18. Jahrhundert waren die Märkte oft mit kirchlichen und politischen Anlässen gekoppelt; so war beispielsweise Zurzach gleichzeitig Markt- und Wallfahrtsort. An die lokale Kirchweih schloß sich häufig der Kirchweih- oder Chilbimarkt an, so daß Chilbi und Markt schließlich gleichbedeutend wurden. Hauptziel des Marktes war im 18. Jahrhundert die Versorgung der Konsumenten mit Waren aller Art, vor allem mit Nahrungsmitteln. Allen Anstrengungen zum Trotz (Lagerung von Getreide, Ankurbelung der Produktion und Versuche der besseren Vermarktung) gelang es nicht, dem Problem des Hungers und der Massenarmut beizukommen. Das hat sich zunächst auch im 19. Jahrhundert kaum geändert. So kam es am 18. Oktober 1817 im Zusammenhang mit der damals herrschenden Lebensmittelknappheit und Teuerung in Genf zu einem Erdäpfelkrawall. Das hungrige Volk stürmte den Marktplatz und bemächtigte sich der Kartoffelsäcke und -körbe. Typisch für das Zeitalter des Hungers sind auch die Eß- und Trinksitten. Noch im 19. Jahrhundert herrschte jene brauchmäßige Unmäßigkeit vor, die nur Entbehrung und Hunger erzeugt. Die Märkte haben da eine ganz zentrale Rolle gespielt. So sprach man vom Ustermer Freßmarkt, und einer der Gewährsmänner der Umfrage von 1940 für den noch unpublizierten Materialatlas der Schweizerischen Volkskunde (das handschriftliche Material ist mir von der Schweizerischen Gesellschaft für Volkskunde freundlicherweise zur Verfügung gestellt worden) bezeugt, daß der Wattenwil-Markt ein rechter Freßmarkt gewesen sei.

Neuorientierung und Aufschwung

Was geschah mit den Märkten im 19. Jahrhundert? Welche Wirkungen hatten der Ausbau des Straßennetzes, der Bau der Bahnen, die Industrialisierung, die politischen und sozialen Reformen? Welche Funktion übten die Märkte in diesem Prozeß aus, und welchen Strukturwandlungen waren sie selbst unterworfen? Nach Paul Seippel hielten sich Handel und Wandel in der ersten Hälfte des 19. Jahrhunderts noch fast vollständig in alten Formen:

«Das Landvolk erschien zu gewissen Tagen in der Stadt, um dort seine notwendigen Einkäufe zu machen, und die Messen und Märkte bildeten die vornehmsten Einnahmequellen für Krämer, Wirte und kleinere Gewerbetreibende. Trotz den damals entstehenden Basars und Modeetablissements sehen wir, daß die alte Herrlichkeit der großen, periodisch wiederkehrenden Märkte, wenngleich in abgeschwächtem Maße, fortbestand. Die Basler- und Berner Messe, die verschiedenen Georgs-, Mai-, Herbst- und Martinimärkte, und in katholischen Gegenden auch die Tage einzelner Heiliger, sind dauernd gut besucht von Käufern wie Verkäufern.» («Die Schweiz im 19. Jahrhundert», Band 3, 1900.)

Auch nach Eduard Strübin waren die Haupttage für Handel und Wandel die Markttage:

«Von weither besuchte man die Märkte von Aarau, Olten und Liestal sowie die berühmte Basler Messe. Sie waren so bedeutsam, daß man nach ihnen die Zeit einteilte, und fast die einzige Gelegenheit, sich einmal einen freudigen Tag zu bereiten.» («Baselbieter Volksleben», 1952.)

Paul Seippel registrierte indessen auch einige entscheidende Veränderungen, so das völlige Verschwinden der seit dem 14. Jahrhundert bestehenden und in ganz Europa berühmten Zurzacher Messe. Interessant ist die Art und Weise, wie der Vertreter des fortschrittsgläubigen, rationalen 19. Jahrhunderts diese Veränderung kommentierte: «Es ist nicht zum Schaden des Städtchens geschehen», meinte er, «denn an die Stelle der einstigen Trägheit, welche die Bürger ruhig auf die in sicherer Aussicht stehende goldene Ernte warten ließ, und die Engherzigkeit, welche den Fremden die Niederlassung verwehrte, traten im Laufe des Jahrhunderts mit dem Verfall der alten Einrichtungen eine weitsichtige gewerbliche Tätigkeit und damit ein völliger Umschwung in den sozialen Ansichten.»

Daß es im 19. Jahrhundert, vor allem im Zusammenhang und als Folge der Aufhebung alter Markt- und Zunftrechte, nicht zu einem Zusammenbruch des alten Marktes und zu einer völligen Neuorientierung des Marktbetriebs, sondern vielmehr zu einem Aufschwung kam, läßt sich nicht allein mit Beharrungsvermögen, eingefleischten Traditionen und Brauchtum erklären. Zweifellos vermochten die alten Märkte viele der von ihnen verlangten Leistungen und Funktionen weiterhin zu erfüllen; die entstehenden neuen Märkte profitierten vom politischen Umschwung und von der werdenden Mündigkeit des Landvolkes in den Stadt-Staaten. Im Gegensatz zum 18. Jahrhundert wird das Marktrecht im 19. Jahrhundert, besonders nach 1848, großzügig gehandhabt. Manches Dorf und manches Städtchen kam erst jetzt zu seinem längst begehrten Markt. Ferner ist zu bedenken, daß die Selbstversorgung zurückging, die Industriearbeiterschaft auf günstige Einkaufsmöglichkeiten angewiesen war und die Kaufkraft allmählich zunahm. Das alles sind einige der wichtigsten Gründe, weshalb es um 1807 in der Schweiz 155 Märkte, 100 Jahre später aber 591 Waren- und Viehmärkte gab. Auf der andern Seite haben die alten Märkte allen formellen Liberalisierungen zum Trotz einige Privilegien, gleichsam als mächtige Säulen, halten können. So war selbst nach der Einführung der Bundesverfassung von 1848 die freie Gewerbeausübung nur für Kantonsbürger und Niedergelassene gewährleistet, und noch beim Inkrafttreten der Bundesverfassung von 1874 war beispielsweise das Hausieren in vielen Kantonen (Baselland, Bern, Freiburg, Luzern, Schaffhausen, Waadt und Wallis) verboten. Ausverkäufe, Liquidationen und nichtamtliche Versteigerungen außerhalb der Dauer von Märkten waren untersagt oder bedurften obrigkeitlicher Genehmigung. Solche Bestimmungen, wie auch die Erfüllung wirtschaftlicher Funktionen, halfen der alten Institution des Marktes. Noch immer verhieß er reiche Auswahl, billige Preise und lockte Bauern und Arbeiter, Bürger, Dienstboten und Kinder an.

Umbildung in der Wirtschaftsstruktur

In der zweiten Hälfte des 19. Jahrhunderts scheinen sich indessen einige entscheidende Änderungen angebahnt zu haben. Nach zeitgenössischen Berichten war damals das Hausieren zu einer eigentlichen Landplage geworden. Aus dieser Zeit hören wir die ersten Klagen über ein Nachlassen des Marktbesuches. Zwischen 1850 und 1900 werden, obwohl die Gesamtzahl immer noch leicht ansteigt, zahlreiche Märkte aufgehoben. So verschwindet um 1850 der Stickelmarkt von Stein am Rhein; um 1870 gehen der Mühlheimer Markt und der große, traditionelle Jahrmarkt von Rheinfelden ein. In Aarburg wird 1873 der letzte große Jahrmarkt abgehalten (1912 werden neue Anstrengungen zu seiner Wiedereinführung unternommen). Winterthur hält 1880 den letzten Ankenmarkt ab; zur gleichen Zeit verschwinden die Jahrmärkte von Schleitheim. In Glarus wird 1890 der Kreuzmarkt aufgehoben; im gleichen Jahr geht der Markt von Mettmenstetten ein und werden die Thaynger Märkte liquidiert. Um 1890 wird in Moudon der letzte Getreidemarkt abgehalten. Fast zur selben Zeit verschwindet der Muotathaler Schafmarkt, und um 1900 werden die Märkte von Meilen und Walenstadt aufgehoben. Diese keineswegs vollständige Liste (nach dem unveröffentlichten Materialatlas) zeigt, daß es sich zum Teil um kleinere, teilweise um stadtnahe Orte und Märkte gehandelt hat. Bereits kündigt sich auch der Strukturwandel der Landwirtschaft an. Die Aufhebung der Stickelmärkte hängt mit dem Rückgang des Rebbaus, der Untergang von Schafmärkten mit dem Rückgang des Kleinviehs zusammen. Der Untergang von Getreidemärkten läßt sich aus dem Strukturwandel des allgemeinen Getreidemarktes (Rückgang des Getreideanbaus und Zunahme der Getreideeinfuhr) ableiten. H. Furrer hat dies schon 1889, im zweiten Band seines Werks «Die schweizerische Volkswirtschaft», sehr genau registriert.

In der zweiten Hälfte des 19. Jahrhunderts begannen indessen nicht nur einzelne Spezialmärkte und Messen, sondern auch die Monats- und Wochenmärkte in Schwierigkeiten zu geraten. Um 1851 war in Zürich nach englischem Vorbild der erste Konsumverein eröffnet worden, und wenige Jahre früher, nämlich um 1832, war ein Mann namens Giovanni Pietro Domenico Jelmoli für ein Mannheimer Warenhaus nach Zürich gekommen und hatte am Unteren Graben gleich drei Meßstände gemietet, um den Zürcherinnen die neuesten créations der Pariser Mode vorzulegen. 1849 eröffnete Jelmoli unter der Devise «gut und billig» ein Versandgeschäft. Der Kauf nach Muster setzte sich trotz Verboten gewisser Stadtbehörden durch.

Noch hielt man sich, vor allem auf der Landschaft, an die altbewährten einheimischen Produkte. Gegen Ende des 19. Jahrhunderts beginnen aber – so sagt ein Zeitgenosse etwas resigniert – «marktschreierische Angebote die Leute zum Kauf von fabrik- und serienmäßig hergestellten Möbeln zu verleiten... Wer etwas auf sich hält, kauft sich eine Chiffonnière und Rohrsessel... Das goldene Zeitalter für Billig-Magazine, für französische und deutsche Waren, für Ausverkäufe, für Reklame, Plakate und anderen Schwindel ist angebrochen», schreiben die «Nachrichten vom Zürichsee» 1885. Es gebe viele, die meinten, sie seien «gebildete, feine Leute, weil sie französische und deutsche Sachen kennen und kaufen... Wir sind auslandssüchtig geworden». Tatsächlich fällt es auf, daß in den Zeitungsinseraten zwischen 1880 und 1910 in zunehmendem Maße ausländische Produkte angepriesen werden (Bulgarenschürzen, englische Stoffe, griechische und spanische Weine, Münchner Biere). Köstlich erschien die Erschließung der Welt, köstlich das bunte Bild, das sich dank der modernen Verkehrs- und Nachrichtenübermittlungstechnik plötzlich ergab. Vorläufer dieser Erscheinung setzen früher ein. So erschien – um nur ein Beispiel herauszugreifen – im «Tagblatt der Stadt Zürich» um 1837 eine Annonce, in welcher dem Publikum angezeigt wird, «daß die große, berühmte Menagerie, welche erst künftige Messe hier ankommen wird und nicht früher, daß asiatische Riesenlöwen, ferner eine Löwin aus der Barbarei, sowie brasilianische Vögel gezeigt werden». Zu den Merkwürdigkeiten der Berner Messe gehörte 1820 ein Elefant aus Bengalen. Ähnlich wie im entdeckungsfreudigen 18. Jahrhundert erschienen auf den Märkten immer mehr Exoten.

Sterben der Märkte

Wir sind etwas unvermittelt und auf dem Umweg über Japan, die Kalifen und Harems, über die Nächte in Hawaii, ins 20. Jahrhundert gekommen. Nun ist es natürlich nicht diese Erscheinung, welche den Markt zu transformieren und erneuern vermochte. Sie hat ihm höchstens einen Hauch des Märchenhaften mitgegeben. Die wesentlichen Kräfte, welche die Märkte in dieser Zeit beeinflußt haben und ihnen teilweise schwer zusetzten, sind anderer Art. Sie zu analysieren, ist nicht einfach, weil die Tendenzen uneinheitlich sind und die Kräfte, die mitwirkten, sich oft widersprechen. Zunächst, und das auffallendste: Es setzt ein großes Sterben der Märkte ein. Um 1900 haben wir 590 Märkte registriert; im Jahre 1940 waren es noch 394; seither ist ihre Zahl auf 366 zurückgegangen. Die Ursachen sind komplex; sie wechseln von Ort zu Ort. In etwas vereinfachender Weise lassen sich folgende Gründe beziehungsweise Phasen feststellen:

1. Dort, wo mehrere Märkte bestehen, läßt man die schwächer besuchten eingehen.
2. Die Märkte werden nicht mehr nach einem bestimmten Turnus durchgeführt. Ein Beispiel dafür bietet Sursee. Vor der Befragung von 1940 wurden die Märkte immer am benannten Tage selber durchgeführt. Nach etwa 1942 wurden sie stets am gleichen Tage des nächstfolgenden Monats abgehalten. So gab es bald größere, bald kleinere Abstände. Da aber der Markt von einer gewissen Regelmäßigkeit lebt, war die Abkehr vom altbewährten Turnus gleichbedeutend mit Niedergang.
3. Es werden die mit dem Markt gekoppelten schulfreien Tage abgeschafft und, wie zum Beispiel in Thun, zu den Sportferien geschlagen. Der Markt verliert dadurch die Kinder. Wird der Markt gleichzeitig noch vom Feiertag zum Arbeitstag erklärt, so bedeutet das eine weitere Degradierung und Verminderung seiner alten Bedeutung.
4. Der Markt verliert an wirtschaftlicher Bedeutung und wird zum Volksfest oder geht ganz ein.
5. Der Markt wird aus verkehrstechnischen Gründen von seiner zentralen Stelle an periphere Stellen der Ortschaft verlegt, wird dadurch geschwächt oder kann sich am neuen Ort überhaupt nicht mehr halten. Der motorisierte Verkehr (bzw. ein Teil seiner Vertreter) gehört zu den «Feinden» des Marktes.
6. Die Behörden erheben für das Empfinden der Marktfahrer zu hohe Patenttaxen und Standgebühren, was dazu führt, daß viele Marktfahrer den betreffenden Markt zu meiden beginnen. Das Angebot wird schmaler; erfahrungsgemäß hängt aber die Anziehungskraft eines Marktes bis zu einem erheblichen Grad von der Größe des Angebots ab.

Diese kurze und keineswegs vollständige Liste zeigt, wie komplex die Vorgänge sind. Für das Verschwinden eines Marktes werden schließlich oft auch rein materielle, finanzielle Gründe genannt. Die Gemeinde oder die Stadt, die ihn durchgeführt hat, hob ihn auf, weil er nicht mehr rentierte. Ein Markt in der Nähe der Grenze gerät in Not, weil die Käufer des benachbarten Gebietes ausfallen. So ging kurz vor dem Ersten Weltkrieg der Markt von Kaiseraugst ein, weil die deutschen Viehaufkäufer nicht mehr erschienen. Aus dem gleichen Grund verschwanden zahlreiche Märkte in den beiden Weltkriegen. Schließlich ist an den bereits angedeuteten Strukturwandel der Landwirtschaft zu erinnern.

In dem Materialatlas wird das Verschwinden des Marktes nur in einem einzigen Fall auf die Strukturwandlung im Detailhandel zurückgeführt: «Die Bülacher Jahrmärkte sind – so wird 1940 argumentiert – seit dem Aufkommen der Konsumvereine unbedeutend geworden.» Die von uns befragten Marktfahrer selber beklagten sich, von Ausnahmen abgesehen, nicht über die Konkurrenz der Detaillisten, ja nicht einmal über das Aufkommen der Warenhäuser und Supermarkets. Gefährlich sind höchstens Detaillisten, welche aus Konkurrenzüberlegungen bei den Behörden Sturm laufen, um einen Markt einzuschränken oder aufzuheben. Solche Bemühungen werden indessen gewissermaßen wieder aufgehoben durch das Einstehen anderer Gewerbetreibender am Marktort selber, die wie die Metzger, Gastwirte, Bäckereien und Transportunternehmungen vom Markt profitieren.

Bis jetzt war nur die Rede von jenen Märkten, die aus irgendeinem Grund im 19. und vor allem im 20. Jahrhundert eingingen. Nun gab es aber – wir sprachen schon davon – im 19. Jahrhundert zahlreiche Neugründungen, und selbst im 20. Jahrhundert, in welchem, gesamthaft betrachtet, eine rückläufige Tendenz vorherrscht, gab es gegenläufige Bewegungen.

Soziologischer Wandel

Gewandelt hat sich mit den Märkten auch die soziologische Zusammensetzung der Marktbesucher. Noch fehlen hierüber eingehende Untersuchungen. Gestützt auf eigene Beobachtungen und stichprobenweise Erhebungen kann etwa folgendes gesagt werden: Im 19. Jahrhundert, dem Zeitalter der Massenarmut, haben die wenig bemittelten Schichten (Knechte, Mägde, Gesellen, Arbeiter und Angestellte) die Märkte bevölkert. Sie suchten und fanden vor allem billige Waren. Sie waren, wie alte Marktfahrer aussagten, sparsam, wählerisch und vorsichtig, und es wurde gefeilscht. Sie kauften, im Gegensatz zu den heutigen Marktbesuchern, Vorräte ein. Heute ist die Situation gänzlich anders; es sind nur noch die italienischen Gastarbeiter, die feilschen. Die Käufer sind aber trotz erhöhter Kaufkraft bis zu einem gewissen Grad immer noch wählerisch; sie laufen vom Stand weg, wenn sie das, was sie suchten, nicht fanden. Nebenbei: Gerade das gehört zum Markt und bereitet dem Marktbesucher Vergnügen. Im Ladengeschäft – das Warenhaus ausgenommen – ist es schwieriger, ohne Kauf wegzugehen. Der Konsument ist inzwischen sehr kaufkräftig geworden; «Ramsch» kauft er nicht, es sei denn, er suche ihn; oft wird, was früher undenkbar gewesen wäre, gekauft, ohne daß nach dem Preis gefragt wird. Die soziologische Struktur der Marktbesucher ist Spiegelbild der allgemeinen sozialen Struktur. Die früher wichtige bäuerliche Schicht ist eine recht schmale geworden, sie tritt nur noch in rein ländlichen, vor allem alpinen Gegenden in Erscheinung.

Gewandelt hat sich schließlich auch die soziologische Struktur der Marktfahrer. Das jüdische Element, einst stark vertreten, ist kaum mehr sichtbar. Im Städtchen Lichtensteig/Toggenburg gab es im 18. Jahrhundert im Markt ein Hebräerviertel. Die Juden hatten ihre Verkaufsstände in einer bestimmten Gasse aufzustellen. Im Jahre 1940 waren noch die meisten Juden an jener Stelle anzutreffen. Heute ist dies nicht mehr der Fall. Die Marktfahrer sind im übrigen meist Schweizer; seit 1956 hat sich eine kleine Ungarn-Kolonie eingestellt. An das einst bedeutende jüdische oder zigeunerische Element erinnern sprachliche Ausdrücke, die heute noch unter den Marktfahrern, nicht nur den jüdischen, üblich sind. Hiefür seien nur wenige Beispiele gegeben; auch dieses Kapitel wäre noch genauer zu erforschen: Schori = Ware. Lori = schlechter Markt. Rebach = Gewinn. Kippe Rebach = geteilter Gewinn. Figine = Vorführ- oder Demonstrationswaren, Blickfang. Schogger = Marktfahrer.

Die meisten Marktfahrer haben Familienbetriebe; viele von ihnen betreiben zu Hause ein Fachgeschäft, zum Beispiel Textilien, und reisen mit dem Wagen auf die Märkte. Die Motorisierung hat die Struktur insofern verändert, als heute auf einen Markt auch Marktfahrer von weiter kommen, während früher der regionale Raum eher enger war. Soviel wir gesehen haben, sind hierüber nur wenige Untersuchungen gemacht worden.

Das Wesen und die Art des Marktfahrers haben sich kaum geändert; Zeiten höchsten Einsatzes wechseln mit andern; die Marktfahrer sind eigentliche Unternehmer; ihrem Einsatz, ihrem Können entsprechend gestaltet sich ihr Gewinn. Sie sind in seltener Weise volksverbunden; nirgends wickeln sich Gespräche zwischen Käufer und Verkäufer freier, ungezwungener ab als auf dem Markt. Hier erlaubt sich der Käufer eine Sprache, die er in seinem Laden zu Hause nie führen würde. Ich habe es selbst erlebt, daß an einem Marktstand Käufer, in einzelnen Fällen sogar Frauen, die Ware mit der Bemerkung «Das ist Bruch» auf den Tisch zurückwarfen. Unter sich pflegen die Marktfahrer trotz harter Konkurrenz leidlich gut auszukommen; gemeinsame Interessen, gemeinsamer Kampf gegen polizeiliche Einschränkungen haben sie sich vor 60 Jahren bereits in einem Verband zusammenschließen lassen. Wie es sich für tüchtige Berufsleute gehört, sind sie optimistisch; sie glauben an die Zukunft des Marktes.

Neue Aufwertung?

Sind diese Hoffnungen und Erwartungen berechtigt? Richard Weiß hat in seiner «Volkskunde der Schweiz» ein eher düsteres Bild gezeichnet. Die Märkte seien bis ins 19. Jahrhundert hinein Zentren des wirtschaftlichen Lebens und auch der Volkskultur gewesen, seither hätten sie allgemein an Bedeutung verloren: «Durch die Konkurrenz der ortsansässigen Ladengeschäfte, durch die Konsumvereine und andere genossenschaftliche Institutionen, und durch den Versand der städtischen Warenhäuser sind die Warenmärkte größtenteils zu Ramsch- und Trödelmärkten herabgesunken.» Diese Sätze stammen aus dem Jahre 1945. Heute würde sie Richard Weiß wohl anders formulieren, sicher aber ergänzen. In den letzten zwei Jahrzehnten, und namentlich in den allerletzten fünf Jahren, hat sich etwas Unerwartetes begeben. Mancher Ramsch- oder Trödelmarkt hat eine Aufwertung erfahren; manchem Marktort ist es allen wirtschaftlichen Strukturänderungen zum Trotz – oft auch in Anpassung an diese Änderungen – gelungen, wesentliche Elemente und Funktionen des alten Marktes zu retten oder sogar aufzuwerten. Zwar kann man von den heutigen Märkten wohl kaum mehr sagen, sie hätten, wie ihre Vorläufer des Spätmittelalters, eine kulturraumbildende Wirkung. Aber ist es nicht sonderbar und zeugt es nicht für die immer noch vorhandene Kraft des Marktes, daß heute zahlreiche Institutionen versuchen, den Markt nachzuahmen? Warenhäuser errichten in ihren Räumen Marktstände, stapeln die Waren in Haufen, genau wie es die Marktfahrer seit Jahrhunderten getan haben. Es werden Supermarkets errichtet, die dem alten Markt erstaunlich genau nachgebildet sind, auch wenn Bezeichnung und Einrichtung aus den Vereinigten Staaten stammen. Planer und Architekten lassen inmitten der autofrei gewordenen Altstadt den Marktplatz in alter Form wieder erstehen. In neuen oder sich erweiternden Siedlungen schafft man einen Mittelpunkt des Gemeinschaftslebens, eine Piazetta, einen marktähnlichen Platz oder eine Ladenstraße, die dem alten Prinzip des Straßenmarktes gewollt oder ungewollt nachgebildet ist. In Amerika und neuerdings Deutschland (München) werden in soeben gebauten Siedlungen nicht einmal mehr Supermarkets, sondern ganz gewöhnliche Wochenmärkte eingerichtet.

Mitten in der Zweck- und Interessenwelt, der Welt der Ratio, sehnt sich der moderne Mensch nach irrationalen Dingen, vor allem nach Gemeinschaft und nach «gemütlicher» Gemeinschaft. Zwar erfahren die modernen Marktbesucher auf dem Markt nicht mehr die letzten Neuigkeiten. Diese Funktion des alten Marktes haben moderne Massenmedien mit einer kaum mehr zu überbietenden Präzision und Schnelligkeit übernommen. Doch noch immer, genau so wie im Mittelalter, verbindet der Markt das Angenehme mit dem Nützlichen. So heißt es in einem Inserat einer unserer größten Verkaufsorganisationen: «Leisten Sie sich den Plausch, einmal zu früher Morgenstunde zum Einkaufen auf unseren Markt zu gehen und anschließend ein gemütliches Morgenessen in der Imbißecke am Neumarkt zu genießen.» Alle Elemente des alten Marktes sind darin enthalten; der Einkauf, das Essen, das Vergnügen, die Gemeinschaft. Sie haben sich, wie die Sprache des Inserates, allerdings im Lauf der Zeit ein wenig geändert. Geblieben aber ist die Anziehungskraft. Ich hege die leise Vermutung, daß diese Kraft auch in Zukunft wirksam bleiben wird.

Die Frau in Schweizer Chroniken und Sagen

Es wäre höchst verlockend, die Frau im Spiegel der schweizerischen Volksliteratur zu betrachten, in jenen Literaturerzeugnissen also, die vom Volk selber getragen, von ihm selber mitgestaltet wurden. Es sind dies Sagen, Lieder, Schwänke, Witze, Anekdoten, Sprichwörter, Volksschauspiele und bis zu einem gewissen Grad auch Chroniken. Aus verschiedenen Gründen haben wir uns für einmal auf die Sagen und Chroniken beschränkt. Um Fehlinterpretationen auszuschalten, müssen wir uns wohl bewußt bleiben, daß diese beiden Quellen ihre ganz bestimmten Eigenheiten aufweisen, die zu berücksichtigen sind. Die Chroniken, die wir für die ältere Zeit herangezogen haben, entstanden in einer Zeit des Umbruches, in einer Kulturkrise. Die Chronisten schildern nicht nur ganz bestimmte Ereignisse und Geschehnisse im Leben, sie idealisieren auch. Das Heimweh nach einem verlorenen Paradies ist mit im Spiel. Als Pädagogen halten sie dem Volk ein ganz bestimmtes Bild vor Augen: Seht, so waren die Vorfahren, seht, ihr müßt euch bessern. Mit Bedacht benützten sie die damals wiederentdeckte Germania des Tacitus, der von den Römern das Bild eines Volkes von urtümlicher Kraft und anspruchsloser Einfachheit entworfen hatte. Das Menschenbild der schweizerischen Chronisten weist, anders ausgedrückt, stereotyp gewisse taciteische Topoi auf, denken wir nur etwa an die wiederholt zitierte Gastfreundlichkeit, an die Mäßigkeit, die Sittenstrenge. Selbstverständlich ist auch das Bild der Frau von solchen Topoi nicht ganz frei.

Die Sagen sind eine Quelle anderer Art. Sie setzen im wesentlichen später ein und führen bis in unsere Tage. Sicherlich sind es gültige Zeugnisse volkstümlicher Denkart, volkstümlicher Verhaltensweisen. Die Sagenerzähler gehören selber dem Volk an, sie sind jedenfalls volksnäher als die gelehrten Chronisten. Sie versuchten, hinter den Sinn der Dinge zu kommen, sie rangen um die wahre Erkenntnis. Vieles konnten sie nicht erklären, aber sie gaben doch wenigstens Anweisungen, wie man mit dem Unerklärlichen, dem Dämonischen fertig werden könnte. Viele Sagen sind deshalb Warn- oder Leitbild-Sagen. Daher wird in den Sagen, in denen von Frauen die Rede ist, nicht nur gesagt, wie sie wirklich sind oder waren, sondern auch wie sie sein sollten. Hier, in solchen idealtypischen Vorstellungen, treffen sich die Sagenerzähler mit den Chronisten.

Frauenlob in Chroniken

Was die Chronisten über die Schweizer Frauen sagen, tönt zunächst recht schmeichelhaft. Die Appenzeller, so heißt es da etwa bei Johannes Stumpf recht bündig, sind ein starkes Volk; sie haben schöne Weiber. Der gleiche Chronist meint von den St. Gallern, sie haben schöne, wohlgezogene Weiber, sie sind «saubers Wandels und ehrbarer Kleidung und auch zuchtiger guoter Sitten». Der Bündner Chronist Campell sagt: «Die Rätier besitzen besonders kräftige und außerordentlich gesegnete Frauen.» Etwas ausführlicher äußert sich der Chronist Piccolomini über die Basler Frau: «Die Sorge der Frau gilt namentlich den Füssen und den Brüsten; sollen jene möglichst klein und zierlich scheinen, so diese durch Umfang und Fülle auffallen.» Der St. Galler Humanist Vadian bringt eine neue Note ins Gespräch. Er schreibt von der Thurgauerin: «Es hat im Thurgau viel Weiber und die wohlgestältig. Je reucher das gelend ist, je schöner die Weiber sind.» Da wird vom Einfluß des Klimas auf den Charakter des Volkes gesprochen. Auch hier sind antike Vorstellungen am Werk. Die Chronisten glaubten, daß der karge Boden einen besonders starken Menschenschlag geformt habe und daß die aufkommenden verfeinernden Sitten die alte Einfachheit zerstören.

Zahlreich sind die Berichte, in denen von der Tapferkeit und Schlauheit der Frau die Rede ist. So meint der Chronist Tschudi: «Nach der Schlacht bei St. Jakob an der Sihl flohen die Zürcher kopflos in Richtung Stadt. Sie vergaßen das Tor zu schließen, aber eine Frau ließ das Schloßgatter geistesgegenwärtig fallen.» Der Zürcher Bullinger berichtet von einem Gefecht am Zürichsee, das im Jahre 1444 stattfand. Da haben die Frauen, als sie sahen, wie gefährlich es um ihre Leute stand, einen roten Rock an einen Spieß gehängt, und sie liefen «mit großem Geschrei aus der Letzi heraus, so daß die Gegner meinten, ein neuer Hauptharst mit einem Landbanner sei gekommen». Eine Heldentat wird auch den Frauen von Ennetbürgen in Unterwalden zugeschrieben. Sie gehen noch heute in der Kirche von Buochs vor den Männern zum Opfer, weil sie laut einer alten Sage im Jahre 1315 einen Trupp des feindlichen österreichischen Heeres angegriffen und in die Flucht geschlagen haben. Dies berichtet der Sagensammler Lütolf. Aus dem Schwabenkrieg von 1499 hat der Chronist Campell eine weitere Kriegslist der Frauen notiert. In Schleins haben einige Frauen ein Totenmahl bereitet. Plötzlich erscheinen einige feindliche Kriegsleute und fragen, für wen denn das Mahl bereitet werde. Die Frauen antworten geistesgegenwärtig, sie täten dies für ihre Bundesgenossen, die bald erscheinen müßten, um das Dorf zu schützen. Die Österreicher melden das ihren Genossen, die am Waldrand warten, und begreiflicherweise greifen sie nicht an. Ganz ähnlich verhielten sich die Zernezer Frauen. Die Einwohner hatten Feldfeuer angezündet, da man einen Frost befürchtete. Als einige österreichische Krieger fragten, was das zu bedeuten habe, antwortete eine Frau aus Zernez (wiederum nach Campell), das seien Wachtfeuer der Bündner, die zu Hilfe gekommen seien. Voller Schrecken zogen sich die Österreicher zurück, und Zernez blieb verschont.

Böses und Gutes in der Sage

Dazu nun einige Beispiele aus den Sagensammlungen. Im Haslital gab es ein altes Weiblein, das nicht mehr wußte, wie sich der Schulden erwehren. Das erfuhr der Teufel, und er anerbot sich, dem Weiblein eine Hutte voll gehäuften Goldes zukommen zu lassen. Sie könne das Gold haben, aber wenn sie es nicht zurückbringe, sei sie des Teufels. Dem Weiblein paßte das nicht so recht, aber sie hatte wirklich große Sorgen, und schließlich erklärte sie sich einverstanden. Allerdings fragte sie noch, ob er auch zufrieden wäre, wenn sie das Handhuttli nur strichvoll zurückbringen würde. Warum nicht, sagte der Teufel, und er glaubte schon, er habe das Weiblein für sich gewonnen. Da nahm die alte Frau ein Scheit, fuhr mit diesem über das Handhuttli und sagte, so, der Teufel könne nun das Handhuttli wieder haben, sie habe an dem genug, was sie abgestrichen habe. So überlistete sie den Teufel.

Nicht ganz zu Unrecht sagt man darum: Des Teufels List ist arge List, der Weiber List viel ärger ist.

Die nächsten Beispiele kommen aus dem Kreis der Warnsagen. Nach einer Walliser Sage betrat am Sonntag eine unbekannte Frau ein Wohnhaus in Planier. Sie stellte sich vor den Spiegel und kämmte sich die Haare, bis die Bewohner von der Sonntagsmesse zurückkamen. Dann verschwand sie. Man glaubte allgemein, das sei eine Frau, die früher oft die Messe versäumte, weil sie sich lange aufputzte. Jetzt müsse sie für ihre Hoffart büssen. Zu diesem Bild der hoffärtigen Frau tritt jenes der verschwenderischen. Die Sage stammt aus dem Urnerland: In Isenthal starb eine brave Frau von ihrem Gatten weg. Er ließ ihr altem Brauch gemäß während des Dreißigsten ein Öllichtlein brennen. Eines Abends war es ohne sein Wissen erloschen, und da rief eine Stimme: «Toni, ds Liecht isch erlescht.» Er zündete es wieder an; jedesmal, wenn es ausging, hörte er jenen Mahnruf. Jetzt hieß er die arme Seele reden, und sie bekannte, sie sei die verstorbene Gattin und müsse noch leiden, weil sie zu Lebzeiten die Brosamen beim Essen unter den Tisch gewischt und hinuntergefallene nicht aufgehoben habe. Diese Erzählung stammt aus der Zeit der Massenarmut, da man tatsächlich um jedes kleine Stücklein Brot bangte. Auf das Geschick der Hausfrau kam es damals in entscheidender Weise an.

Die folgende Sage stammt aus dem Saasertal; dort wohnte eine Mutter, «die jeden Abend ausging, um sich bei Nachbarn lang in die Nacht hinaus in muntern Abendsitzungen zu belustigen. Sie hatte ein Kind, das sie im Hause einschloß. Die so verlassene Kleine klagte der Mutter oft, es sei im Hause unheimlich, und sie fürchte sich immer so sehr. Das half nichts, die Abende wurden noch länger... das Kind bat sie, ihm wenigstens Weihwasser zu geben und es zu segnen, damit Gott und der Schutzengel es bewahrten. Aber laut lachte die lieblose Mutter auf und schlug die Türe hinter sich zu. Die Strafe blieb nicht aus. Die unbarmherzige Mutter fand ihr Kind nicht mehr. Das Haus war leer. Nach langem Suchen fand sie endlich im nahen Chin, das der Triftbach sich gegraben hatte, nur noch das leere Schühlein, welches das Kind am linken Fuß getragen hatte.»

In den Sagen erscheint auch die mißhandelte Mutter. Bekannt ist vor allem die Blüemlisalp-Sage: Auf Blüemlisalp im Schächental lebte ein Senn mit seiner Liebsten, der er aus fetten Käsen und Anken eine Stiege machte. Eines Tages kam auch seine Mutter in die Alp und heischte Alpspeise für ihren Bedarf. Der Sohn gab ihr ein Handbräntli mit. Als sie den Deckel ablüpfte, fand sie es mit Kuhmist gefüllt. In diesem Augenblick entlud sich über der Alp ein schreckliches Hagel- und Schneewetter. Der Senn und seine Liebste flüchteten mit einem Wellchessi auf einen Hubel und nahmen das Chessi über den Kopf. Aber das nützte nichts; sie gingen mit dem Vieh und der Alp zugrunde. In dieser Urner Sage werden die Verschwendung und das Zusammensein mit der Liebsten – die Urner Sage spricht auch von Hure – zusammen mit der Verhöhnung der eigenen Mutter gegeißelt.

Nach all diesen beklemmenden Beispielen nun ein schönes, positives Zeugnis. Wieder ist der Teufel im Spiel. Er wird vom Schutzpatron der Walliser Gemeinde Erschmatt-Gampel gebeten, das Dorf zu verschonen. Der Böse willigt unter der Bedingung ein, daß ihm im Dorf eine unschuldige Person gezeigt werde. Der Schutzpatron führt ihn vor ein Haus, wo eine Mutter bei ihrem kranken Kind an der Wiege wacht. Der Teufel gibt sich geschlagen. Darum liegt der Stein noch heute ausserhalb des Dorfes Erschmatt.

Hexen

Es folgt ein ganz besonders düsteres Kapitel in der Geschichte der Frau. Es ist das Thema «Die Frau als Hexe». Es nimmt sowohl in den Sagen wie in den Chroniken einen sehr breiten Raum ein; wir wollen die Leser schonen und nicht alle diese Hexengeschichten aufzählen. Dafür einige Stichworte: Die Hexe kann sich unsichtbar machen. Sie weiß die Zukunft, sie hat das Zauberbuch, sie reitet auf Besen, sie stiehlt und melkt auf Distanz, sie verwandelt sich in einen Baumstamm, sie stiftet Schaden in Haus und Stall, sie macht krank, verwandelt ein Mädchen in einen Fuchs, einen Mann in einen Granitblock. Sie hängt einer bösen Nachbarin Mäuse und Flöhe an, sie macht Gewitter, sie schüttet Bohnen aus, sie macht Erdschlipfe, Bachüberschwemmungen, sie hindert einen Glockenaufzug, kurzum, sie repräsentiert das Böse, und sie ist der Sündenbock schlechthin. Nach altem Volksglauben stand die Hexe mit dem Teufel in einem Bündnis. Alle Hexen zusammen bildeten eine große ketzerische Sekte, die als ihren obersten Herrn den Teufel persönlich verehrte. Aber während die Sagen einfach mahnten, sich dem Satan nicht zu nähern, wurde das

Ganze plötzlich grauenhafte Wirklichkeit. Das Volk verlangte den Tod der «Schuldigen», und die armen Männer und Frauen wurden nach entsetzlichen Folterungen meist zum Tod durch Verbrennen verurteilt. Daß es mehr Frauen als Männer waren, die dieses fürchterliche Schicksal ereilte, wird von Volkskundlern so erklärt, daß man den Teufel eben als Mann empfand; seine Buhle konnte nur eine Frau sein.

Frauenarbeit

Zur Frauenarbeit: Um 1500 notierte der Humanist Felix Hemmerli, in der Innerschweiz sei das Melken Männersache. Eigentlich wäre es Weiberarbeit, also eine Entwürdigung der Männer. Die Innerschweizer aber entschuldigten sich damit, daß das Melken für die Frauen zu mühselig sei. Aber auch in Friesland, wo es doch eigentlich viel mehr Kühe gebe als in der Schweiz, sei das Melken Frauensache. Schon sehr früh wird hier auf die traditionelle Arbeitsteilung aufmerksam gemacht, und wir erfahren auch, daß diese Tradition nicht überall die gleiche ist. Tatsächlich könnten wir aus der Volkskunde und der Agrargeschichte Beispiele bis ins 19./20. Jahrhundert hinein beibringen, die von dieser traditionellen Arbeitsteilung sprechen. So besorgte zum Beispiel im Wallis und im Tessin bis 1940 die Frau das Melken, während es in andern Regionen durchaus üblich war, daß die Frau mit dem Melken gar nichts zu tun hatte. Im Zürichbiet hieß es zum Beispiel ganz apodiktisch «D Frau ghört is Hus, de Ma in Stall.» Diese traditionelle Arbeitsteilung ist bis ins 20. Jahrhundert beibehalten worden, und in bäuerlichen Familienbetrieben gilt sie noch heute. Doch gerade auf diesem Gebiet der Arbeitsteilung ergaben sich einschneidende Wandlungen, die in neuester Zeit oft zu einem vollständigen Umbruch führten. Der Wandel ist vor allem im nichtbäuerlichen Sektor einschneidend. Aber auch im bäuerlichen Bereich kam es zu einer deutlichen Änderung, als die partnerschaftliche Einstellung aufkam.

Ein ähnlicher Umbruch vollzog sich im Bereich der Kleidung, die einst dazu diente, nicht nur den Stand, sondern auch Lebensalter und Geschlecht zu kennzeichnen. Sich wie ein Mann zu kleiden bedeutete für die Frau ursprünglich ein schweres Vergehen. So wurde 1537 eine Frau bei Kreuzach am Horn in Frauenkleidern ertränkt, weil sie etliche Jahre in Männerkleidung als Bauernknecht gedient hatte, und 1546 wurde in Basel eine gewisse Peternell Sacco verurteilt, weil sie an der Fasnacht in Männerkleidung und mit geschwärztem Gesicht herumgezogen war. Diese differenzierenden Merkmale sind vor allem im Trachtenwesen später bestätigt und ins allgemeine Bewußtsein gehoben worden. Frauentrachten haben nicht nur die regionalen Unterschiede, sondern auch die geschlechtsspezifischen Eigenschaften betont und Ledige von Verheirateten ganz genau unterschieden. Die allgemeine Mode befolgte diese Richtlinien im ganzen; erst im 20. Jahrhundert kamen individualistische Neigungen auf, sich den alten Ordnungen und Normen zu entziehen. Zunächst wurde in den Städten versucht, die Altersunterschiede zu verwischen. Ältere Damen kleideten sich wie junge Mädchen: «Vorne Lyceum, hinten Museum.» Dann kam die Vermännlichung der Frauenkleidung, vor allem die Hosenmode, die deutlich zusammenfiel mit der Frauenemanzipation. Heute ist sie selbstverständlich. Doch hat zum Beispiel die Stadt Genf seinerzeit ein Verbot der Hosenmode erlassen, und noch Richard Weiß meinte in seiner Volkskunde im Jahre 1946: «Die Unterscheidung der Geschlechter durch die Kleidung ist eine unentbehrliche sittliche Schranke. Darum hält das Volksempfinden an dieser Kleidersitte am zähesten fest.» Heute scheint auch dieser Widerstand gebrochen; ebenso wird die einst wichtige Gruppierung der Verheirateten und der Ledigen, die Unterscheidung von Frau und Fräulein, Madame und Mademoiselle in der Anrede fallengelassen. Angesichts des mehr und mehr sich durchsetzenden Konkubinates ist das nicht weiter verwunderlich. Solche Äußerlichkeiten sind charakteristische Symptome für tiefgreifende Wandlungen.

Die Frau im Glaubensleben

Wer die Frau auf Grund der Volksliteratur betrachtet, wird schließlich auf ein Problem stoßen, das mit besonderem Nachdruck dargestellt wird: die Frage des Glaubens, vielmehr der Bedeutung der Frau im Glaubensleben. Die Sage versucht der jüngeren Generation aufzuzeigen, was geschieht, wenn in der Familie nicht gebetet wird. Da findet eine Frau, die es versäumt hat, ihren Kindern das Beten beizubringen, die ewige Ruhe nicht.

Oder da wird eine Alp verschüttet, weil der Senn den Alpsegen nicht rief; seine Frau wird nicht verschont, denn sie hat es versäumt, den Mann zu ermahnen. Recht eindrücklich wird gezeigt, daß die Frau die Wahrerin des Glaubens sein soll. Was aber noch eindrücklicher scheint, ist die Tatsache, daß es solche Frauen wirklich gegeben hat (und übrigens auch heute immer noch gibt). Glücklicherweise haben verschiedene Sagensammler, wie beispielsweise Büchli und Senti, nicht nur Sagen aufgeschrieben, die sie von Frauen hörten; sie haben diese Frauen auch selber geschildert. Büchli notierte: Die alte Base Verena pflegte, sobald es Abend geläutet hatte, wo sie immer auch stand oder saß, die Hände zu falten und zu sagen: In Gottes Namen, und ein Gebet zu sprechen. Menga Cahanes aus dem bündnerischen Danis, ein Muster an hausmütterlicher Emsigkeit, bei eher zarter Gestalt, hat 13 Kinder erzogen und alle mit eigener Hand und Schneiderinnenkunst selber gekleidet, im Sommer nebenbei noch viel Feldarbeit getan und die Kinder zu steter Tätigkeit angehalten. Alle waren, wie Büchli schildert, fleißig wie Bienen. Da gab es keine Plauderstunden ohne eine Arbeit, und trotzdem hat sie daheim gehörte Lieder und Aussagen behalten. Maria Urschla Capaun aus Lumbrein war nicht nur eine große Sagenerzählerin, sie hat als Hausmutter auch die Kleider gemacht, auch für Buben und Männer, und nachts, wenn die Kinder im Bett waren, hat sie ihre Lieblingsarbeit zur Hand genommen. Dabei war auch Frau Maria Urschla keineswegs eine derbe Bäuerinnengestalt, sondern von eher zierlichem Wuchs. Wie Büchli meint, «ein musterhaft sinnerfülltes Leben, wie denn der Bauern- und erst recht der Bäuerinnenberuf nicht die bequemste, aber schlechterdings die sinnreichste menschliche Tätigkeit ist: Uns hilflos nackte hungrige Lebewesen zu kleiden und zu ernähren». Senti, der die Sagenerzählerinnen im Sarganserland besucht hat, beschreibt sie als in sich gefestigte, der Einfachheit zugetane Persönlichkeiten. Einen starken Eindruck hinterließen, so sagt er, vor allem die Gespräche über das Sterben und das Leben nach dem Tode. «Sie hatten ein natürliches Verhältnis zum Tod, so daß ein Gespräch über das Sterben und das Leben nach dem Tod durchaus nicht traurig macht, im Gegenteil.» Die seelische Größe dieser Frauen kommt aus dem Glauben. Wo der Glaube verflacht oder erlischt, versiegen nicht nur die Tradition und mit ihr die Sagen, sondern auch die Kraft, mit dem Unerklärlichen fertig zu werden. Diese Frauen sorgten dafür, daß ihre Nächsten dieses Unerklärliche nicht außerhalb der Kirche erfahren und daran zerbrechen mußten. Doch nicht alle Sagenerzähler und auch nicht alle Frauen hielten den Angriffen der «Entzauberer», der Rationalisten, stand. Als der Sagensammler Büchli im Sommer 1959 im bündnerischen Rueras, wo er schon früher Aufnahmen gemacht hatte, weilte, waren drei junge Damen aus München Gäste im Haus der Erzählerin. Die früher eifrige Erzählerin sprach jetzt unter Berufung auf das Fräulein Doktor, eine Medizinstudentin in den ersten Semestern, geringschätzig von den mitgeteilten Geschichten, die ja eigentlich tuppadadas – Dummheiten – seien. Selbst ihr Glaube war erschüttert. Mit dem Geld der Fremden ist hier eine neue Denkart angenommen worden. Doch die meisten dieser Frauen hielten stand, weil für sie das Wort von Vater und Mutter untrüglich feststand und weil sie im Glauben ihre Kraft fanden.

Wir haben die Frau im Spiegel der Sagen und Chroniken betrachtet und sind auch dem Wandel des Frauenbildes nachgegangen. Nun ist das Leben selbstverständlich reicher, farbiger, beziehungsreicher und auch widerspruchsvoller, als es in einer solchen Skizze erfaßt werden könnte. Doch ist – so hoffen wir wenigstens – zum Ausdruck gekommen, daß wir am Schluß der Untersuchung recht weit von dem fast klischeehaften Bild der Chronisten entfernt sind.

Die Blumen im schweizerischen Brauchtum

Der volkstümliche Mensch denkt und dachte in andern Kategorien als wir Modernen. Für ihn ist der Baum, der Erträge bringt, das Tier, das arbeitet oder Milch liefert, nicht nur ein Produktionswerkzeug. Vielmehr haben Tiere und Pflanzen teil am Leben der gesamten Gemeinschaft. Die Rohstoffe, die man bearbeitet, die Pflanzen, die man pflegt, sind niemals auf reine Passivität beschränkt. Sie reagieren auch deutlich im Guten oder im Bösen, je nachdem ob sie richtig, d. h. nach den ungeschriebenen aber strengen Regeln behandelt worden sind. So kommt es zu einem immerwährenden Dialog. Der Mensch muß seine Umwelt immer wieder von neuem befragen, um die Reaktionen aller dieser Kräfte besser begreifen zu können. Das aber erheischt ein Zwiegespräch mit den Tieren, aber auch mit den Pflanzen. Ob wir heute eine solche Weltauffassung noch verstehen oder nicht, sie verbietet es uns jedenfalls, den Garten beispielsweise einfach als eine Ansammlung von mehr oder weniger schönen und nützlichen Blumen zu betrachten. Er ist auch ein soziales Gefüge, Ausdruck der geistigen Beziehungen zwischen den Menschen und all jenen Kräften, die die Ordnung bestimmen. Gewiß, der volkstümliche Mensch, unsere Altvordern, hatten – das liegt zuvorderst und ist naheliegend – auch Freude an der Farbe, an den Formen ihrer Blumen. Wie weit an dieser sicher unbewußten Ästhetik die Bibel beteiligt war, welche die Blume als Symbol irdischer Schönheit und Lieblichkeit preist, sei hier dahingestellt. Bestimmte alte volkstümliche Redewendungen zeigen jedenfalls, daß diese Schönheit bekannt war. So wird gesagt: Es Chind wie n'a Bluem so schön, wie eine Blume so schön, oder: Schö Blueme stönd nid lang am Wägrand. Daß die Schönheit der Blume seit jeher bedroht, seit jeher auch fragil war, zeigen auch alte Volkslieder. So heißt es in einem Volkslied aus dem 16. Jahrhundert:

> Das himmelfarben Ehrenpreis
> Die Tulipanen rot und weiß,
> Die silbernen Glocken,

Die goldenen Flocken,
Sinkt alles zur Erden,
Was soll daraus werden?
Er macht so gar kein Unterschied,
Der stolze Rittersporn,
Und Blumen im Korn.
Da liegen's beisammen,
Man weiß kaum den Namen,
Hüte dich schön's Blümelein.

Es ist unmöglich, auch nur aufzuzählen, wie und wann, bei welchen freudigen Erlebnissen und Tagen im Menschenleben die Blumen eine führende Rolle gespielt haben. So hat man beispielsweise den Eltern früher am Neujahr einen Blumenstrauß oder auch nur einen Kranz gebracht. Ein Beispiel von 1836 zeigt, daß dem Strauß oft auch ein Brief beigegeben worden ist. Dann gab es die Blumen zum Geburtstag, die Blumen selbstverständlich zur Hochzeit, in einzelnen Gegenden waren es anfangs dieses Jahrhunderts künstliche Blumen, um nicht an die Blumen am Grab zu erinnern. Selbstverständlich sind die Blumen auch für kirchliche Feste gebraucht worden. Sie schmückten nicht nur den Altar, sondern an Prozessionen auch die Frauen. Man hat das Haus geschmückt, und man wußte auch die Wohnung immer und immer mit Blumen farbiger, freundlicher zu machen.

Doch war die Blume nicht nur Schmuck, sondern auch Heilpflanze. Welche waren es? Leider kennt die Volksbotanik keine genauen Definitionen, keine festumrissenen Grenzen. Vielmehr sind die Grenzen zwischen «Chrut und Uchrut» seit jeher fließend. Die Wissenschaft selbst schwankt in vielen Fällen zwischen Anerkennung und Ablehnung. Unmittelbar neben gerechtfertigtem, traditionellen Volkswissen steht subjektiv, das heißt für den Träger gleichwertig, offensichtlicher «Unsinn». Diesen kann man zum Teil aus magischen Denkgesetzen herleiten. Das magisch-prälogische Denken, aus dem der größte Teil des Aberglaubens oder Aberwissens entspringt oder entsprungen ist, läßt sich unter anderem auf die Grundidee der Ähnlichkeit zurückführen. So glaubte man, in den Stengelnarben und Wurzeln des Weißwurzes «Polygonatum multiflorum L.» Abbild der Hühneraugen zu sehen. Dementsprechend wurde die Pflanze als Heilmittel gegen Hühneraugen empfohlen. Das «Ägerschte Chrut», wie man im Kanton Zürich sagt, den Salomonssiegel, wie man ihn an andern

Orten nennt, erfreute sich bis in die Gegenwart hinein höchster Beliebtheit. Um Hühneraugen zu vertreiben, wurden gequetschte, in Essig getauchte Weißwurzeln auf die erkrankten Zehen gelegt, oder man trug unter dem Hemd ein Leinensäcklein mit zwei Weißwurzstücken darin, von denen jedes soviele Siegelabdrücke aufweisen mußte, als Hühneraugen an jedem Fuß vorhanden waren. Im Gebiet der Sihl (Kanton Zürich–Kanton Zug) wurden noch um 1900 Weißwurzeln auch als Schönheitsmittel verwendet. Wenn ein Mädchen zum Tanz geladen war oder bleiche Wangen besaß, wurden diese mit Weißwurzeln eingerieben, bis die erwünschte Röte eintrat[1].

Das Schöllkraut «Chelidorium majus L.» verführte durch seine gelbe Farbe dazu, anzunehmen, man könne mit ihm die Gelbsucht bekämpfen. Man hat die Pflanze früher als Tee verwendet. Gleichzeitig wurden auch Warzen bekämpft, indem man den gelben Milchsaft auf die Warzen strich[2].

Der Glaube an die magische Kraft einzelner Pflanzen war auch durch die Kirche nicht auszurotten. Das gilt etwa für den Seidelbast, der seit dem Altertum für seine angebliche Zauberkraft berühmt war. Weit davon entfernt, den Gebrauch des ganzen magischen Herbariums zu verurteilen, hat die alte Kirche einzelnen Pflanzen ihren Segen gegeben oder machte ihre Wirksamkeit von der Betrachtung gewisser religiöser Daten abhängig, an denen man sie sammelte. Anstatt gewisse Kräuter in der Johannis-Nacht als Hexenwerk zu sammeln, weihte die Kirche die Blumen an Mariä Himmelfahrt. Solche geweihte Blumensträuße – zu Hause aufbewahrt – waren nach altem Volksglauben imstande, böse Geister zur Umkehr zu zwingen. Geweihte Blumen wurden dem Vieh auch mit Futter gemischt eingegeben, um es vor Krankheiten zu schützen[3].

In mythologische Gefilde führt uns das nächste Kapitel. Wir könnten es mit dem Titel überschreiben «Die Blume als Symbol». Der Zugang zu diesem Bereich ist für den modernen Menschen nicht leicht. Wir finden ihn anhand einiger volkstümlicher Aussprüche oder Redewendungen: «Wenn Eim d'Blumen absterbet, so stirbt gli öpper us de Familie»[4]. Oder: «Wenn im Winter eine Blume zu blühen beginnt, stirbt jemand aus dem betreffenden Haushalt»[5]. Oder das dritte Beispiel: «Wenn man einen Blumenstrauß geschenkt bekommt, so soll man dafür nicht danken, sonst sterben die übrigen Blumen im Garten»[6]. Wenn im Garten rote Rosen bleich werden, so wird jemand aus dem betreffenden

Hause schwer krank. Oder aus Röthenbach BE: Wenn man am
St.-Johanns-Tag eine Gansblume hinter die Dachtraufe steckt und
diese plötzlich welkt, so wird noch im gleichen Jahr ein Familienmitglied sterben. Ein letztes Beispiel aus dieser Gruppe: Im
Zürichbiet gab es das Totenblümli, den Frühlingsenzian (Gent.
verna). Man sagte, die Blume sei ein Tötli (kleine Leiche).
Gemeint war der schneeweiße, walzenförmige Griffel mit Köpfchen. Die Kinder quetschten die Blume zusammen, bis der Griffel
oben herauskam und sprachen dazu: Tod, Tod, chumm use. So
oft man diesen Spruch sagte, so viele Jahre hatte man noch zu
leben[7]. Wilhelm Mannhardt hat vor rund 100 Jahren diesen heute
so merkwürdig anmutenden Aberglauben bezeichnet «als zerbröckelten Trümmer uralter, auf das naive Bewußtsein der Identität gegründeter Mythen». Im Anklang an ein biblisches Wort
sagte er, daß der Mensch blüht und wächst und welkt und daß er
in seiner Vergänglichkeit dem Grase des Feldes gleicht. Diese
Vorstellung «steigerte sich in früher Vorzeit zu dem wirklichen
Glauben, daß die Pflanze ein dem Menschen gleichartiges, mit
Denken und Gesinnung begabtes Wesen sei... Als später im
primitiven Bewußtsein ein Bruch eintrat und eine Art von botanischem Begriff aufzukommen begann, suchte man dem Glauben in
veränderten Formen sein Dasein zu retten». Die von uns aufgeführten Beispiele könnten hiefür den Beweis liefern. Bei der
Interpretation solcher Äusserungen ist allerdings Vorsicht am
Platz, denn die Befunde sind bis heute weder von den Historikern
noch den Volkskundlern genügend untersucht worden. Bei künftigen Forschungen müßten wohl auch die Resultate der Untersuchungen von C. G. Jung miteinbezogen werden. Einer der wenigen, der auf diese komplexen Dinge eintrat, war der holländische
Kulturhistoriker Johan Huizinga. Er hat die Blumensymbolik in
wahrhaft klassischer Weise umschrieben. Die symbolische Gleichsetzung auf Grund gemeinschaftlicher Kennzeichen, so sagt er,
«hat nur dann einen Sinn, wenn die Kennzeichen das Wesentliche
der Dinge sind, wenn die Eigenschaften, die das Symbol und das
Symbolisierte gemeinsam haben, wirklich als essentiell aufgefaßt
werden. Weiße und rote Rosen blühen zwischen den Dornen. Der
mittelalterliche Geist sieht sofort eine symbolische Bedeutung
darin: Jungfrauen und Märtyrer erstrahlen in Herrlichkeit zwischen ihren Verfolgern. Wie kommt die Gleichsetzung zustande?
Dadurch, daß die Eigenschaften dieselben sind: die Schönheit,
Zartheit, Reinheit, die Blutröte der Rosen sind auch diejenigen

der Jungfrauen und Märtyrer. Dieser Zusammenhang ist jedoch nur dann wirklich sinnreich und voll symbolischer Bedeutung, wenn Rot und Weiß nicht als bloße Benennung physiologischer Unterschiede und quantitativer Grundlage gelten, sondern als Realien, als Wirklichkeit gesehen werden... Schönheit, Zartheit, Weiße sind, indem sie Wesentliches sind, Einheiten: alles, was schön, zart, weiß ist, muß seinem Wesen nach zusammenhängen, hat dieselbe Existenzgrundlage, dieselbe Bedeutung vor Gott»[8].

Erst in Kenntnis dieser Hintergründe verstehen wir, weshalb der St. Galler Klosterplan von 816 der Rose und Lilie im Gärtchen den schönsten Platz zuwies, erst dann verstehen wir, weshalb Walafrid Strabo in seinem Gartengedicht «Hortulus» um 840 den Rosen und Lilien diese Hexameter gewidmet hat:

Weil Germanien tyrischen Purpurs entbehrt und das weite
Gallien nicht der leuchtenden Purpurschnecke sich rühmt,
Schenkt zum Ersatz die Rose alljährlich üppig goldgelben
Flor ihrer purpurnen Blüte, die allen Schmuck der Gewächse
Alsbald an Kraft und Duft, wie man sagt, so weit überstrahlte,
Daß man mit Recht als die Blume der Blumen sie hält und erkläret.
Sie erzeuget ein Öl, das nach ihrem Namen genannt wird,
Wie oft dieses zum Segen der Sterblichen nützlich sich zeiget,
Keiner der Menschen vermag es zu wissen oder zu sagen.
Ihr zur Seite, bekannt und geehrt, stehn der Lilie Blüten,
Deren wehender Duft noch weiter die Lüfte durchtränket.
Reinheit der Jungfrau, selig gepriesen, strahlt aus der Blume;
Dann nur leuchtet sie duftend, wenn Not der Sünde ihr fernbleibt
Wenn unheiliger Liebe Begier ihre Blüte nicht knicket.
Gehet jedoch ihrer Unberührtheit Kleinod verloren,
Werden in üblen Gestank sich die holden Düfte verwandeln.
Denn diese beiden Blumen, berühmt und gepriesen,
 sind Sinnbild
Seit Jahrhunderten schon der höchsten Ehren der Kirche,
Die im Blut des Martyriums pflückt die Geschenke der Rose
Und die Lilien trägt im Glanze des strahlenden Glaubens.

Das Zweigespann Rose-Lilie hat unbeschadet ein Jahrtausend überdauert. Noch Goethe dichtete:

Da schlingen zu Kränzen
sich Lilien und Rosen.

Die Belege für diese beiden althergebrachten schönen Blumen sind so zahlreich, daß wir hier nur einzelne Beispiele herausgreifen können. Da ist einmal das von Emanuel König um 1706 in seiner Georgica helvetica überlieferte Motiv aus dem Arsenal des Aberglaubens: «Wann die Lilien und Rosen im Jahr zweimal blühen, denkt ans Sterben.» Dieser Glaube war zu Beginn unseres Jahrhunderts bei alten Leuten tatsächlich noch lebendig. Zahllos sind auch die Belege, die von der Rose als Symbol sprechen. So wurde beispielsweise die Rose als Sinnbild der Unschuld jüngeren, ledigen Verstorbenen ins Grab gelegt[9]. Der Rosenhag oder einzelne Rosen erscheinen in Madonnenbildern. In der Literatur erscheint der Rosengarten entweder als lieblicher Ort, als Ort für Liebende oder aber auch als Friedhof. Schließlich wird die Rose auch zum Symbol der Verschwiegenheit. Der Humanist Stucki überliefert die Tatsache, daß im alten Zürich an der Decke des Ratsaales und auch in einzelnen Speisesälen die Rose als Symbol des Schweigens, der Verschwiegenheit angebracht worden ist.

Die weiße Lilie wird im späteren Mittelalter mehr und mehr zum Symbol der Keuschheit. In vielen Bildern von St. Joseph ist sie ihm beigegeben.

Zu diesen beiden frühen Vertretern von Blumen gesellten sich im Laufe des späten Mittelalters Hunderte von andern Blumen und Blumensorten. So nennt Conrad Geßner für die schweizerischen Gärten um 1550 Mohn, Levkojen, Nelke (Nägeli), die weiße Narzisse, die Pfingstrose (Pfingstnägeli), Winterviole, Rittersporn und Raute. Verschiedene Blumen sind nicht einheimischen Ursprungs. Von der Nelke beispielsweise wissen wir, daß sie vom Basler Gelehrten Johannes Bauhin – er war in Basel, Lyon und Genf tätig – eingeführt worden ist. Er kultivierte u. a. Nelken, die er aus dem Burgund gebracht hatte. Er registrierte aber auch, daß es in Basler Bauerngärten schon um 1570 gefüllte, buntscheckige, halb rot, halb weiß gemischte Nelken gab. Neben diesen bunten und gefüllten Nelken, man nannte sie bezeichnenderweise «Junkerblume», gab es indessen auch die einfache Gartennelke. Nach einer alten Volksüberlieferung war sie leicht in bunte, buntscheckige Nelken umzuwandeln. Man brauchte sie nur während eines Regenbogens zu versetzen... Hier begegnet uns wieder jenes eigentümliche, aber volkstümliche Denken. Es ist assoziativ oder vergleichend. Es mangelt ihm die Kraft, «die realen Inhalte zu durchschauen, zu gliedern. Wir empfinden es heute als Unfähigkeit logischen Denkens».

Gut vertreten war in den alten Gärten auch der Rittersporn. Seine Beliebtheit verdankt er insbesondere der Volksmedizin. Ein Zuger Arzneibuch von 1588 sagt: «Für Kälsucht und geschwulne Hals süde Ritterspörndli im Wasser gurgle den Hals damit». Der Rittersporn war seit dem Mittelalter auch Symbol ritterlicher Haltung und Treue, ein Symbol der hohen Würde der «hehren Frau Maria». Darum sind im Genter Altar der Brüder van Eyck Ritterspornblüten in die Krone Marias verflochten. Mit dem Rittersporn ist oft die Kapuzinerblume gemeint. Der Luzerner Gelehrte Cysat erwähnt die Kapuziner um 1580; sie müssen damals aus der Neuen Welt Eingang gefunden haben. Sie sind aber fortan aus den bäuerlichen und bürgerlichen Gärten nicht mehr wegzudenken. «Nasturtium indicum», so sagt Cysat, «ist jetzt by uns gar gmein worden vor allen Hüsern und Fenstern by Burgeren und Puren. Nasturtium indicum ist Jasminus indicus gäle Ritterspornlin»[10].

Verhältnismäßig spät tritt in unseren bäuerlichen und bürgerlichen Gärten die Tulpe auf. Geßner, im 16. Jahrhundert, besaß sie noch nicht, notierte aber, daß es ihm glücklicherweise beschieden war, in Augsburg «im Garten des vornehmen Herrn Heinrich Herwart eine einzige Pflanze gesehen zu haben». Cysat, der Luzerner Stadtapotheker und Gartenliebhaber, war glücklicher als Geßner. Er notiert gewissenhaft, daß er am 2. April 1605 eine rote Tulpe beobachtet habe, die sich zum ersten Mal geöffnet hat; am 4. Mai ist sie verblüht.

Damals setzte in unserm Land eine eigentliche Tulpomanie ein. Allerdings waren es zunächst nur sehr reiche Leute, die Tulpen halten konnten, denn um 1650 wurden in Holland Tausende von Gulden für ein einziges Exemplar bezahlt. Deshalb wurde in einer Anlage meist nur ein einziges oder höchstens zwei, drei Exemplare gehalten. Die Tulpomanie weitete sich zeitweilig – es gilt dies vor allem für das 18. Jahrhundert – in eine eigentliche Exotenmanie aus. In einer Schrift von 1764 zählt K. E. Graffenried eine ganze Reihe von mediterranen und subtropischen Kulturpflanzen auf, die in unserem Lande verbreitet waren. Er spricht von subtropischen Kulturpflanzen, die im Lémanbecken verbreitet waren. Niklaus Tscharner notiert, daß im untern Rhonetal «viele Pflanzen wachsen, die in andern Gegenden selten sind, wie Melone, Feigen, Mandeln, Maulbeeren, Kastanienbaum. Dazu kommen seltene Pflanzen wie die blaue Distel, die Myrte, der Rosmarin, die Feigen-, Granat- und Olivenbäume...» Das ist erstaunlich. Denn die Untersuchungen des Witterungsverlaufs zwischen 1755 und 1798 ergaben, daß das Agroklima in dieser Zeit nicht günstiger war als das heutige[11].

Im 19. Jahrhundert wird die Exotenmanie noch ausgeprägter. Bäume und Blumen aus entferntesten Ländern hielten bei uns Einzug. Es ist dies nicht nur dem wachsenden und bessern Verkehr zuzuschreiben, sondern der Entdeckung neuer Welten, anders ausgedrückt, mit der Auflösung des Horizontes. Das Exotische übte eine starke Wirkung auf die gesamte Volkskultur aus. Man denke nur an die Japanesen-Spiele und die Japanesen-Gesellschaft, die 1863 in Schwyz aufkam.

Daß es zu einer starken Erweiterung des Blumensortimentes kam, dafür sorgten auch die mehr und mehr aufkommenden Gärtnereien. In die gleiche Richtung zielt der Brauch des Austauschens. Gottfried Keller hat ihn im «Grünen Heinrich» umschrieben: «Ohne daß die Hausväter im geringsten etwa unnütze Ausgaben zu beklagen hätten, wissen die Frauen und Töchter durch allerhand liebenswürdigen Verkehr ihren Gärten und Fenstern jede Zierde zu verschaffen, welche etwa noch fehlen mag, und wenn eine neue Pflanze in die Gegend kommt, so wird das Mitteilen von Reisern, Samen, Knollen und Zwiebeln so eifrig und sorgsam betrieben, es herrschen so strenge Gesetze der Gefälligkeit und des Anstandes, daß in kurzer Zeit jedes Haus im Besitze des neuen Blumenwunders ist.» Es kam mit der Zeit zu einer neuen Einheit in der Vielfalt. War der alte Bauerngarten um 1900 herum noch sanft getönt und von aristokratischer Haltung, so kam nun der flammende Purpur der Dahlien hinzu und das aufdringliche «Gelb anderer Kompositionen fremder Provenienz», wie es Christ formuliert hat. So hat die Exotik ihren Beitrag zur Gartenkultur geliefert. Aber es ist doch erstaunlich, wie sehr sie sich in die Bauernhäuser vorgewagt hat. Josef Brun hat am Beispiel des Pflanzenschmuckes am Luzerner Bauernhaus festgestellt, daß von den 343 verschiedenen Pflanzenarten, die in den Gehöften im Kanton Luzern gehalten werden, nur ein ganz kleiner Teil auf die alteinheimischen Pflanzen zurückgeht. Den ersten Rang nimmt die aus Südafrika stammende Geranie ein, im zweiten Rang folgt die Hängegeranie, ebenfalls aus Südafrika, den dritten Rang besetzt die aus Ostasien kommende Fuchsie, den vierten der aus Südafrika stammende Spargel. Es folgt fünftens die Petunie aus Südafrika, sechstens die Samtblume aus Zentralamerika. Den sieben Rang besetzt das ursprünglich aus Ostafrika stammende «Fleißige Lieschen». Im achten und neunten Rang kommen die Begonien aus Zentralafrika und schließlich im zehnten Rang die Streifenlilie aus Nordamerika[12].

Das alles heißt aber nicht, daß in dieser Zeit die einheimischen Blumen außer Kurs geraten wären. Einzelne von ihnen haben sich vielmehr der allerhöchsten Achtung, ja Liebe erfreut. Zu ihnen gehört die Alpenrose. Ihre neue und starke Bedeutung als Symbol für das Heimatbewußtsein des 19. Jahrhunderts ist nicht ohne Kenntnis der allgemeinen Zeitströmung zu verstehen. Im gleichen Augenblick, unmittelbar zusammen mit der «Auflösung des Horizontes» kommt es zu einer Ausbreitung des heutigen Begriffes «Heimat». Die Heimat wird im Laufe des 19. Jahrhunderts wieder häufiger besungen, sie wird ausdrücklich zu einem bewußten und allseits anerkannten Wert. Die beiden Bewegungen «Heimat» und «Exotik» bzw. Ausdehnung des Kraftfeldes müssen im Zusammenhang gesehen werden. Sie sind «gegenläufig». Hermann Bausinger hat es so formuliert: Weil gewissermaßen die ganze Welt zur Bühne geworden war, errichtete man an der Stelle der früheren Horizonte die Kulissen des Heimatlichen. So wurde versucht, dem Abbau des Kraftfeldes zu wehren. Die Alpenrose tritt in zahlreichen beliebten Volksliedern des 19. Jahrhunderts als Symbol in Erscheinung: «An deinen Höhen, du mein liebes Vaterland, da blüht so schön Alpenros an der Bergeswand.» Sie wird auch zum beliebten Symbol von Zeitschriften, Musikvereinen, Wirtshäusern. Sie erscheint wie auch das Edelweiß als Wappenumrandung der Bahn und Post.

Zu den alten, einheimischen und trotzdem weiterhin beliebten Blumen gehört die Weihnachtsblume, die Christrose, der schwarze Nieswurz. Sie diente aller Aufklärung zum Trotz als Orakel: Kommt die Weihnachtsblume um Weihnachten zum Blühen, so bedeutet das ein fruchtbares Jahr. Man kann das Orakel noch ein bißchen weiter treiben: Stellt man an Weihnachten zwölf Blütenknospen ins Wasser, so deuten die sich öffnenden Knospen auf gutes Wetter für den betreffenden Monat, die geschlossenen auf schlechtes. Dorrt die Blume mehr und mehr rot statt braun ab, so deutet das auf ein gutes Weinjahr.

Ein immer noch beliebtes Orakel, vor allem für die Kinder, ist das Gans-, Geiß- oder Müllerblümchen geblieben. Die weißen Blätter der Blumenkrone werden der Reihe nach ausgerupft. Die begleitenden Fragen beziehen sich entweder auf das Schicksal nach dem Tode, Himmel, Hölle, Fegfeuer, Paradies oder auf die künftigen Lebensschicksale: Herr, Bauer, Bettler oder Schelm, rich, arm, Ludi oder Lump. Man versuchte auch den zukünftigen Lebensgefährten zu eruieren: bekomme ich einen Herrn, einen Bauern, einen Gauner oder einen Bettler? Nach wie vor braucht man auch das Liebesorakel: Er liebt mich von Herzen, mit Schmerzen, ein wenig, gar nicht. Das gleiche Spiel wird mit den Margeriten getrieben. Eine Variante stellt sich so dar, daß man die gelben Scheibenblütchen ausrupft, in die hohle Hand streut, aufwirft und aus der Anzahl der mit dem Handrücken aufgefangenen Blütchen herausfindet, wieviele Kinder man erhalten werde[13]. Daß sich dieses recht urtümliche Horoskop solange gehalten hat, ja, daß heute gar eine gewisse Rückkehr zu magischen Denkweisen möglich ist, erklärt sich nach Richard Weiß aus dem Trieb, das Geheimnis des eigenen Schicksals zu entschleiern. Prälogisches Denken hat selbst beim modernen Menschen angesichts der Unsicherheit und Bedrohung seiner Existenz nicht viel von seiner Kraft eingebüßt. Es hat sich höchstens gewandelt. Es einfach als Dummheit abzustempeln, scheint doch ein wenig einfach zu sein. Dieses Denken ist nicht zum vornherein einfach «dumm», es ist anders, es ist widersprüchlicher und komplexer. Was uns die Bräuche auch im Reich der Blumen sagen, gehört zum Teil diesem andern, andersartigen Denken an. Wir werden es nie verstehen, wenn wir nicht lernen, aus dem rationalen Bereich, aus unserem logisch geschulten Denken in das Denken jener Bezirke uns wenigstens einzufühlen. Es geht um die Toleranz, allerdings nicht um jene Toleranz und Ehrfurcht vor mythischer Weltanschauung unserer Väter und Vorväter, die man aus Anstand zu respektieren habe, sondern um das Tolerieren eines Suchens nach gültigen Werten, eines Suchens, das nicht schlechter ist als das unsrige und dessen Ziel wohl im genau dem gleichen Unbegreiflichen, Göttlichen liegt wie das unsere. Wie tröstlich ist es, daß wir dieses Unbegreifliche, dieses Göttliche weder umschreiben noch definieren müssen; es gibt hiefür ein Zeugnis, ein Symbol, das nach wie vor seine volle Gültigkeit hat: Es ist die Blume.

[1] Höhn, W., Zürcher Volksbotanik, Zürich 1972, S. 25.
[2] ebd. S. 41.
[3] Manz, Volksbrauch und Volksglaube des Sarganserlandes, Basel 1916, S. 47.
[4] Idiotikon, Bd. V., Sp. 64.
[5] Archiv für Volkskunde, Bd. 42, S. 75 (Gruyère).
[6] Idiotikon, Bd. V, Sp. 64.
[7] ebd. Sp. 90.

[8] Huizinga, J., Herbst des Mittelalters, S. 296.
[9] Idiotikon, Bd. VI, Sp. 1387.
[10] ebd., Bd. X, Sp. 466.
[11] Hauser, A., Bauerngärten der Schweiz, S. 57 (auch für das folgende).
[12] Brun, J., Pflanzenschmuck an Bauernhaus und -hof im Luzerner Hinterland, in: Heimatkunde des Wiggertales 1981, Heft 39.
[13] Idiotikon, Bd. V, Sp. 75.

FORSTGESCHICHTE

Der Wald als Schutz und Schirm

Zur Entstehung des Schutzwaldgedankens

In seinem Werk «Wirkungen des Waldes auf die Umwelt des Menschen» hat Hans Leibundgut die Schutzfunktionen des Waldes umschrieben. Das Bild unserer Landschaften, so heißt es da, «wird in hohem Maße durch den Wald geprägt»[1]. Die Wälder haben deshalb eine wichtige Bedeutung für den Schutz des Landschaftsbildes. Unsere Landschaft «ist übersät von störenden Bauwerken, und neue, das Landschaftsbild beeinträchtigende Bauten und Anlagen lassen sich wohl auch zukünftig nicht vollständig vermeiden. Den wünschenswerten Sichtschutz vermögen in allen diesen Fällen nur geschlossene Baumgruppen und Waldbestände zu bieten.» H. Leibundgut spricht deshalb von einem Sichtschutzwald. Zu diesen Funktionen kommen weitere. Wir erwähnen sie hier nur stichwortartig: Wasserschutz, Bodenschutz, Lawinenschutz, Steinschlagschutz, Windschutz, Immissionsschutz und Lärmschutz. Einige dieser Funktionen wie Immissions- und Lärmschutz sind erst im Industriezeitalter entstanden, andere, wie zum Beispiel Lawinenschutz und Steinschlagschutz, gab es schon in früherer Zeit. Wir wollen das Aufkommen und die Verbreitung des Schutzgedankens untersuchen und prüfen, wann und unter welchen Umständen die Idee des Schutzwaldes entstand, wer die Schutzfunktionen des Waldes erkannte. Wer hat sie propagiert, und wer hat den Gedanken realisiert?

Unser Land besaß noch im Mittelalter große und zusammenhängende Wälder. Doch schon die Alemannen trafen mindestens die Talsohlen gelichtet an, und sie begannen bald auch die Höhen und die abgelegenen Seitentäler zu roden. Der Rodungsprozeß, den auch die Klöster förderten, glich einer Kulturtat, denn es galt, dem Wald Weiden und Äcker abzuringen. Der Rodungsprozeß dauerte in unserem Land vom 8. bis gegen Ende des 14. Jahrhunderts. In diesem Zusammenhang wäre zu bedenken, daß der Wert des Waldes im Mittelalter nicht nur in der Holznutzung, sondern weit mehr in der Waldweide bestand. Es ist deshalb kein Zufall, daß die Quellen vor allem von dieser Nutzung berichten. Denn es ist diese Nutzung, und vor allem die Waldweidenutzung, die immer wieder zu heftigen Auseinandersetzungen führte. Wir erwähnen den Marchenstreit zwischen dem Kloster Einsiedeln und den Schwyzern, und wir erinnern an die vielen kleineren und größeren Prozesse zwischen den einzelnen Nutzungsberechtigten. Wo die Waldfläche begrenzt war, oder wo sie in besiedeltem Gebiet immer weiter schrumpfte, mußte man zu ordnenden Regelungen kommen. In waldreichen Gebieten blieben Weid- und Holznutzung länger ungeregelt; hier prallten die Interessen aber lediglich später aufeinander. Im 12. und 13. Jahrhundert wurde wohl im Zusammenhang mit dem Entstehen der Städte und dem Wachstum der Siedlungen, vor allem auch angesichts einzelner Wanderungen beziehungsweise sich einstellender neuer Zuzüger, der Holzbedarf stärker. Langsam begann sich eine andere Auffassung gegenüber dem Holz und dem Wald durchzusetzen. Diese Entwicklung verlief unregelmäßig und mit wesentlichen Phasenverschiebungen. Sie ist aber deutlich ablesbar an den vielen Streitigkeiten und Kämpfen um die Rechte der Holznutzung. Einzelne Gemeinden und vor allem auch die Städte begannen sich mit der Sicherstellung des Brenn- und Bauholzes zu befassen. Dieses Ziel verfolgte etwa der Zürcher Richtebrief aus dem 13. Jahrhundert, der ein erstes frühes Ausfuhrverbot enthielt. Bern stellte um 1403 eingehende Vorschriften für den Bremgartenwald auf. Zu den ersten Ausfuhrverboten kommen im 13. und 14. Jahrhundert eigentliche Holzordnungen, und da, wo die Nutzung mehr oder weniger noch frei war, wurde sie nun eingeschränkt. Vor allem wurden die Holzfrevler mit größter Strenge gefaßt und gebüßt. Man soll, so heißt es in einer solchen Ordnung, das Holz in gutem Schutz und Schirm halten, und niemand darf holzen, der nicht wirklich berechtigt ist: «Die Hölzer dürfen nit gewüst werden.»[2] Die Engadiner erließen einschränkende Bestimmungen, nachdem sie immer deutlicher gesehen hatten, wie ihre Wälder durch die Holzausfuhr ins Tirol übernutzt worden waren. Im 14. Jahrhundert gab es auch erste Köhlereiverbote. So beschlossen am 24. Juni 1339 die Landleute von Schwyz auf offenem Landtag, das Holz unterhalb der Eggen und Flühe im Muotatal zu bannen, «daß niemand kohlen soll»[3]. Einzelne Holzarten wurden besonders geschützt. Um 1494 mußten die Winterthurer Zimmerleute schwören, Weißtannen zu verwenden, wenn solche genügten, und die Rottannen zu schonen.

Besonderen Schutz genossen die Eichen, aber auch andere fruchttragende Bäume, wie Kastanie und Buche. Im 14. Jahrhundert kam es auch zu den ersten Bannungen. Unter Forstbann verstand man damals einen Befehl, ein Verbot oder ein Gebot, die einen Wald der freien Nutzung entzogen. Es konnte sich um die Entnahme von Bau- und Brennholz handeln. In verschiedenen Fällen ging es auch um das Zusammenrechen von Laub- oder Nadelstreu, um das Asten und «Schneiteln», um das «Serlen» (Zaunlattenhauen) oder um das Sammeln von Waldfrüchten und Pilzen, um die Harzgewinnung oder um den Eintrieb von Haustieren. In Schwyz datieren die ältesten Bannbriefe aus den Jahren 1337 und 1358; im 15. Jahrhundert gibt es bereits 11 Bannbriefe. Von diesen 11 Briefen bezwecken nicht weniger als neun den Schutz vor Naturgefahren. Im Kanton Uri gibt es einen Bannbrief von 1382 aus Flüelen. Hier dienten die Wälder ausdrücklich als Schutz gegen Lawinen und Steinschlag. Es folgt der Bannbrief aus Andermatt von 1397. Hier ging es um Lawinenschutz. In Silenen wurde 1526 ein Wald gebannt, um das Dorf gegen Lawinen und Steinschlag zu schützen.

Das gleiche gilt für den Bannbrief von 1600 aus Altdorf. Uns interessiert in diesem Zusammenhang vor allem die Formulierung des Schutzgedankens. Sehr schön sagt schon der älteste urnerische Bannbrief von Flüelen aus dem Jahre 1382, «daß wie von alter herkommen, der Wald gebannt sein solle und alle die zugelassenen Nutzungen nur dem Walde ungefährlich erfolgen dürfen». Offensichtlich war den Urnern die Gefährdung durch Lawinen und Steinschlag deutlich sichtbar; das öffentliche Interesse an der Schutzwirkung war größer und stärker als das Interesse am Holz. Das wird in anderen Fällen noch deutlicher: Im Jahre 1526 wurden die Wälder in Silenen gebannt, um die Dorfkirche zu schützen. Es gibt auch Straßenschutzbannungen. In einer Glarner Urkunde wird gesagt, daß man den Wald von Engimatt nicht zerstören dürfe, weil dadurch die Landstraße «gefährdet, geschädigt und zergengt werde»[4]. Ähnlich legen die Einwohner von Medels im hinteren Rheintal um 1609 dar, daß ihre Altvordern «etliche Wälder der ganzen Landschaft in Bann getan haben zum Schutz und Schirm der Landstraße, der Häuser und Ställe vor Wasser, Rüfen und Lawinengefahr». Ebenso deutlich heißt es in einer Urkunde von 1644 aus Davos: «Wenn dieser Wald jetzt ein zeit haro geschehen, sollte gebraucht werden, würde man sich bald der Landstraße durch die Züg aller dingen müssen verwegen, dann niemand mehr, weder mit Lyb noch Guot einichen sichern Tritt hin harren noch gehen könnte, zu Sommerzeiten wegen den Steinschlägen, zu Winterzeiten wegen den Schneelaubenen.»[5] Fast in allen Bergkantonen lassen sich Bannlegungen nachweisen, die der Walderhaltung zum Schutze vor Naturgefahren dienten.

Allerdings wurden auch Wälder gebannt, um der Holznot zu steuern. Schon im Jahre 1896 hat ein unbekannter Autor in der «Schweizerischen Zeitschrift für Forstwesen» in einem Artikel über die Bannbriefe und Waldbannungen des alten Landes Schwyz[6] vermutet, daß der im alten Lande Schwyz im Jahre 1339 erlassene Bannbeschluß (Köhlereiverbot) nicht nur die Gefahr vor Wildbachschäden einschränken sollte. Hier sei es vielmehr darum gegangen, den Schwyzern und Muotatalern das Brenn- und Bauholz zu erhalten. Auch die städtischen Bannlegungen (Bern 1304, Baden 1378) dienten in erster Linie zur Sicherung des Holzbedarfes. Vor allem die Bannlegungen des 16. und 17. Jahrhunderts gehen auf die Sicherstellung der Holzversorgung zurück. So wird etwa ein schwyzerischer Bannbeschluß aus dem Jahre 1663 folgendermaßen begründet: «Da unsere Wälder ein zeit haro also erhawn und geschädigt worden, daß man darob nit remedieren und Vorsorg thun würde, unser Land zu großem Mangel kommen möchte, als ist hiermit dahin erkennt, ...»[7] Die forstlichen Quellen lassen indessen noch andere Schlüsse zu. Sie wurden kürzlich von Th. Hegetschweiler[8] in dieser Hinsicht untersucht. In einer Schwyzer Urkunde des Jahres 1515 wurden die Wettertannen auf Alpen und Allmenden gebannt, um die Wetterunterstände des Viehs zu erhalten. Im Dorfrecht von Fläsch wird im Jahre 1548 festgesetzt, daß die Wälder gebannt werden, um das Acherum (die Schweinemast) zu erhalten. Schon 100 Jahre zuvor hatten die Schwyzer in einem Bannbrief auch festgesetzt, daß alle «bärenden Bäume», das heißt die fruchtbaren Bäume (Eichen, Buchen, Apfelbäume, Birnbäume, Nußbäume), gebannt sein sollen. Man schützte Bestände auch, um das Holz für eine Brücke oder ein Kirchendach zu erhalten. So bestimmt eine Urkunde aus Schwyz im Jahre 1442, daß das Eichenholz gebannt sein solle, damit Holz für den Brückenbau und den Unterhalt von Brücken zur Verfügung stehe. Die Jenazer bannten um 1585 die Lärchen: «Und solches ist beschechen, damit man das Kilchendach erhalten möge, dan sonst kein lerchen überkommen mögend...» Nach Bavier erfolgten auch Bannlegungen zur Schaffung «einer unantastbaren Holzreserve für den Fall großer Feuersbrünste».[9] Deutlich wird dies gesagt in einer Urkunde aus Weesen (1457)[10]. Aus Malans gibt es eine Urkunde von 1595. Hier wird Holz gebannt, um «Brunnentüchel» (hölzerne Röhren für Wasserleitungen) zu erhalten.

Wie Hegetschweiler nachgewiesen hat, konnte auch Holz zugunsten einzelner Personengruppen gebannt werden. In einem Schwyzer Bannbrief von 1343 wird ein Wald aus Erlen geschützt: «Niemand soll im Banne etwas hauen, wann die da nid dem wasser gesessen sind, unnd also das man dem wasser damit weren soll.» Hier ging es wohl um eine Wuhrbaugenossenschaft. Einzelnen Genossen wurde der Holzhieb zum Zweck des Wuhrschutzes gestattet. Bekannt sind schließlich auch Bannungen zum Zweck der Landesverteidigung. Schon im ältesten Bannbrief von Schwyz wird 1337 gesagt, daß die «Bannung der Wälder an den Grenzmarchen und an den Letzinen, also des Schutzwalles gegen äußere Feinde, vorgenommen wurde.»[11] Um 1365 bannten die Urner einen Wald an der Treib, «den Landleuten zu Uri und den Kirchgenossen zu Seelisberg zu einer Landwehr wie auch die alti Letzi war».[12]

Im Spätmittelalter sind auch baumspezifische Bannungen vorgenommen worden. So sind aus Schwyz beispielsweise im 14. und 15. Jahrhundert zahlreiche Tannenholzbannungen bekannt. Nach K. A. Meyer sind im Wallis vor allem Lärchenbestände geschützt worden.[13] So heißt es in einem Bannbrief der Gemeinde Münster von 1560, es sollen «keine lerchinen stock im Bannwald gemacht werden». Lärchenschlagverbote für Bannwälder gibt es auch aus bündnerischen Gemeinden, so 1605 für Schmitten, 1652 für Langwies und 1799 für Untervaz. Im Kanton Uri gab es im 14. Jahrhundert Bannwälder, die sich ausschließlich auf Buchenholz bezogen.[14] Erstaunlicherweise blieben während langer Zeit der Weidgang und das Streurechen selbst in den Bannwäldern gestattet. Schon im 17. und 18. Jahrhundert erkannte man indessen den schädlichen Einfluß des Viehs auf den Wald. Es waren die Patriotischen Oekonomen, die darauf aufmerksam machten.[15] Vor allem die forstlichen Pioniere wie Kasthofer und Zschokke erkannten, welche Schäden das Vieh in den Waldweiden anrichtete. Doch wie sollte diesem Übel gesteuert werden? Die Geißenweide im Gebirge war nach Kasthofer «ein dringendes und allgemeines Volksbedürfnis». Man müsse deshalb froh sein, daß die Weide des Schmalviehs wenigstens «in vielen Bannwäldern beschränkt worden ist».[16] Tatsächlich hat schon der berühmte

Bannbrief von 1397 aus Andermatt auch Groß- und Schmalvieh für den Bannwald ausgeschlossen.[17] Verschiedene Forstordnungen bestimmen, daß nach dem Holzschlag wieder aufgeforstet werden müsse und daß diese Flächen gebannt werden müssen. Eine originelle Lösung fanden die Lungerner (Kanton Obwalden). Sie bestimmten im 17. Jahrhundert, daß im Herbst den Ziegen die Zähne ausgebrochen werden sollten, damit sie den Wäldern nicht schaden.[18] Ganz offensichtlich wußten unsere Vorfahren schon im 17. Jahrhundert, welche Funktionen im ökologischen Beziehungsgefüge der Waldboden hatte. So bestimmte etwa ein Bannbrief der Stadt Chur im Jahre 1670: Das Streumachen in den Wäldern soll bei hoher Buße verboten werden.[19]

Der Schutzwaldgedanke war also, wie alle diese Hinweise zur Genüge beweisen, vorhanden. Das ist um so erstaunlicher, als unsere Vorfahren ihre Kenntnisse und Erkenntnisse auf empirische Weise erringen mußten. Erst im 18. Jahrhundert war die Wissenschaft so weit, diese Erkenntnisse auch wissenschaftlich zu untermauern. So hat H. Zschokke in seinem Werk «Die Alpenwälder»[20] nachgewiesen, daß die Vernachlässigung der Gebirgswälder von klimatischen Verschiebungen und vermehrter Gefahr von Erdrutschen und Lawinen begleitet sei. In seinem Buch «Der Gebürgsförster» schildert er die Schäden, die dem Wald durch menschlichen Mutwillen, Nachlässigkeit entstehen können. Entschlossen bekämpfte er das Laubrechen. Das Rindenschälen wollte er nur auf Bäume, die ohnehin im gleichen Jahr gefällt werden sollen, beschränkt haben. Die Laubgewinnung (Schneiteln) sei gefährlich, der Weidgang schädlich, besonders wenn er in jüngeren Beständen stattfinde. Karl Kasthofer ging noch einen Schritt weiter: Indem er die alpine Klimaforschung mit forstwirtschaftlicher Erkenntnis verband, gelangte er zur Einsicht, daß die Hochgebirgswaldungen den eigentlichen Schutz und Schirm gegen die Naturgewalten bilden. Entgegen der landläufigen Auffassung der Bergbevölkerung, welche den Schutz des Waldes gegen Wildwasser, Rüfe, Erdrutsch und Steinschläge örtlich beurteile und auch örtlich abwehren wolle, erkannte Kasthofer die umfassende grundsätzliche Schutzwirkung des Waldes. Er wußte um den Einfluß, welchen der Wald in seiner Gesamterscheinung auf Boden und Klima sowie durch seine Retensionswirkung auch auf die Regelung der Wasserstände bei Hochwasser ausübt. Immer wieder hat er der obersten Kampfzone den wirksamsten Schutz gegen das Losbrechen von Lawinen zuerkannt: «Überhaupt kann wohl ein Fichtenwald, wenn er hoch am Gebirg auf steilen Halden steht, die Entstehung der Schneelawinen auf seinem Standort verhindern; aber nie könnte ein Wald – und bestände er aus tausendjährigen sizilianischen Kastanienbäumen – einen Sturm brechen von Lawinen, die hoch über ihm sich lösen und herunterstürzen. Gewiß ist es aber immer, daß da, wo ein Wald steht, keine Schneelawine ihren Anfang nimmt, und je mehr also die Wälder des Hochgebirgs verschwinden, desto mehr werden sie die tieferen Wälder zerstören und die Thäler unsicher machen.»[21] Karl Kasthofer, von dem diese Sätze stammen, hat als einer der ersten auch den Pioniergeist gewürdigt, der aus den alten Bannbriefen sprach. Die forstwirtschaftlichen Grundsätze seien schon früh erkannt worden, und sie sind «auch schon wirklich zum Theil durch lobenswerte Sorgfalt sowohl der früheren als der gegenwärtigen Vorsteher von Andermatt angewendet worden; die Geißenweide ist durch Einfriedung des Waldes von demselben ausgeschlossen, das Streuesammeln nicht erlaubt worden, und schon vor geraumer Zeit sind Pflanzungen von Vogelbeerbäumen, Lärchtannen und Rottannen im Wald selbst und am Rande desselben gemacht worden».[22]

Kasthofers Bemerkungen wurden ebenso wie die Werke anderer forstlicher Klassiker – man denke vor allem auch an Elias Landolt – bei der Diskussion um ein eidgenössisches Forstgesetz berücksichtigt. In der vorbereitenden Kommission wurde aber auch auf Praxis und Geist der alten Bannbriefe zurückgegriffen. So haben die Ständeräte die Ausscheidung einer Kategorie Bannwaldungen vorgeschlagen. Als solche sollten gelten: «1. Die Waldungen, deren Erhaltung in geschlossenem Bestand notwendig ist, und um die unterliegenden Güter oder Ortschaften von Schneelawinen, Stein- oder Eisschlägen, Erdabrutschungen oder ähnlichen Naturereignissen zu schützen; 2. Die Waldungen auf Bergkuppen und an steilen Abhängen, deren normale Bestockung und nachhaltige Bewirtschaftung notwendig ist, um die Wirkungen der atmosphärischen Niederschläge in diesen Regionen zu mildern, den Grund und Boden vor Abschwemmungen zu sichern und die Verwilderung der Quellengebiete in ihrer Entstehung zu verhindern.»[23] Die Begründungen im ersten Absatz übernehmen fast wörtlich die Formulierungen der alten Bannbriefe. Im zweiten Abschnitt klingen die Worte von Kasthofer nach. Kommissionspräsident J. Weber sagte wörtlich: «Der Ausdruck Bannwald ist landesüblich, und der Bannwald selbst steht bei der Bevölkerung in so hohem Ansehen, daß strenge Maßregeln betreffend die Bewirtschaftung und Benutzung durchaus nicht unvolkstümlich sein werden.» Die Bezeichnung Bannwald erscheint im Eidgenössischen Forstpolizeigesetz von 1876 nicht. Schon in den Beratungen war der vom Bundesrat vorgeschlagene Begriff «Schutzwald» in den Vordergrund getreten.

Daß der Gedanke des Schutzwaldes vor 100 Jahren realisiert werden konnte, ist indessen nicht allein dem Gesetzgeber und den Forstpionieren zu verdanken. Wiederholt ließ sich die Natur selber hören. Zwischen 1840 und 1876 verheerten Hochwasser verschiedene Täler Graubündens, des Tessins, des Wallis und des Unterlandes. Der von der Schweizerischen Gemeinnützigen Gesellschaft mit einer Untersuchung beauftragte waadtländische Forstinspektor Lardy schätzte den Schaden auf 4,7 Millionen alte Schweizer Franken. Er und sein Mitexperte, Ingenieur Negrelli, sahen die Ursachen des Unheils in einer geradezu fahrlässigen Waldverwüstung. Zu ähnlichen Schlüssen gelangte der vom Bundesrat 1857 beauftragte Experte, Prof. E. Landolt. Er schlug zahlreiche Verbesserungen vor, wagte es aber aus Furcht vor den Föderalisten nicht, ein eidgenössisches Forstgesetz vorzulegen. Da richteten 1868 die Hochwasser abermals große Verwüstungen an. Erst im Angesicht dieser Naturkatastrophen gelang es den Pionieren, dem Gedanken des Schutzwaldes zum Durchbruch zu verhelfen. «Es ist hohe Zeit», sagte Kommissionspräsident J. Weber, «den Kampf sowohl mit den zerstörenden Mächten der Natur als mit der Indolenz und dem Eigenmut der Menschen aufzunehmen.» Hundert Jahre sind seither vergangen. Die Wälder sind dank dem Forstgesetz wirklich zu einem Schutz und Schirm geworden. Der Kampf gegen die Zerstörung der Umwelt geht indessen weiter. Was J. Weber vor hundert Jahren sagte, gilt auch heute, wie es schon vor ihm galt. «Nichts Neues unter der Sonne, alles ist schon einmal dagewesen.» (Talmud)

[1] Leibundgut, H., Wirkungen des Waldes auf die Umwelt des Menschen. Erlenbach-Zürich und Stuttgart 1975, S. 149.
[2] Hauser, A., Wald und Feld in der alten Schweiz. Zürich 1972 S. 38.
[3] Hauser, A., a.a.O., S. 39.
[4] Jenni, A., Glarner Geschichte in Daten. 2. Band, Glarus 1931, S. 753.
[5] Laely, A., Der Wald in der Geschichte der Landschaft Davos. Davoser Heimatkunde. Davos 1944, S. 13.
[6] Anonymus, Die Bannbriefe über Waldbannungen des alten Landes Schwyz.

In: Schweizerische Zeitschrift für Forstwesen 1896, S. 185–188 und 229–233.

[7] Anonymus, a.a.O., S. 90.

[8] Hegetschweiler, Th., Untersuchung über die Entwicklung der schweizerischen Bannwälder in bezug auf ihre Verbreitung, ihre Regelung und ihren Zweck. ETH-Diplomarbeit 1976.

[9] Bavier, I.B., Schöner Wald in treuer Hand. Aarau 1949, S. 56.

[10] Elsener, S., Rechtsquellen des Kantons St.Gallen, 3. Teil. 1. Band: Landschaft Gaster mit Weesen. Aarau 1951, S. 410.

[11] Knobel, C., Die Oberallmeindkorporation Schwyz. Schweizerische Zeitschrift für Forstwesen 1933, S. 316.

[12] Hauser, A., a.a.O., S. 33.

[13] Meyer, K.A., Frühe Verbreitung der Holzarten und einstige Waldgrenze im Kanton Wallis. In: Mitteilungen der Eidgenössischen Anstalt für das Forstliche Versuchswesen. Bände 26–31, 1949–1955, 27. Band, S. 293.

[14] Oechslin, M., Bannwald – Schutzwald. HESPA-Mitteilungen, 11. Jahrg. Nr. 1, 1961, S. 11.

[15] Vgl. dazu etwa: Großmann, H., Die Waldweiden in der Schweiz. Zürcher Diss. 1926. Derselbe: Der Einfluß der Ökonomischen Gesellschaft auf die Entstehung einer eigentlichen Forstwirtschaft in der Schweiz. Beiheft zu den Zeitschriften des Schweiz. Forstvereins, Nr. 9, Bern 1932.

[16] Kasthofer, K., im Vorwort zu G. Zötls «Über Behandlung und Anlegung der Bannwaldungen im Hochgebirge». Burgdorf 1844, S. 5.

[17] Oechslin, M., a.a.O., S. 8.

[18] Ming, H., Die Allmendgenossenschaften von Lungern. Berner Diss., o.J., S. 67.

[19] Hegetschweiler, Th., a.a.O., S. 33.

[20] Zschokke, H., Die Alpenwälder. Für Naturforscher und Forstmänner. Tübingen 1804.

[21] Hauser, A., Wald und Feld in der alten Schweiz, a.a.O. S. 301.

[22] Kasthofer, K., Memorial über den Bannwald von Andermatt und über die Wiederbewaldung des Urserentals. In: Schweizerische Zeitschrift für Forstwesen 1850, S. 2.

[23] 1. Bericht der Ständerätlichen Kommission über den Entwurf eines Bundesgesetzes betreffend eidgenössische Oberaufsicht über die Forstpolizei im Hochgebirge, vom 17. Dezember 1875. Berichtsautor J. Weber. In: BB der Schweizerischen Eidgenossenschaft 1876, 1. Band, S. 578.

Leben mit dem Baum

Der moderne Mensch hat ein eigentümliches, ja zwiespältiges Verhältnis zum Baum, zum Strauch, überhaupt zur Pflanze. Er kennt sie besser – oder meint es wenigstens – als die Vorfahren. Er weiß besser als die Vorfahren, welche Bedeutung die Natur, die Pflanze für sein Leben hat, und trotzdem treibt er in weit stärkerem Maße als die Vorfahren Raubbau. Ja, er zerstört die Landschaft, den Wald, die Natur. Im Wissen darum tritt er aus rationalen, manchmal auch emotionalen Motiven – man denke etwa an die Proteste und Leserbriefe beim Entfernen alter Bäume aus dem Ortsbild oder im Wald – für die Erhaltung und Pflege des Waldes ein. Es gibt Einzelne oder ganze Gruppen, die der heutigen Gesellschaft wegen ihrer Haltung gegenüber der Natur den Prozeß machen, ihr den Rücken kehren, aussteigen. «Zurück zur Natur» heißt die Parole. Dieser Ruf und auch der Rückgriff ist nicht neu, wie gerade die Gartengeschichte lehrt. Aber der Rückgriff ist künstlich, gekünstelt. Die Einheit mit der Natur wird dadurch nicht wiederhergestellt. Man kann das Rad der Geschichte nicht zurückdrehen. Man kann die Aufklärung nicht ungeschehen machen. Die Natur ist entschleiert, enträtselt, durchschaut, formulierbar, manipulierbar. Wir erleben sie nicht mehr wie unsere Vorfahren als majestätisches System vorgegebener, gesetzhafter und logoshafter Ordnung. Es gibt keine Geheimnisse mehr, die uns mit Schauern und Ehrfurcht erfüllen würden, weil die Natur nicht mehr als numinoses Geheimnis empfunden wird. Die Vorfahren, obwohl materiell arm und ohne unsere wissenschaftlichen Erkenntnisse, waren, ob wir es wahrhaben wollen oder nicht, mit der Natur weit besser verbunden als wir. Man kann sagen, daß im gleichen Maße, wie unser wissenschaftliches Verständnis und unsere Einsicht zunahm, die unbewußte Identität mit der Natur und den natürlichen Erscheinungen verloren gegangen ist. Der Donner ist nicht mehr die Stimme des warnenden oder zornigen Gottes, im Baum gibt es keine Geister mehr, er ist nicht mehr das Lebensprinzip des Mannes; aus Steinen, Pflanzen und Tieren sprechen keine Stimmen mehr, und der Mensch kann auch nicht mehr mit den Pflanzen sprechen. Sein Kontakt mit der Natur ist weitgehend verloren gegangen und damit auch die starke, emotionale Energie, die diese Verbindung einst bewirkt hatte. Wie sehr sich die Einstellung vom Individuum und vom Volk zur Natur geändert hat, sehen wir ganz wunderbar am Beispiel des Baumes und Waldes. Dem Menschen erschien der Wald einst voller Geister. Sagen, prälogischer Glaube – wir sprechen heute gern auch von Aberglauben – und ganz bestimmte mythologische Vorstellungen bestimmten in hohem Maße sein Verhalten dem Baum und Wald gegenüber. Diese zum Teil heidnischen, später christlich gefärbten oder transponierten Vorstellungen prägten nicht nur die Denkweise, sondern vor allem auch das Brauchtum. Oft sind neue Bräuche entstanden, die mit altem Brauchtum nichts zu tun haben. Die älteren Ansichten sind indessen nicht verständlich ohne eine genauere Kenntnis alter, heidnischer oder frühchristlicher Vorstellungen. Wilhelm Mannhardt hat in seinem vor fast hundert Jahren erschienenen, in vielen Teilen überholten Werk über den Baumkultus der Germanen und ihrer Nachbarstämme Sätze formuliert, die immer noch wesentlich sind: «Alle lebenden Wesen vom Menschen bis zur Pflanze haben Geborenwerden, Wachstum und Tod miteinander gemein, und diese Gemeinsamkeit des Schicksals mag in einer fernen Kindheitsperiode unseres Geschlechtes so überwältigend auf die noch ungeübte Beobachtung unserer Voreltern eingedrungen sein, daß sie darüber die Unterschiede übersahen, welche jene Schöpfungsstufen voneinander trennen». Heute können wir die Mannhardtschen Ergebnisse nur zum Teil übernehmen. Richtig ist zweifellos, daß sich schon in den ältesten Kulturen Vorstellungen vom Baum als menschlichem Wesen finden. Es bleibt nicht bei dieser Identität oder Identifizierung: «der Mensch ist wie ein Baum» oder: «der Baum wie ein Mensch». Hinzu kommt der Glaube an geheimnisvolle, übernatürliche Kräfte, die der Baum besitzt. Dieser Glaube ist für unser Land schon für die römische Zeit bezeugt. So wurde in der römischen Schweiz der Waldgott Silvanus verehrt. Auch gab es den Osiris-Kult, nach welchem der Heros im mütterlichen Baum eingeschlossen ist.

Die christlichen Missionare traten im Frühmittelalter dem alten Baumkult mit Entschiedenheit entgegen. Zwischen 775 und 790 wird der Baumkult mit Strafen geahndet: «Wenn einer ein Gelöbnis, sei es zu Bäumen oder Quellen machen sollte, wird er sein Seelenheil verlieren».

Von Pirmin, gestorben 753, sind die Worte überliefert: Betet nicht Götzenbilder an, weder bei Felsen, noch an Bäumen, noch an abgelegenen Orten, noch an Quellen. Behutsam nahm die frühchristliche Kirche aber den Baum ins eigene System auf. So erwiesen sich zahlreiche an Bäumen angebrachte Bilder als Heiligenbilder, als wundertätig. Das galt etwa für die heilige Eiche mit dem Marienbild in Hergiswil oder die heilige Buche von Meggen. Im Schächental gab es einen heiligen Nußbaum. Auch der berühmte Trunser Ahorn – nach anderer Version war es eine Platane – stand im Glanz kultischer Verehrung. Um 1573 berichtet der rhätische Geschichtsschreiber Campell, daß der Bund im Schatten eines großen, breiten Ahornbaumes geschlossen worden sei. Er werde, so glaubte das Volk, so lange leben, als der Bund selber unverletzt und unversehrt bleibe. Sollte der Baum gefällt oder zerstört werden, löse sich auch der Bund auf. Noch um 1755 war dieser Glaube lebendig, und kein Mensch wagte den Baum, obwohl er längst brüchig und bresthaft geworden war, anzutasten. Als um 1789, das heißt zur Zeit der helvetischen Revolutionswirren, ein französischer Grenadier mutwillig auf den Baum schoß, blutete er nach der Volkssage. Dieses Aus-dem-Baum-Bluten kommt auch in anderen Sagen vor; es ist ein weiteres Merkmal für die Identifizierung von Mensch und Baum. Der Trunser Ahorn fiel übrigens nicht der Axt zum Opfer, vielmehr fällte ihn ein Sturm im Jahre 1870. Sein Fall löste eine Volkstrauer aus, wie wenn ein großer und beliebter Mann gestorben wäre.

Zu den geheiligten Bäumen gehörte bei uns die Linde. Im Schatten der Dorflinde fanden die Volksversammlungen und Gerichtssitzungen statt. Im Altertum waren die Linden gar Stätten kultischer Handlungen. Ursprünglich war ja auch das Gerichtsverfahren ein religiöser Kultakt zur Versöhnung der beleidigten Gottheit. So bestimmen manche Offnungen, daß das Gericht unter der Linde tagen müsse. Die Malefizordnung von Maienfeld aus dem Jahre 1678 sagt ausdrücklich, ja fast umständlich, daß das Gericht «under der linda und nicht anderswo als under dem heitern himmel» abgehalten werden müsse. In Pratteln stand, nach dem Bericht der «Merkwürdigkeiten der Landschaft Basel» (18. Jahrhundert), eine große Linde. Unter ihr versammelten sich, so oft Pestseuche drohte, die Einwohner und vertrieben die Furcht vor dem Tod mit öffentlichen Tänzen und Reigen.

Da und dort wurde auch eine Eiche oder eine Buche kultisch verehrt. In Stalla im Oberhalbstein stand eine Arve des heiligen

Petrus, und im Wallis und im Jura gab es heilige Holunderbäume. Einer der ersten, der zur Entzauberung der Natur und somit auch der heiligen Bäume schritt, war Johann Jakob Scheuchzer (1672–1733), gleichermaßen bekannt als Mathematiker, Physiker und Erforscher der Landeskunde. Er versuchte gewissen Vorstellungen mit naturwissenschaftlichen Erkenntnissen auf den Leib zu rücken. So erklärte er, daß die alten Heiden, die den Eichbaum oder auch Lorbeerbaum in hohen Ehren hielten und als dem Jupiter geheiligt ansahen, von der Annahme ausgingen, daß diese heiligen Bäume vom Blitz niemals getroffen würden. Es sei dies, so erklärte er, ebenso eitler Wahn wie der Aberglaube vieler Christen, welche Orte, die mit dem Zeichen des Kreuzes versehen sind, für blitzgeschützt halten. Einen magischen Zusammenhang zwischen Baum und Blitz gebe es nicht.

Aber weder den Reformatoren noch den Aufklärern gelang es, die alten Baumvorstellungen zu beseitigen. Man glaubte weiterhin, daß die Bäume mit dem Schicksal von Menschen verknüpft seien. Noch im letzten Jahrhundert herrschte im Aargau die Sitte, daß bei der Geburt eines Kindes ein Lebensbaum gepflanzt wurde. Gedieh der Lebensbaum, so gedieh auch das Kind. Einmal ereignete es sich, daß in einer dieser Familien der Sohn der Liederlichkeit anheimfiel und von zu Hause wegzog. Voller Wut darüber hieb der Vater den Geburtsbaum des Sohnes um. Es wird uns allerdings nicht berichtet, ob der Fall des Baumes auch den Fall des Sohnes nach sich gezogen hat.

In Bäumen und Pflanzen konnten sich nach altem Glauben nicht nur schützende und heilende Kräfte, sondern auch Krankheitsdämonen aufhalten. Darum mußte man sie irgendwie zurückhalten oder, noch besser, seine eigene Krankheit einem Baum übergeben. War jemand so krank, daß kein Arzt mehr helfen konnte, so griff man zu diesem Mittel. Dem Kranken wurde Blut abgezapft. Mit diesem eilte man zu einer Tanne, bohrte ein Loch in ihren Stamm und goß das Blut hinein. Dann wurde das Loch wieder geschlossen, worauf der Kranke gesund zu werden, der Baum aber zu verderben hatte.

Weil der Baum eine Seele hatte und weil er allenfalls einen bösen Dämon enthielt, galt es danach zu trachten, diese Instanz nicht zu erzürnen. Deshalb hieben die Holzfäller im Berner Oberland, nachdem sie einen Baum gefällt hatten, ein Kreuz in den Baumstrunk. Im Napfgebiet soll dieser Brauch noch um 1950 hin und wieder angewendet worden sein. Bis um 1860 baten viele

Holzfäller, bevor sie einen Baum fällten, diesen um Verzeihung, bevor sie ihn des Lebens beraubten. Heute habe man, so wird gesagt, keine Zeit mehr für solche Dinge... W. Schmitter berichtet von einem alten Waldarbeiter, dessen Meister, es war ein Davoser, mit der Axt ein Kreuz in den Stock zu schlagen pflegte. Doch scheint es mehr eine Demonstration von Kraft und Geschicklichkeit gewesen zu sein: In vier Streichen, so berichtet der Gewährsmann, brachte er es zustande, sauber und klar, was wahrlich eine große Kunst gewesen sei. Die Entwicklung wird hier deutlich: ursprünglich war das Kreuz auf dem Stock ein christlich-katholisches Abwehrmittel gegen Dämonen. Dann sank es zur blossen Kunstübung herab und wurde schließlich durch die rationelle Arbeitsweise ganz verdrängt. Das gleiche gilt für andere Bräuche, beispielsweise für das Absägen des sogenannten Sessels. Ursprünglich ließ man den «Sessel» nicht stehen, nicht nur weil das nicht gerade ein Zeugnis guter Arbeit gewesen war, sondern weil man fürchtete, der Teufel könnte sich einmischen oder, noch schlimmer: der Geist des ungeschickten Holzfällers könnte nach seinem Tode nicht zur Ruhe kommen.

Eine große Rolle spielten die Bäume im geselligen und gesellschaftlichen Leben. Im ländlichen Bereich war es der Baumgarten, der vielerlei Zwecken diente. Hier wurde nicht nur Obst gepflückt, vielmehr wurde hier auch Gericht gehalten, beurkundet, Baumgärten dienten oft auch als Tanzplätze. Verwandt mit dem Baumgarten ist der Heimgarten oder Hängert, wo sich die Familienangehörigen, Freunde und Nachbarn trafen, um zu spaßen, zu spielen und zu singen. Hier trafen sich auch die jungen Burschen und Mädchen. «Z'Hängert» gehen hieß deshalb auch etwa auf Brautwerbung ausgehen. Man sprach in diesem Zusammenhang auch vom Kosegarten.

Ähnliche Funktionen hatten die Anlagen und Baumgärten der mittelalterlichen Stadt. Adolf Reinle hat bei der Betrachtung von Merians Basler Stadtplan von 1642 versucht, diese Anlagen zu analysieren. An fünf Punkten finden sich Bäume, und in jedem Fall sind sie mehr als nur architektonisch-gärtnerische Akzente:

1. An der Nordflanke des Münsters ein Bestand von Linden. Unter ihnen die schon 1259 genannte große Linde, von Steinbänken umschlossen, Ort des bischöflichen Gerichtes, aber auch Fest- und Tanzplatz, 1561 durch einen Sturm vernichtet.

2. Hinter dem Chorhaupt des Münsters auf der «Pfalz», einer Terrasse über dem Rhein, eine Linde, die so sehr zum Stadtbild

gezählt wurde, daß sie auf der streng abbreviierenden Stadtansicht in der Schedelchronik von 1493 vorkommt. Sie war als «zerteilter Baum» durch hölzerne Säulen und Querbalken gestützt, mit einem Umfang von siebzig Schritten. 1512 hatte man den Stamm durch Ummauerung gesichert, doch 1734 war er endgültig verfault und wurde entfernt.

3. An der Gerbergasse beim Gerberbrunnen, inmitten der bürgerlich-gewerblichen Straßen, stand eine Linde als zerteilter Baum, Stätte eines besonderen Gerichtes und Tanzplatz.

4. Am Kohlenberg, zu Füßen von St. Leonhard, stand eine Linde beim Hause des Henkers, Gerichtsort für das hier wohnende «unehrliche Volk», das außerhalb der Bürgerschaft stand und seine eigene Rechtsprechung besaß.

5. Eine ganze Platzanlage mit gleichmäßigen Baumreihen, räumlich ein Gegenstück zu den gleichzeitigen spätgotischen Hallenkirchen, entstand spätestens im 15. Jahrhundert auf dem Petersplatz, am westlichen Rande des Weichbildes, doch selbstverständlich innerhalb der Ringmauer. Aeneas Silvius Piccolomini erwähnt in seinen beiden Texten über Basel 1433/1434 und 1438 diesen schattigen Lustplatz. Huldreich Frölich bietet in seinem Gedicht 1581 eine Schilderung: Die Anlage enthält 140 Ulmen und Linden, dazu eine gewaltige Eiche von 115 Schritt Kronenumfang, unter ihr ein frischer, kühler Brunnen. Anno 1474 haben Kaiser Friedrich und sein Sohn Maximilian mit ihrem Hofgesinde mit «lust zu Nacht da gesessen». Man nannte die Baumfestlichkeiten «Laubetag».

Planmäßig angelegte Lindenplätze gab es auch anderswo. Wir haben an den Lindenhof von Zürich zu denken. Er besaß militärische Funktionen, war aber auch ein bürgerlicher Tummel- und Lustplatz; jedenfalls schildert Hans von Waldheym in seinem Reisebericht von 1474 die «zweiundfünfzig schönen Linden, darunter das lustig grüne Gras», die dort stehenden Tische mit verschiedenen Spielen, das Armbrustschießen, die Kugelspiele und andere, sodann die hier spielenden, sich verweilenden trinkenden Bürger und Edelleute.

Auch Bern besaß einen Lindenhof. Er befand sich auf der Plattform beim Münster, die 1528 vollendet worden war. Bis 1531 hatte diese Plattform als Begräbnisplatz gedient. Sie wurde nun mit Linden bepflanzt, und somit besaß nach Basel und Zürich auch Bern einen Platz für Feste, Spiele und natürlich auch Truppenaufzüge. Freiburg hatte bereits 1490 bei der Murtener Linde eine Plattform errichtet, und um 1589 entstand in Neuenburg bei der Collégiale eine Linden-Terrasse.

Eine Spezialität war im Mittelalter der «zerleite» oder zerlegte Baum. Solche zerlegte Bäume gab es im Burgund, in Süd- und in Westdeutschland. Diese Tradition geht wohl auf die Römer zurück. Bei uns gab es in Basel eine geformte Eiche. Sie diente den Bürgern als Lokal für ihre Festmahlzeiten. In Winterthur gab es vor dem Versammlungslokal der Zunft zur Oberstube um 1540 eine solche zerlegte Linde, auf welcher Feste abgehalten wurden. Der Zürcher Conrad Geßner beschreibt eine solche zerlegte Linde beim Schützenhaus an der Limmat: «Wahre Schaustücke dieser Art sind aber die zwei Linden, die gleich unterhalb der Stadt bei der Limmat sichtbar sind; zwischen ihnen steht in der Mitte ein Haus, mit dem jede Linde durch einen Laufgang verbunden ist. Diese Linden sind dermaßen auseinandergelegt, daß an den etlichen Tischen, die auf jeder von ihnen aufgestellt sind, eine recht hohe Zahl von Gesellen plaziert werden können, wenn man hier zum Essen und Trinken zusammenkommt». Wohl die schönste «zerleite» Linde der Eidgenossenschaft stand im Herrenbaumgarten zu Schaffhausen bei der Schieß-Stätte der Armbrustschützen. Noch um 1580 beschrieb Montaigne diesen Baum als Sehenswürdigkeit. Bekannt ist auch der ehemalige Schützenpavillon, der 1615 in Brugg über einer zerlegten Linde errichtet worden ist. Ein letzter Repräsentant dieser einst so beliebten Baumform existiert bei Ludiano im Tessin, unmittelbar bei den Grotti.

Unter dem Einfluß der patriotischen Ökonomen ist nicht nur der Waldbaum und der Wald überhaupt, sondern auch der Obstbaum zu neuen Ehren gekommen. Zahlreiche Holzordnungen, wie etwa die Höngger Ordnung von 1703 bestimmen, daß jeder Bürger zwei fruchtbare Bäume auf die Allmend zu pflanzen habe. Jeder Bürger, der sich verheiratet, soll im Gemeindeland einen Baum setzen, bestimmten die Zollikoner. Die Ordnung von Elgg 1754 bestimmt, der Bürger solle den Fruchtbaum, den er gepflanzt hat, jedes Jahr «vorweisen und pflegen, bis der Baum erwachsen ist, sonst bekommt er keinen Anteil am Gemeindeobst».

Auch das 19. Jahrhundert erweist sich als baumfreundlich. In dieser Zeit blüht der Brauch des Mai-Baumes. Auch gab es den Baum als Rüge- oder Schandmeie. Lebendig war der Brauch des Baumes als Ehrung. Er ist noch um 1940 bezeugt. So hat man damals etwa einem neuen Pfarrer oder einem neuen Gemeindeschreiber, einem Wirt, einen Baum als Ehrung gepflanzt. Im letzten Jahrhundert kamen auch die Erinnerungsbäume auf. Über die genaue Herkunft, über das Datum der Pflanzung solcher Erinnerungsbäume ist in der Regel heute wenig in Erfahrung zu bringen. Dank den Nachforschungen von Jürg Winkler kennen wir wenigstens die Geschichte von zwei der berühmten und im nationalen Inventar aufgeführten Hirzeler-Linden. Die sog. «Geristeiglinde» (die 1971 vom Blitz zerstört worden ist) wurde 1858 von einem Bauern anläßlich der Geburt eines Sohnes gepflanzt. Die Linde auf der «Farenweid» ließ die Dichterin Meta Heusser 1872 setzen: sie hatte den Baum zu ihrem 75. Geburtstag geschenkt bekommen. Diese beiden verbürgten Fälle zeigen recht schön, daß noch letzte, vage Reste von magischen Vorstellungen, die das Leben der Bäume mit dem Menschenleben in Verbindung bringen, bei der Entstehung dieser Baum-Hügel-Landschaft im Spiel waren.

Die Bundesfeier von 1891 bot Anlaß, in Vallorbe, Ste. Croix und Aarburg oder Schöftland Erinnerungsbäume zu pflanzen. Offenbar in Erinnerung an die Wichtigkeit der einstmals heiligen Linde nannte man sie Bundeslinden. In Rheinfelden gibt es eine Bundeseiche. Sie trug die Anschrift «Bundeseiche 1291 und 1891». Offenbar ist sie also 1891 gepflanzt worden. In Liestal gab es einen Freiheitsbaum. Von ihm nahm man im Jahre 1932 Abschied. Die Lokalpresse hat darüber einläßlich berichtet. Er war am 1. August 1891, also anläßlich der Erinnerungsfeier an den Bund von 1291, vor dem Rathaus gepflanzt worden. Seit 1933 war dieser Freiheitsbaum, es handelte sich um eine Tanne, zum Signet der Wiedervereinigungsgegner geworden. Hier ist also der Baum zu einem politischen Symbol geworden. Reste des alten Baumkultes klingen hier wieder auf. Die Lokalpresse berichtet von weiteren Fällen: so heißt es etwa 1932, als in Liestal der Freiheitsbaum gefällt werden mußte, es sei die Frage aufzuwerfen, was mit dem «geweihten Holz» des Freiheitsbaumes geschehen solle. «Auf alle Fälle darf dasselbe nicht nur aufgeholzt und als Brennmaterial verwendet werden». Noch bis in die letzte Zeit gibt es Beispiele dafür, daß Bäume auch Namen erhalten haben. So hieß etwa eine Riesentanne in Valens «Nane» (Großmutter), und im zürcherischen Zollikon hieß ein alter Apfelbaum «Battli».

Wir kehren zum Ausgangspunkt zurück. Gewiß, die Einsicht ist da, daß der Baum als wichtiges Element unserer Landschaft zu erhalten, zu schützen, zu pflegen ist. Dennoch geht die schleichende Zerstörung der Baumlandschaft weiter. Dennoch wird die Agrarlandschaft weiterhin ausgeräumt. Dennoch subventionierte die eidgenössische Alkoholverwaltung die Rodung hochstämmiger Obstbäume. Dennoch plant die PTT mitten in einer unserer schönsten Waldlandschaften (Höhronen) die Errichtung eines unförmigen und 70 Meter hohen Richtstrahl-Antennenturmes. Obwohl man an der ETH seit Jahrzehnten für naturnahe Wälder eintritt, pflanzen einzelne Revierförster heute noch Fichten in Monokulturen in strammer Reihe an. Doch wir wollen nicht mit pessimistischen Prognosen schließen. Es gibt zahlreiche Fälle, in denen wenigstens andere Akzente gesetzt und gute Einzellösungen verwirklicht worden sind. So ist in Kappel am Albis ein großräumiger Schutz der landschaftlichen Eigenart mittels kommunalem Zonenplan verwirklicht worden. In Ottenbach sind im Rahmen der Güterzusammenlegung die Hecken geschützt worden. Im Kanton Glarus sind ein von Gemeinde und Kanton genehmigtes Inventar sowie privatrechtliche Dienstbarkeiten erstellt worden, die für die Erhaltung von schützenswerten Vorgärten, Baumbeständen und Naturschutz-Objekten sorgen. Im bernischen kantonalen Landschaftsrichtplan ist die Erhaltung der Landschaft des Berner Juras verankert. So ist z. B. das Dorf Souboz und die umgebenden Baumgärten geschützt. Um recht verstanden zu werden: unsere Kritik gilt nicht dem technischen oder wirtschaftlichen Fortschritt als solchem. Es geht nicht darum, daß der Landwirt wieder mit dem Ochsengespann pflügen soll. Die Land- und Forstwirtschaft und auch unsere Gärten können nicht einfach Inseln aus früheren Zeiten bleiben. Aber das ist bestimmt noch lange kein Grund, um unter dem Motto «Es kann nicht alles geschützt werden» ganze Landschaften auszuräumen. Seitdem wir die fürchterlichen Folgen menschlicher Eingriffe in den Haushalt der Natur zu spüren bekommen haben, beginnen wenigstens die Einsichtigen zu merken, daß eben doch nicht alles oder, um das Wort Max Webers zu gebrauchen, «alle Dinge durch Berechnung beherrschbar sind» und daß nicht alles «machbar» ist. Die Natur ist zwar entzaubert; wir anerkennen weder Baumseelen noch Waldgeister, doch sollten wir nie vergessen, daß es auch heute noch bestimmte Geheimnisse und geheimnisvolle Kräfte gibt. In der Lebensgemeinschaft der Pflanze, der Bäume, des Waldes manifestiert sich die allumfassende und nicht berechenbare Schöpferkraft Gottes.

Der Zürcher Chorherr und Naturforscher Johann Jakob Geßner hat dies schon 1746 wundervoll formuliert. Anläßlich der Untersuchung eines angeblichen Kornregens stellte er fest – und das war sein Beitrag zur Entzauberung im Zeitalter der Aufklärung –, daß viele Dinge dem aufgeklärten Geist als magische Vorstellungen und Träume erscheinen: «Indessen bewundert ein vernünftiger Mensch und ein Christ die Werke der Natur nicht desto minder, wenn er etwas davon versteht, sondern lernt eben dadurch die Macht und Weisheit des Schöpfers erkennen».

LITERATURHINWEISE
Mannhardt, W., Wald- und Feldkult, Berlin 1874 und 1905, Neudruck Darmstadt 1963.
Weiß, H., Die friedliche Zerstörung der Landschaft und Ansätze zu ihrer Rettung in der Schweiz, Zürich 1981.
Reinle, A., Zeichensprache der Architektur, Zürich 1979.
Hauser, A., Wald und Feld in der alten Schweiz, Zürich 1972.
Heyer, H. R., Historische Gärten der Schweiz, Bern 1980.

Über die kulturelle Bedeutung des Waldes

Dieses Thema ist ebenso faszinierend wie komplex und vielschichtig. Wir werden in keiner Weise und auch nur annähernd ausschöpfen können, was der Wald für unsere Kultur bedeutet hat und noch heute bedeutet. Angesichts der Vielfalt der Probleme könnte es hilfreich und nützlich sein, von den Wörtern auszugehen. Beginnen wir beim Wort Kultur: Dieses Wort stammt aus dem lateinischen Wort «colere», das «pflegen» und «bebauen» heißt. Im französischen Wort «culture» ist das noch stärker spürbar. Aber wir sprechen ja auch bei uns in der deutschsprachigen Schweiz von Kulturen, wenn wir an Gärten, Äcker und Rebberge oder an den Waldbau denken. Kulturen sind auch Saat- und Pflanzenbestände. Diese Wortbestimmung führt uns zwangslos zum zweiten Wort in unserem Titel, zum Wort Wald. Es wird je nach Standort und wissenschaftlicher Disziplin ganz verschieden definiert. Jacob Grimm verstand unter Wald «eine größere, dicht mit hochstämmigen Holz, das aber mit Niederholz untermischt sein kann, bestandene Fläche». Nach Grimm wurde Wald im Mittelalter «vorwiegend als Gemeinbesitz einer Markgenossenschaft angesehen, so daß Wald selbst gleichbedeutend mit Mark steht. Er bildete so den Gegensatz zum Forst, der dem Gemeinbesitz entzogen ist und sich im Besitz eines Herrn befindet». Solche Wälder wurden im Gegensatz zum «Gemeinwald, in dem zur Herbstzeit die Schweine zur Mast getrieben wurden, systematisch bewirtschaftet»[1]. Die Forstwissenschaft hat seither den Begriff Wald immer wieder neu zu definieren versucht[2]. Waren es in den älteren Umschreibungen vorwiegend die wirtschaftlichen Funktionen, die im Vordergrund standen, so umfassen die neueren Definitionen und Begriffe das Spektrum der Waldfunktionen, d. h. auch Schutz-, Wohlfahrts- und kulturelle Funktionen.

Für unsere Betrachtung ist es wichtig, daß es ein Wort gibt, das die beiden Elemente Wald und Kultur enthält – es ist der alte Begriff «sylvicultura». Schon um 1713 hat der deutsche Forstpionier Hans Carl von Carlowitz ein Buch geschrieben, das diesen Titel trägt. Neben technischen und betriebswirtschaftlichen Fragen stehen bereits ästhetische Bemerkungen. Der Wald, sagte schon damals Carlowitz, prägt das Landschaftsbild und besitzt eine allgemeine kulturelle Bedeutung[3]. Noch deutlicher hat W. H. Riehl um 1890 die engen Zusammenhänge zwischen Kultur und Wald herausgearbeitet. Der Wald bildet, so sagt er, die eigentliche Voraussetzung jeglicher kultureller Entwicklung und Entfaltung[4].

Wald und Holz sind in der Tat aus der abendländischen Kulturgeschichte nicht wegzudenken. Schon für die ältesten Kulturen war das Holz wichtigster Baustoff. Holz war unentbehrlich für die Brückenbauer, für die Häuser und ihre einzelnen Bauteile wie Türen, für die Stuben, für Skulpturen. Hochgeschätzt waren auch die Nebennutzen wie Eicheln und Rindenschnitzel. Ganz allgemein läßt sich feststellen, daß Waldprodukte zu allen Zeiten begehrt und geschätzt waren. Das gleiche läßt sich – so paradox das klingt –, vom Wald nicht sagen. Ursprünglich galt er als des Menschen Feind, und es war eine Kulturtat, den Wald zu entfernen, zu roden, aus ihm Weide, Wiesland und Ackerland zu machen. Bis hinein ins Mittelalter erschien der Wald als unwirtlicher Ort, wo wilde Tiere und böse Geister ihr Unwesen treiben und wo der Mensch nicht gerne weilt. Noch Vergil empfand die Wälder als etwas Unheimliches, er sprach von ihnen mit dem Gefühl des Schauderns und der Scheu, die man dem Göttlichen entgegenbringt. Zum Erlebnis der Furcht kam die Verehrung. Dieses Urerlebnis findet seinen Ausdruck in den alten Mythen und Religionen, die den Wald zum Gegenstand kultischer Verehrung machten. Wie stark diese Waldverehrung war, geht aus den Berichten der ersten Missionare hervor. Das Märchen als Überrest alter, mythischer Vorstellung hat noch etwas von der ursprünglichen Einstellung zum Wald bewahrt.

«Es stellt ihn als eigene, in sich geschlossene Welt dar. Er verkörpert die Welt des Wunderbaren, ist Schauplatz des irrationalen Geschehens und Wohnort jenseitiger Zaubergestalten.»[5] In der mittelalterlichen Literatur wird der Wald auch zum Zufluchtsort der Liebenden, der Verstoßenen und Verbannten, zum Aufenthaltsort der Einsiedler und Büßenden.

«ein finstrer heiliger, der sich zum Wald
verbannte, noch eh er sanfte lust, sich

selbst und menschen kannte, verberge sich
nur stets in rauher wüsteney.»⁶

Wald stand so «für einen Ort, wo die menschliche Gesittung noch keine Stätte gefunden hat». Es galt darum damals noch als eine starke Verwünschung, wenn man jemand in den Wald wünschte. So sagt Walther von der Vogelweide:

«Luipolt ûz ôsterriche, lâ mich bî dem liuten,
wünsche mir ze velde und niht ze walde;
ich kan niht riuten.»⁷

Allmählich verlor der Wald seine Schrecken, und es regt sich die Freude an der Freiheit und Ungebundenheit, der Stille und Schönheit des Waldes. Sie kommt vor allem in der Literatur des 17. und 18. Jahrhunderts zum Ausdruck:

«O, was Schöns ist zu erschau'n,
zu vernehmen in dem Walde.
Daß ein könnt das Herz zertau'n
vor solch Wundern mannigfalte.»⁸

Zum größten Verkünder des neuen Naturerlebnisses wurde vor allem Jean-Jacques Rousseau. Er suchte Zuflucht und Heilung in der Natur, in der Einsamkeit. Saint-Preux, der unglücklich liebende Held in Rousseaus Roman, flieht ähnlich wie seine mitleidenden Vorläufer in den mittelalterlichen Romanen und Märchen ins Gebirge und in die großen Wälder. Der Wald wird jetzt Ziel einsamer und träumender Menschen. Hier erst kann der empfindsame Wanderer ungestört und selbstvergessen sich der Träumerei hingeben:
«Je tiefer und stiller die Einsamkeit ist», sagt Rousseau, «desto nötiger ist mir ein Gegenstand, der die Leere ausfüllt, und diesen finde ich in den freiwilligen Produkten der Erde statt aller andern, die mir meine Einbildungskraft verweigert und mein Gedächtnis vermeidet.» Es ist für Rousseau höchster Genuß, ja letztes Glück, auf Waldwegen neue Pflanzen zu finden, die Lebensgemeinschaft des Waldes zu studieren und zu erleben⁹.
Stark an Rousseau erinnert die Naturschilderung des Lyrikers Friedrich Matthisson. Sein Waldbild ist geprägt von einem senti-

mentalen Naturgefühl. Er hat eines der bekanntesten Waldlieder
des 18. Jahrhunderts gedichtet:

> Herrlich ists im Grünen!
> Mehr als Opernbühnen
> Ist mir abends unser Wald,
> Wenn das Dorfgeläute
> Dumpfig aus der Weite
> Durch der Wipfel Dämmrung hallt.
>
> Hoch aus mildem Glanze
> Streut in leichtem Tanze
> Mir das Eichhorn Laub und Moos;
> Fink und Amsel rauschen
> Durch die Zweig und lauschen
> Rings im jungen Maigesproß.
>
> Fern am Ellernholze
> Grast in Ruh' der stolze
> Kronhirsch längs dem Weidendamm;
> Überhüllt vom Laube
> Girrt die Ringeltaube
> Im Geränk am Eichenstamm.
>
> Zauberisch erneuen
> Sich die Phantaseyen
> Meiner Kindheit hier so licht!
> Rosenfarbig schweben
> Duftgebild', und weben
> Ein elysisch Traumgesicht.[10]

Es blieb Goethe vorbehalten, das Rousseausche Naturideal
zwar aufzunehmen, es gleichzeitig aber auch zu überwinden. In
seinem dichterischen Werk findet man manche großartige Walddarstellung. Ein Beispiel aus «Faust» spreche für viele:

> «Und wenn der Sturm im Walde braust und knarrt,
> Die Riesenfichte, stürzend, Nachbaräste
> Und Nachbarstämme quetschend niederstreift
> Und ihrem Fall dumpf-hohl der Hügel donnert,
> Dann führst du mich zur sichern Höhle, zeigst

Mich dann mir selbst, und meiner eignen Brust
Geheime, tiefe Wunder öffnen sich.[11]

Besonders die Romantiker waren für die Reize und die Poesie des Waldes empfänglich. Sie haben allen Stimmungen, die der Wald in unserem Gemüt hervorruft, Ausdruck gegeben. So heißt es etwa bei Joseph von Eichendorff:

O Täler weit, o Höhen,
o schöner, grüner Wald,
Du meiner Lust und Wehen
Andächtger Aufenthalt!

Da draußen, stets betrogen,
Saust die geschäftge Welt,
Schlag noch einmal die Bogen
Um mich, du grünes Zelt!

Wenn es beginnt zu tagen,
Die Erde dampft und blinkt,
Die Vögel lustig schlagen,
Daß dir dein Herz erklingt:
Da mag vergehn, verwehen
Das trübe Erdenleid,
Da sollst du auferstehen
In junger Herrlichkeit!

Da steht im Wald geschrieben
Ein stilles, ernstes Wort
Von rechtem Tun und Lieben,
Und was des Menschen Hort.
Ich habe treu gelesen
Die Worte, schlicht und wahr,
Und durch mein ganzes Wesen
Wards unaussprechlich klar.

Bald werd ich dich verlassen,
Fremd in die Fremde gehn,
Auf buntbewegten Gassen
Des Lebens Schauspiel sehn;
und mitten in dem Leben
Wird deines Ernsts Gewalt
Mich Einsamen erheben,
So wird mein Herz nicht alt.[12]

Ein enges Verhältnis zum Wald hatte auch der große Schweizer Dichter Gottfried Keller. Bekannt ist sein Waldlied:

Arm in Arm und Kron an Krone steht der Eichenwald verschlungen,
Heut hat er bei guter Laune mir sein altes Lied gesungen.

Fern am Rande fing ein junges Bäumchen an sich sacht zu wiegen,
Und dann ging es immer weiter an ein Sausen, an ein Biegen:

Kam es her in mächtgem Zuge, schwoll es an zu breiten Wogen,
Hoch sich durch die Wipfel wälzend, kam die Sturmesflut gezogen.

Und nun sang und pfiff es graulich in den Kronen, in den Lüften,
Und dazwischen knarrt' und dröhnt' es unten in den Wurzelgrüften.

Manchmal schwang die höchste Eiche gellend ihren Schaft alleine,
Donnernder erscholl nur immer drauf der Chor vom ganzen Haine!

Einer wilden Meeresbrandung hat das schöne Spiel geglichen;
Alles Laub war, weißlich schimmernd, nach Nordosten hin gestrichen.

Also streicht die alte Geige Pan der Alte laut und leise,
Unterrichtend seine Wälder in der alten Weltenweise.

In den sieben Tönen schweift er unerschöpflich auf und nieder,
In den sieben alten Tönen, die umfassen alle Lieder.

Und es lauschen still die jungen Dichter und die jungen Finken,
Kauernd in den dunklen Büschen sie die Melodien trinken[13].

Aber Gottfried Keller hat auch den Raubbau am Wald gesehen und gegeißelt. Im «Verlorenen Lachen» (1874) erscheint eine Familie, die ihren Handel und ihr Glück auf dem Holzreichtum der Stadtgemeinde und der umgebenden Landschaft gründete. Die Wälder waren bisher geschont geblieben. «Allein durch irgendeine Spalte war die Verlockung und die Gewinnsucht endlich hereingeschlüpft, und es wandelte ungesehen schon der Tod durch die weiten Waldeshallen, schlich längs den Waldsäumen hin und klopfte mit seinen Knochenfingern an die glatten Stämme.» Gottfried Keller geißelt in dieser Erzählung den damals schonungslos getriebenen Raubbau. Er schildert die verheerenden Folgen des Kahlschlages und zeigt, wie die Lücken in den hundertjährigen Holzwaldbeständen dem Strich der Hagelwetter den Durchlaß auf die Weinberge und Fluren öffneten.

Das gleiche Thema greift ein moderner Dichter, Bertolt Brecht, wieder auf. Das Gedicht ist – denken wir nur an das Schicksal der Tropenwälder – von brennender Aktualität:

Sieben Elefanten roden den Wald
und Herr Dschin ritt hoch auf dem achten
All den Tag Nummer acht stand faul auf der Wacht
Und sah zu, was sie hinter sich brachten.
Grabt schneller, grabt schneller!
Herr Dschin hat einen Wald,
Der muß vor Nacht gerodet sein
Und Nacht ist jetzt schon bald!

Sieben Elefanten wollten nicht mehr,
Hatten satt das Bäumeabschlachten.
Herr Dschin ward nervös, auf die sieben ward er bös
Und gab ein Schaff Reis dem achten.
Was soll das! Was soll das!
Herr Dschin hat einen Wald,
Der muß vor Nacht gerodet sein
Und Nacht ist jetzt schon bald!

Sieben Elefanten hatten keinen Zahn
Seinen Zahn hatte nur noch der achte.
Und Nummer acht war vorhanden, schlug die sieben zuschanden
Und Herr Dschin stand dahinter und lachte.
Grabt weiter, grabt weiter!
Herr Dschin hat einen Wald
Der muß vor Nacht gerodet sein,
Und Nacht ist jetzt schon bald![14]

Mit den Dichtern haben auch die Maler den Wald aufgesucht, um ihn auf ihre Weise darzustellen und zu interpretieren. Niklaus Manuel Deutsch hat («Pyramus und Thisbe», im Kunstmuseum

Basel) die Geschichte des babylonischen Liebespaares, die uns Ovid überliefert hat, in einer gobelinartig-märchenhaft wirkenden Landschaft geschildert. Das dumpfe Kolorit mag zum Teil auf die al prima auf die Leinwand aufgetragene Temperafarbe zurückzuführen sein. Wir haben nicht die naturgetreue Ansicht einer bestimmten Landschaft vor uns, sondern eine aus verschiedenen Erinnerungsbildern, wohl aus Skizzen bestehende und zusammengesetzte Landschaft. Den steilen Berg im Hintergrund hat man zu lokalisieren versucht. Verschiedene Betrachter vermuten in ihm das Stockhorn. In der Mitte des Bildes steht die das ganze Bild beherrschende prachtvolle Buche. Das Silbergrau ihrer glatten Rinde spielt hinüber in rötliche und grünliche Töne; Risse, Flechten, Pilze und Äste prägen zusammen mit der Farbe die Form. Nicht umsonst hat man Niklaus Manuel Deutsch auch Buchenmeister genannt.[15]

Auch von Albrecht Dürer sind viele Waldbilder erhalten. Mit größter Sorgfalt hat er die Waldbäume und einzelne Waldteile studiert, entworfen und verarbeitet.

Wie Johann Niklaus Köstler zu Recht bemerkt, ist dem «tiefen künstlerischen Erfassen von Wald und Baum zu Beginn des 16. Jahrhunderts eine ähnliche Wiederholung» erst später beschieden worden, wobei sich das Gewicht nach Frankreich verlagerte. Vor allem Claude Lorrain hat immer und immer wieder großartige Waldlandschaften aufs Papier und auf die Leinwand gezaubert.[16] Großartige Waldbilder gelangen dem Realisten Courbet, Millet und Rousseau. Auch unsere Schweizer Maler haben sich wiederholt mit dem Wald beschäftigt. François Diday und Alexandre Calame bevorzugten in ihrem romantischen Lebensgefühl den Gebirgsfichtenwald, Robert Zünd liebte Laubwälder mit ihren silbrig durchsonnten Hell-Dunkel-Szenerien. Zunächst skizzierte er einzelne Partien, um schließlich in einem seiner größten Werke, dem «Eichenwald», die Summe aller Erfahrungen zusammenzufassen. Dieses Hauptwerk ist 1882 entstanden (Kunsthaus Zürich). Gottfried Keller, der ja selbst ein hervorragender Maler gewesen ist, hat von ihm gesagt, es sei ein vollkommenes, geschlossenes Bild von größter Wirkung.

Wald und Walderleben haben auch in der Musik Widerhall gefunden. Dabei ist allerdings daran zu denken, daß, wie H. Schmidt, der dem Waldthema in der Musik nachgegangen ist, sagt, die Musik anderen Gesetzen unterliegt: «Sie kann nicht Erlebtes und Erdachtes umreißen und darstellen wie die Dichtkunst oder die Malerei; sie ist daher in ihrer Aussage auch nicht unmittelbar faßbar wie eine Dichtung oder ein Gemälde.»[17] Ein Symbol für den Wald bedeuteten für den Komponisten die Vogelstimmen. Vor allem die Barockmusik liebte dieses Motiv, wie das das Beispiel eines Orgelstückes von Kerll zeigt. Ein weiteres Motiv und Symbol war das Waldhorn. Ihm wurde in manchem Werk eine führende Rolle zugewiesen. Vielfach bezog sie aber auch die «thematische Verwendung von Jagdsignalen in ursprünglicher oder abgewandelter Form mit ein». Eine weitere Möglichkeit bestand für den Komponisten darin, Waldgedichte in Gesang umzusetzen. So hat Felix Mendelssohn das schöne Gedicht Eichendorffs «Wer hat dich, du schöner Wald...» vertont. Der musikalische Impressionismus schließlich hat ähnlich wie die impressionistische Malerei die Naturempfindung direkt wiedergegeben. Ein schönes Beispiel ist die Tondichtung «Tapiola» (1925). Sie ist ein Spätwerk des Landschaftsmusikers Jan Sibelius. In dieser Musik wollte Sibelius die Eintönigkeit und Weite nordischer Wälder wiedergeben. Vor allem versuchte er, das Raunen und Rauschen des Waldes zu vertonen. Wie Schmidt sagt, werden wir in dieser Musik den finnischen Wald «mit all seinem herben Zauber» unmittelbar erfahren.

Diese wenigen Beispiele müssen genügen, um zu zeigen, welch vielfältige Ausstrahlungen das Thema «Wald» in der Dichtung, Malerei und Musik gehabt hat. Inzwischen hat sich – wir haben es mit dem Brecht-Zitat bereits angedeutet –, zur Freude am Wald aber Zorn, Angst oder Beklemmung gesellt. «Die zunehmende Verstädterung, die Technisierung, die Gefahren der Umweltbelastungen und der rasch fortschreitenden Naturzerstörungen lassen», wie H. Leibundgut bemerkt hat, «den Wald als Reduit der ursprünglichen, gesunden Landschaft erscheinen, das es mit allen Mitteln zu verteidigen und zu erhalten gilt. Der Wald ist zum geistigen, seelischen und körperlichen Zufluchtsort vor den Belastungen des täglichen Lebens geworden.»[18] Das romantische Waldgefühl hat einer ganz neuartigen und oft auch kämpferischen Wald- und Baumgesinnung Platz gemacht. Mehr als das: der Wald und die Waldkultur selber sind zu einem Symbol für die Zivilisation und für unsere gesamte Kultur geworden. Wir sehen je länger je mehr, daß sich nicht nur der Raubbau am Wald rächt, sondern, daß sich jeder Raubbau an der Natur ganz generell rächen wird. Die Nachhaltigkeit, welche die Förster seit langem kennen, kann deshalb, so meint Ernst Basler, «als Orientierungshilfe in der gesamten zivilisatorischen Entwicklung und Kultur gebraucht werden».[19] Auch unsere gesamte Kultur muß, wenn sie Bestand haben will, nachhaltig behandelt werden. Kultur heißt bestellen, heißt pflegen. Was man bestellt, trägt auch Nutzen. Aber man vernichtet den Wald, man vernichtet den Acker nicht, den man bestellen will. Kultur heißt nicht Ausbeuten, ja nicht einmal Beherrschung der Natur, sondern heißt Einordnung und liebevolle Pflege. «Man kann», so sagt schon Francis Bacon (1561–1626), «die Natur nie beherrschen, es sei denn, daß man ihr gehorcht.»

[1] Grimm, J. u. W.: Deutsches Wörterbuch, 13. Band, Leipzig 1901, Spalte 1075.
[2] Beiträge zur Bestimmung des Begriffes «Wald». Berichte der Eidg. Anstalt für das forstl. Versuchswesen Birmensdorf, Nr. 167, 1976, S. 5ff. Vgl. ferner: Grundlagen und Richtlinien für die Behandlung von Rodungsgesuchen. Schweiz. Forstverein Zürich 1973, S. 21. Zum Wort Forst: Mantel, K.: Forstgeschichtl. Beiträge, Hannover 1965, S. 180.
[3] Carlowitz, H.C. von: Sylvicultura oeconomica oder Hauswirthliche Nachricht und Naturmäßige Anweisung zur Wilden Baumzucht. 1. Aufl. 1713. Über ihn: Mantel: Deutsche Forstl. Bibliographie, Teil 1, 1967. S. XV.
[4] Riehl. W.H.: Land und Leute, 10. Aufl. Stuttgart 1899, S. 43ff.
[5] Stauffer, M.: Der Wald. Zur Darstellung und Deutung der Natur im Mittelalter. Bern 1958, S. 15.
[6] Grimm, J. u. W.: Deutsches Wörterbuch, a.a.O., Spalte 1075.
[7] Grimm, J. u. W.: a.a.O., Spalte 1076.
Vergl. dazu vor allem auch: Stauffer, M.: Der Wald. a.a.O., S. 17f.
[8] Grimm, J. u. W.: a.a.O., Spalte 1076.
[9] Hauser, A.: Die Entdeckung des Waldes. Zur Darstellung des Waldes in der Literatur des 18. Jahrhunderts. In: Wald und Feld in der alten Schweiz. Zürich 1972, S. 217.
[10] Hauser, A.: Wald und Feld in der alten Schweiz. Zürich 1972, S. 221.
[11] Hauser, A.: a.a.O., S. 225.
[12] Deutsche Lyriker, Zürich 1957. 8. Aufl., S. 178 und 179.
[13] Deutsche Lyriker, a.a.O., S. 271 und 272.
[14] Duwe, W.: Deutsche Dichtung des 20. Jahrhunderts. Zürich 1962, Band I, S. 210.
[15] Hauser, A.: Wald der Ahnen. In: Zeitschrift «Du», Juli 1971.
[16] Köstler, J.N.: Offenbarung des Waldes. Ein Beitrag zur künstlerischen Gestaltung deutschen Naturerlebens. München 1942.
[17] Schmidt, H.: Das Waldthema in der Musik. In: Forstwissenschaftliches Centralblatt. 74 Jg., 1955, S. 219.
[18] Leibundgut, H.: Wirkungen des Waldes auf die Umwelt des Menschen. Zürich-Erlenbach 1975, S. 141.
[19] Basler, E.: «Der forstwirtschaftliche Begriff der Nachhaltigkeit» als Orientierungshilfe in der zivilisatorischen Entwicklung. Schweiz. Zeitschrift für Forstwesen, Nr. 7, Juli 1977, S. 480.

AGRARGESCHICHTE
UND AGRARSOZIOLOGIE

Das Selbstbild der Bauern in der Alten Eidgenossenschaft

Zur Quellenlage

Soziologen und Sozialpsychologen pflegen das Selbstbild gesellschaftlicher Schichten mit den Methoden der empirischen Sozialforschung (Interview usw.) zu ergründen[1]. Diese Methoden versagen sich in unserem Falle. Dafür bieten sich einige Möglichkeiten und Quellen an, die trotz der ihnen innewohnenden Problematik Erfolg versprechen. Es sind für die Frühzeit (vierzehntes bis siebzehntes Jahrhundert) Volkslieder, Dramen, Volkserzählungen und Inschriften. Für das achtzehnte Jahrhundert kommen die (allerdings verhältnismäßig spärlichen) autobiographischen Aufzeichnungen von Bauern sowie die Protokolle von Bauerngesprächen hinzu. Gewisse Vorarbeiten haben übrigens einige Literarhistoriker geleistet. So hat Viktor Schlumpf kürzlich die aus dem Einzelfall erprobte Methode des Stilvergleichs auf die Gesamtheit der eidgenössischen Lieder übertragen, um auf diese Weise ihre Sprache, Motorik und Metrik auf allfällige Zusammenhänge mit der Heldenepik beleuchten zu können[2]. In noch ausgeprägterem Maße als die Chronisten jener Zeit stehen die Liedersänger im Dienste der eigenen Partei; sie besingen deren Erfolge und Vorteile, und sie geben gerade deshalb ein treues Spiegelbild damaliger Volksstimmung[3]. Der Literaturhistoriker Hans Stricker hat das schweizerische Drama des sechzehnten Jahrhunderts untersucht[4]. Er kam zum Schluß, daß das Drama für die Ergründung des Selbstbildes der schweizerischen Bevölkerung jener Zeit entscheidende Dienste leisten könne, sah sich doch «jeder Einzelmensch in die Verantwortung gestellt, ob er sich als Christ und Eidgenosse in die von Gott gewollte Gemeinschaft einordnen könne»[5]. Der Bauer spielte dabei eine besonders wichtige Rolle, und zwar zunächst ganz einfach wegen seines zahlenmäßigen Übergewichtes, sodann aber auch im Hinblick auf seine starke Anteilnahme an der Gründung und Verteidigung der jungen Eidgenossenschaft. Als weitere Quelle kommt die Volkserzäh-

lung in Frage; sie ist trotz einiger Vorarbeiten als Quelle noch
verhältnismäßig wenig ausgewertet worden. Dabei sagt «eine
kleine Anekdote, ein in der Nachbarschaft gängiger Witz, mehr
aus, als ein Pauschalurteil...»[6]. Als ergiebige Quellen erwiesen
sich die Sammlungen von Inschriften. Sie geben wohl am direktesten Aufschluß über das Denken und Fühlen des Volkes selber;
einschränkend wäre höchstens zu bedenken, daß in vielen Fällen
diese Sprüche nicht von den Bauern, sondern unter anderem von
Geistlichen stammten. So ist es kaum denkbar, daß die aus dem
fünfzehnten und sechzehnten Jahrhundert stammenden lateinischen Inschriften an Bündner Häusern von Bauern selber gewählt
wurden.

*Zur Genesis des bäuerlichen Bewußtseins im vierzehnten und
fünfzehnten Jahrhundert*

Im vierzehnten Jahrhundert galt ganz allgemein das Prinzip der
ständischen Gesellschaft, wie es etwa Huizinga formuliert hat:
«Im allgemeinen wird jede Gruppierung, jede Funktion, jeder
Beruf als ein Stand angesehen. Die Begriffe Stand und Orden
werden zusammengehalten durch das Bewußtsein, daß jede dieser
Gruppen etwas von Gott Gesetztes darstellt, ein Organ im Weltbau...»[7]. Dem Adel fiel dabei die höchste Aufgabe im Staat zu:
Bewahrung der Kirche, Verbreitung des Glaubens, Schutz des
Volkes vor Bedrückung, Gewalt und Tyrannei. Der Bauer steht
sozial tiefer; er wird von andern Ständen – was noch eingehend zu
belegen sein wird – als täppisch und dumm angesehen. In diesem
Zusammenhang wären etwa die bekannten Schmähschriften der
Frühhumanisten zu erwähnen. Der zürcherische, aber österreichisch gesinnte Chorherr Felix Hemmerli rügt in einer Streitschrift[8] die innerschweizerischen Viehhirten, daß sie weibisch und
schamlos Kühe, Schafe und Ziegen melken, statt solche Arbeit
dem schwachen Geschlecht zu überlassen. Allerdings – so fügt er
bei – betreiben die Friesen im Norden Deutschlands den gleichen
Unfug. Unmännliches Wesen der Schweizer zeige sich aber auch
darin, daß die Männer Käse und Butter herstellen, und ganz
besonders übel sei der Duft, den die Hirten um sich verbreiten.
Wenig später, nämlich 1501, schreibt der Ulmer Humanist Hieronymus Emser seinem Glarner Kollegen Gregorius Bünzli ins

Kollegheft, er sei ein milchsaufender Schurke und ein einfacher
Melker von Kühen⁹. Um 1515 wurden die Eidgenossen von den
Franzosen mit «paillards, trahistres et infideulx,... de toute vil-
laine extraiz, gens sans honneur, gens vicieux, povres vachers
ambicieux» beschimpft¹⁰. Dumm und schlecht war damals,
namentlich in der Sicht der höheren Stände, gleichbedeutend mit
bäuerisch. Der Adel insbesondere war der Meinung, daß der
Stand des freien Bauern frevlerisch sei. Im Zeitalter der eidgenössischen Freiheitskämpfe hat er es in zunehmendem Maße empfunden, daß seine ganze Autorität auf dem Spiele stand. Die eidgenössischen Bauern maßten sich an, die dem Adel von Gott
zugewiesenen Rechte zu usurpieren. Sie mußten deshalb in die
Schranken gewiesen werden. Dem Adel bot sich im alten Zürich-
krieg eine Chance, verlorene Rechte zurückzugewinnen. In einem
Volkslied kommt zum Ausdruck, daß der Adel hoffte, die Zürcher mögen selber dafür sorgen, daß sie mit dem verbotenen
Brüllen der Kühe, will sagen, den eidgenössischen Strömungen,
in ihren Mauern fertig werden sollen. Allerdings klingt in diesem
Volkslied gleichzeitig die Ohnmacht des Adels durch. Mehr als
nur Spott liegt deshalb in den Versen, welche die Innerschweizer
Kuh in ihre Weiden zurückweisen¹¹.

«Blumi laß din lujen,
gang hain, hab din gemach,
es gerat die herren mujen,
trink uß dem mülibach.

Du geratst zwitußbrechen,
das tut dem adel zorn:
last nit von dinem stechen,
man schlecht dich auf die horn.»

Selbst die wichtigsten Funktionen der beiden Stände Adel und
Bauern begannen sich zu verschieben. Hatte früher der Adel für
den Schutz der Straßen und somit auch des Volkes gesorgt, so
werfen ihm nun die Bauern vor, daß er das Gegenteil tue¹².

«Die straßen tund ir berouben
und nement mengem das sin.»

Neuerdings gewähren die Bauern allein Schutz und Sicherheit

im Lande. Nicht mehr der Ritter steht als Rächer auf für die
Untaten, welche dem gemeinen Volks angetan wurden. Jetzt steht
– wie es in einem Volkslied heißt – der Bauer auf[13]:

«Der ber ist ufgewecket
gar tief uß siner hul»,

um die Untaten der Ritter bis in den Sundgau hinaus zu
bestrafen. Ja es kam sogar so weit, daß eine der wichtigsten
Aufgaben des Ritters, Heerfolge und Kriegsdienst, dem Bauern
übertragen werden mußte. Auf die Eidgenossen, auf die Bauern
also, stützt sich der Kaiser allein noch; sie sind «das pfulment
(Fundament), dem man truwt»[14].

Im Laufe des fünfzehnten Jahrhunderts beginnen die Bauern
selber ihre Rolle als heldisch aufzufassen. Scheinbar selbstverständlich übertragen die Liederdichter die Formen einer ursprünglich ritterlichen Kunst auf ein Volk von Nicht-Adligen, ein Volk
von Bürgern und Bauern. Damit begannen sich die eidgenössischen Liederdichter deutlich von jenen anderer Nationen zu unterscheiden, denn noch am Ende des fünfzehnten Jahrhunderts galt es
zum Beispiel in Deutschland als ausgemacht, daß kein Held «nie
kain paur» war[15]. In der deutschen Heldensage hatte der Bauer
keine Rolle gespielt. Zum Heldischen besaß er weder die physischen noch sittlichen Voraussetzungen. Der Begriff Bauer erfuhr
erst nach den Erfolgen eidgenössischer Krieger in den Freiheitskämpfen eine Aufwertung. Im Schwabenkrieg wird aus dem
Spottnamen schließlich ein Ehrenname, den die Eidgenossen selber benützten. Schon der Dichter des kleinen Sempacherliedes
läßt die eidgenössische Kuh den österreichischen Löwen bezwingen. Im Schwabenkrieg taucht erstmals die Bezeichnung «stolzer
pur» auf, und von diesem Augenblick an ist Bauer oft gleichbedeutend mit Eidgenosse. Der Bauer wird zum eigentlichen Träger
eidgenössischen Heldentums. Auf diese Weise läßt sich etwa die
folgende Stelle aus einem Söldnerlied des Zugers Suter verstehen[16]:

«wir schlugend druf on truren
glych wie die schwyzer buren
schontend des adels nit.»

Die gleichen Adjektive, welche schon die heldenhaften Figuren der Epik umschrieben, werden nun mit dem Begriff Bauer verbunden. In dieser Zeit entstehen auch Neubildungen wie etwa «die edlen buren werd» oder «die frumen edlen puren» oder «die puren kün». Als Stilelement erscheinen die Wörter «Held, Degen, Recke», alles Substantiva, die aus der Heldenepik bekannt sind. Da nach damaliger Vorstellung Körpergröße und Kampfkraft, Heldentum und Riesenhaftigkeit zusammengehören, werden auch die Begriffe lang, stark und groß verwendet. So heißt es in Veit Webers Lied auf die Schlacht bei Héricourt[17]:

«si waren all stark lang und groß
im here han ich nit gsechen
von größe ir genoß.»

Schon in der Zeit des alten Zürichkrieges begegnet uns der ritterliche Bauer. Im Liede Hans Owers heißt es[18]:

«die biderben eidgenossen
die wurdent fröuden vol,
daß sie überwunden hatend
mit ritterlicher hand
vil mengen klugen ruter
dörthar uß Schwabenland.»

Wesentlich erscheint, daß die Bauern selber annahmen, über die Voraussetzungen zur Ritterschaft zu verfügen. Es geht dies sowohl aus dem Liede von Mathis Zoller (Lied auf die Schlacht bei Murten) wie aus dem Murtenlied von Veit Weber hervor. Dabei war die Haltung der Bauern gegenüber dem Adel keineswegs eindeutig oder konsequent. In der Gestalt des Landvogts Geßler verkörperte er zwar das Böse schlechthin; anderseits war er doch auch etwas Erstrebenswertes, übte er eine gewisse Anziehungskraft aus. Hans Lenz war sich dieses Zwiespaltes offenbar bewußt. So beteuerte er in seiner Reimchronik, daß die Eidgenossen selber über einen alteingesessenen Adelsstand verfügten, es also somit nicht nötig hätten, selber Ritter zu schlagen. Dazu komme, daß mancher durch seine Tapferkeit im Solde ausländischer Mächte die Ritterschaft ehrlich erworben habe. Noch um 1521 wird in einem Lied betont, zwei eidgenössische Führer seien vom Papst zu Rittern geschlagen worden.

Krisen bäuerlichen Bewußtseins im sechzehnten und siebzehnten Jahrhundert

Bäuerliches Standesgefühl und Selbstbewußtsein ist in der Heldenzeit der Eidgenossenschaft weitgehend identisch mit eidgenössischem Bewußtsein. Die Liederdichter verwenden die Begriffe Bauer und Eidgenosse oft gleichzeitig und ohne zu differenzieren. Das geschah gewiß unreflektiert. Erst das Drama wertet aus; es kommentiert gewissermaßen das Lied. In Balthasar Spross' Spiel «Von den alten und jungen Eidgenossen» wird das, was sich bisher als unkritische Begeisterung gibt, endgültig formuliert. So heißt es dort[19]:

«edellüt sind buren worden
vnnd die buren edellüt...
aber die schwizer sind die rechten edellüt
ir tugent inen den adel voruß gitt.»

Doch steigen in diesem Spiel bereits erhebliche Zweifel auf: War nicht diese Auflehnung Hochmut? Haben nicht die Bauern den Adel vernichtet, sich selber adlig genannt, ohne den inneren Adel zu finden, und gibt es in der Eidgenossenschaft wirklich noch Bauern, die den «stolzen, freien, edlen puren» gleich sind? Hat nicht der Stolz in Übermut, in Hoffart und Prahlerei umgeschlagen? Jedenfalls ertönt nun, zunächst vereinzelt, dann immer stärker und nachhaltiger, der Ruf nach Einfachheit, nach den lauteren Sitten der Vorfahren[20]:

«Land uns in schlechten cleideren gan,
so wirt unns gott niemer verlan.

land unns bruchen unsers lands spis,
so blibend wir rüewig in guoter wis;
so müessend wir nit in pünntnus mit den herren leben,
das sy unns gellt und guot thüeind geben.»

Die Bauern, so heißt es nach Marignano, sollten nicht wie große Herren im Spiel der Politik auftreten[21]:

«Pawern mit großen herren
die solten spilen nit.»

Bauern hatten daheim zu bleiben, bei Weib und Kind, die Kühe auf die Weide zu treiben, Zieger, Butter und Käse herzustellen.

Zweifellos wird dieses Bild von sittlichen Postulaten der Reformatoren mitbestimmt. Getragen von der Hochschätzung, die dem Bauern in den Flugschriften bezeugt wird, wird der Bauernstand für kurze Zeit über die andern Stände hinausgehoben. Erhöhtes bäuerliches Selbstbewußtsein klingt aus der Klage des Priors in Manuels Spiel «Vom Papst und seiner Priesterschaft»[22]:

«Sprich ich: es muß ein römischer aplaß sin,
So spricht der pur frefenlich, er schisse drin!
So sprich ich denn: Pur, du bist jetz im ban!
An römschen ablaß und ban allbed!»

Die wirtschaftlichen und sozialen Forderungen der Bauern gingen indessen so weit, daß sich sowohl Luther wie auch Zwingli gezwungen fühlten, ihre Haltung zu revidieren und den bäuerlichen Postulaten entgegenzutreten. Der Übergang von der Hochschätzung zur Verdammung wird im Drama spürbar. So heißt es etwa in der Spielanweisung zu Bullingers Drama «Lucretia und Brutus»: «Der Buhr soll syn einfaltig, trurig vnd bekümmert[23].» Im 1545 neu gedruckten Tellenspiel nennt sich Tell grob und einfältig[24]:

«Ach gnadiger Herr vnd Vogt im land,
Das ich grob bin, mit unverstand,
So bürsch, einfalt, mit schlechtem sinn,
Das bschicht, das ich erboren bin
Hie vndern Puren, groben lüten,
Die nüt gleert hand, dann hacken vnd rüten.»

Mit Recht betont Stricker, daß es bei solchen Spielen – oft handelt es sich auch um Fastnachtsspiele – nicht leicht sei, zu erkennen, «wo der Bauer als die Gestalt bezeichnet wird, welche verlacht werden darf, und wo er so dargestellt wird, wie man ihn in der Zeit der beginnenden Aristokratie landläufig sieht...»[25]. Unschwer läßt sich jedoch erkennen, daß die Wertung der Bauern zwischen 1550 und 1700, besonders in den nicht innerschweizerischen Gebieten, deutlich sinkt. In den Spielen dieser Zeit sind die Bauern Zielscheibe des Spottes; sie haben die Handlung durch eine Art von Rüpelspiel aufzulockern. Der Bauer erscheint in der zeitgenössischen Literatur als läppisch, als verschroben und vor allem auch als geizig. So heißt es in Jacob Freys «Gartengesellschaft» von 1556: «Zu Sachseln in dem dorff, auch zu Underwalden im Schweitzerland, da der selig bruder Claus haus gehalten, auch daselbst in der kirchen begraben liegt, da starb einem burger sein vatter. Zu dem selben kumpt einer von Sarnen, wie sie dann nachbaurn und eines lands seind, der was sein vetter und hieß Erny. Daruff Erny sagt: Vetter Uly, es ist mir trewlich leydt, das dein etty zu gott ist gefore. – Danck der gott, sagt Uly wider, wölle got, das weder du noch alle die deinen nimer zu gott kommen. – Daruff Erny sagt: Wiltu aber deim Etty nüt nachthunn (womit offenbar die Stiftung einer Seelenmesse gemeint ist). Uly sagt: Nein. – Warumb? fragt Erny. Uly gab zu antwort: Ich wil dir sagen, ist er im himel, so darff er sein nüt; ist er in der hellen, so hilfft es in nüt; ist er in dem feegfewr, so wil ich in fegen lassen, er muß gleißen wie ein eisenhut; so kumpt er dester baß gebutzt für unsern hergot. Also schieden sie beide von einander, und begert ihr keiner zu got. Und wolt Uly sein vatter dapffer balliern und fegen lassen, das er hübsch were, wann er zu got keme[26].» Daß die Bauern dem lieben Herrgott und seinen Heiligen nicht aufs Geratewohl opfern wollten, mit andern Worten schlau und berechnend waren, geht auch aus andern Texten hervor[27]. Wollte man all diesen Volkserzählungen Glauben schenken, so dürften die eidgenössischen Bauern des sechzehnten und siebzehnten Jahrhunderts nicht gerade von religiösem Eifer erfüllt gewesen sein. Nach Elfriede Moser sind sie den in Deutschland so heftig ausgefochtenen Religionsstreitigkeiten mit einiger Distanz begegnet[28]. Jedenfalls fanden die Streitenden zueinander, sobald sich ein gemeinsamer Gegner einstellte[29]:

«Von der Eydtgnoschafft sagt einer, obgleich darinnen zweyerley Religionen und man zuen Zeiten auch etwann streitig werd, sey sy doch gleich einer Haußhaltung, darinn etwann 2 Brüederen uneins werdind und einanderen schlahind, doch wann dann ein Frömbder kömm und sie antasten wöll, standinds beid über ihn und zerschlagind ihn. Also obglich Eidtgnossen zuen Zeiten mit einanderen zanckind, doch wann ein frömbder Herr sich wollte drein mischen und sie überfallen, wurdend beid Religionen zuesamen stehen und den Feind nit ynen lassen, sonder ußhin schlagen.»

Das Bild des Bauern bliebe unvollständig, wollte man nicht

auch seinen Zug zur Einfalt, zum Hinterwäldlertum hervorheben.
Die Schweizer Bauern – so heißt es im siebzehnten Jahrhundert –
können im besten Fall die Kühe weiden; sie sind schwerfällig,
können weder lesen noch schreiben, ja sie kennen nicht einmal
ihre eigenen Kirchenbräuche[30]. So wird erzählt:
«Ein anderer (Schweizer), der in demselben Gebirge wohnt,
hätt zum Sohn einen Hirten, der sah, als er einmal in seim Leben
am Palmsonntag zum Tempel Gottes kame, wie die Knaben und
Jüngling mitsamt den Alten Zweige der Palmbäume dem Herrn
in den Weg warfen, damit sie seinen Weg ehreten, wie es der
Brauch ist. Der Hirt aber vermeinet, es ginge gegen ein Übelthäter, zoge vom Leder und führet einen solchen Streich, daß jener
samt dem Esel zu Haufen fiele. Und da er heim kam, zeiget er
seinem Vater an, wie er alles Volk von großer Furcht erlediget
hätt: den Zänker, auf den alle Menschen eindrangen, den sie aber
nicht hätten zähmen können, den hätt er allein bewältiget, auch
dessen Mären – so nennet er verächtlich den Esel – zu Boden
geschlagen.»
Im Selbstbild erscheinen indessen auch Züge, die einem gewissen sittlichen Ethos verpflichtet sind: Arbeitsamkeit, Fleiß und
Zufriedenheit gehören, wenigstens wenn wir den Inschriften
glauben wollen, zu den Tugenden, die den eidgenössischen Bauern kennzeichnen:

«Durch Fleiß, Arbeit und Bedacht,
wird alles wärche zu wäsen bracht.»

So heißt es 1697[31]. Am Zeughaus von Regensberg wurde 1665
folgender Spruch angebracht:

«Fürsorg, fleiß und nüchternheit,
gebätt und wenig schlaffen,
sparsamkeit und kluger
Raht, bestreiten alle Waffen[32].»

Deutlich spricht auch die 1675 in einem Wipkinger Keller
angebrachte Inschrift:

«Nimmer leer und all tag Voll
Thut weder Lyb noch Seele wol.

Thut d'läng nit guth, volg meiner Lehr,
Zur nüchterkeit dein Läben kehr[33].»

Weise Beschränkung auf das Wesentliche und Genügsamkeit
fordert der Spruch eines Bauernhauses von 1670 in Langwies:

«Zufrieden sein im kleinen Haus
macht einen größeren Reichtum aus
Als der im großen Hause prangt
und nie Zufriedenheit erlangt[34].»

Eine deutliche Sprache spricht auch ein Spruch eines Bauernhauses in Wädenswil:

«Gott liebet alle arbeitsammen
und segnet Ewig ihren Nammen.
Der Fule kumt in not und Tod
und hat kein Trost vom grechten Gott[35].»

Stadt und Land

Um 1550 werden erstmals gewisse Unterschiede zwischen städtischer und ländlicher Lebensweise gemacht. In Rufs Spiel «Adam und Eva» ist Bauernwerk die Arbeit, die Gott dem Menschen zumaß, als er ihn aus dem Paradies vertrieb. Lebt der Mensch aber in der Stadt, so kann er sich diesem Fluch entziehen. Grobe Bauernhand vermag indessen nicht zu weben und zu schneidern. Das ist allein den Städtern aufgetragen. Der Dichter zeigt also deutliche Vorzüge der Stadt. Auch in andern Spielen dieser Zeit überläßt der Bauer den Aufbau des Staates den Gebildeten der Stadt. Ungleiches Recht zwischen Stadt und Land finden wir auch im Fastnachtsspiel vom «Klugen Knecht» aus dem Ende des fünfzehnten Jahrhunderts:

«Gsel Rüedi, wen du min sin hettist
und mir in dem stuck folgen wettist,
so wetten wir unser statrecht
bruchen mit diesem stalknecht[36].»

Die beiden Wörter «statrecht» und «stalknecht» reimen sich
zwar wie zufällig. Stricker bemerkt mit Recht, daß zwischen
diesem Reimpaar eine deutliche Gefällstufe rechtlicher und sozialer Natur liegt. Zwar wird in den Dramen der Reformationszeit
hin und wieder auch die Einheit von Stadt und Land betont. Das
ist nicht zufällig, denn die städtischen Reformatoren wollten ja die
Bauern für ihre Sache gewinnen. Auch die Chronisten sprechen
vom friedlichen Beisammensein von Stadt und Land anläßlich
von Volksfesten. Auch sie weisen auf die notwendige Einigkeit
hin, und auch sie betonen, daß die Landleute gerne in die Städte
kämen und daß – obwohl an großen Festen viel Volk beieinander
war – dennoch nie Uneinigkeit oder Zerwürfnisse entstanden
seien[37].

Bäuerliches Bewußtsein im achtzehnten Jahrhundert

Nach Schmidt[38] bildete das Bauerntum auch im achtzehnten
Jahrhundert einen dem Wesen nach geschlossenen Stand. «Keiner
bildet sich ein, ein Herr zu seyn», berichtete Pfarrer Burkhard
über die Bauern von Lufingen. Äußerliche Vorzüge vor den
andern kann keiner geben noch nehmen, er würde denn zum
allgemeinen Dorfgespött werden. Die Pfarrer, obwohl in den
Stadtstaaten durchwegs Städter, genießen als Autoritätsperson in
der Regel unbedingte Achtung. In Rebstein, so wird berichtet,
zogen die Bauern die «Kappe schon ab, wenn der Herr Pfarrer
noch ziemlich weit von ihnen entfernt war»[39].
 Anderseits litten jene Bauern, die mit Stadtherren befreundet
waren, unter dem Spott ihrer Genossen. Ueli Bräker befürchtet
sogar einen Konkurs, «da man schon lange her auf meine Tritte
gelauert... Ei, ei, werden sie sagen, seht ihn da, den gelehrten
Mann, an dem einige Herren den Narren gefressen und ihn selbst
zum Narren gemacht[40].» Kein Bauer, so wird aus dem Neuenburger Jura berichtet, «versucht, sich über die andern zu erheben,
keiner strebt einem Glücke nach, das schwer zu erreichen... Wie
Brüder leben sie in einer vollkommenen Gleichheit[41].» In Wirklichkeit war aller Gemeinsamkeit zum Trotz die soziologische
Struktur alteidgenössischen Bauerntums höchst differenziert. Von
Gleichheit kann nicht gesprochen werden. Neben dem verhältnismäßig reichen Bauern erscheint das arme Schuldenbäuerlein. In

manchem Dorf gab es eine eigentliche Oligarchie, die darauf bedacht war, die Abstufungen beizubehalten. Schmidt hat deutlich gemacht, daß die Bauern dieser Zeit jede Neuerung, jeden Einbruch in den Ortsbrauch, nicht nur aus Ehrfurcht vor Überlieferung, «sondern auch aus Furcht vor einer möglichen Erschütterung ihrer Herrschaft über die Kleinbauern, Tauner und Hintersassen...» bekämpften[42]. In vielen Fällen hat allerdings gerade der sogenannte Bauernadel auf wirtschaftlichem Gebiet entscheidend gewirkt. Vertreter dieser bäuerlichen Schicht verwalteten in der Regel das Gemeindegut; sie führten Rechnung über Armen-, Kirchen- und Schützengut; sie standen an der Spitze etwa der Allmendkorporation, der Viehzucht- und Senntengenossenschaften. Hier war auch eine der Stellen, durch welche die rechenhafte Genauigkeit in die eigentliche bäuerliche Wirtschaft eindrang. Zwar gab es eigentliche Buchhaltungen im achtzehnten Jahrhundert nicht. Nach Johann Rudolf Steinmüller war die Rechenkunst in den meisten Dorfschulen neu oder noch unbekannt: «Auf eine treuherzige Weise verließ sich unser Volk theils auf andere, die einige Rechenkunst besaßen, und bediente sich endlich seiner sogenannten Bauernregel, die freylich ihre große Schwierigkeiten hat[42].»

Unternehmerischer Geist und Rechenhaftigkeit drangen im achtzehnten Jahrhundert auch über die Verlagsindustrie in die bäuerlichen Regionen ein. Man hat deshalb die Heimindustrie als Wegbereiterin der spezialisierten und intensivierten Landwirtschaft bezeichnet. Bekannt ist, daß die ökonomischen Patrioten zahllose Schritte unternahmen[43], um den Bauern aus den Fesseln altbäuerlichen Wirtschaftsdenkens zu lösen. Diesen Reformbestrebungen beggenete der Bauer mit Skepsis. Meist handelte es sich bei den Reformern um Angehörige der in den Stadtstaaten herrschenden Schichten. Wettbewerb, individuelles Streben fanden im bäuerlichen Lebenskreis, wo das System der Dreifelderwirtschaft mit seinem Fronzwang und seinen Arbeitsmethoden vorherrschte, wenig Spielraum. Doch fanden die patriotischen Ökonomen auch begeisterte Anhänger. Zu ihnen gehört Jakob Guyer aus Wermatswil bei Uster. Der «philosophische Bauer», wie ihn sein Entdecker, Hans Caspar Hirzel, nannte, huldigte einem Rationalismus, der seiner Zeit völlig fremd war. Er sah die Quelle des Verderbens in der bäuerlichen Überlieferung und im Brauchtum. Deshalb beseitigte er mit letzter Konsequenz all die kleinen Festlichkeiten, beispielsweise am Schluß der Heuernte, der Getreideernte, der Kirchweih, der Taufe. Er verdammte selbst den Sonntagsbraten, weil an den Ruhetagen nicht mehr Nahrung gegeben werden soll als an den Werktagen[44]. Auch Philipp Emanuel von Fellenberg, der Gutsherr des Mustergutes Hofwil, versuchte die Buchhaltung einzuführen und die Rechenhaftigkeit zur Tugend zu erheben. Das Resultat war gering, die bäuerliche Tradition mächtig. Diese Tradition wurde indessen von einer andern Seite in Frage gestellt: Je stärker die textile Hausindustrie wurde, je größer der Zahltag, den sie in guten Jahren zu verteilen vermochte, desto größer wurde auch das Selbstbewußtsein des industrietreibenden Landvolkes. Manche begannen die Bauern ihrer harten, den Launen der Witterung ausgesetzten Arbeit wegen zu verspotten. «Sie lachen der Bauern und ihres Schweißes, als die sich gemächlich zu nähren wissen», wird 1789 aus Mettmenstetten berichtet[45]. Die Oberländer Heimarbeiter – so schreibt der Pfarrer von Wildberg – «höhnen übermütig oder verachten den Bauern, der des Tages Last und Hitze erträgt»[46]. Wie weit das bäuerliche Standesbewußtsein schon im achtzehnten Jahrhundert «vom industriellen Verdienststrom» unterspült wurde, dürfte schwer auszumachen sein. Jedenfalls waren Stolz und Selbstbewußtsein der Heimarbeiter nicht von Dauer. Nach fetten Jahren kamen immer magere, und mancher Sonntagsputz mußte gegen Kartoffeln eingetauscht werden. Im Gegensatz zu dieser labilen Situation und auch Haltung war der Bauern Stolz stetiger: «Er ist am Besitz von Grund und Boden, in wirtschaftlicher Macht verwurzelt, und auch Fehljahre können ihn nicht brechen[47].» Die herkömmliche bäuerliche Lebensauffassung – dafür zeugen nicht zuletzt die Inschriften – war getragen und gestützt von einem unbedingten Gottvertrauen. Allerdings unterscheidet sich der Volksglaube, wie er vom sechzehnten bis zum achtzehnten Jahrhundert in bäuerlichen Kreisen beider Konfessionen anzutreffen war, grundlegend von heutiger Religiosität. So wird man für diese Zeit, trotz zahlreichster Glaubensbekenntnisse, nicht von einem christlichen Volk oder Stand sprechen können. Christus tritt im Bewußtsein und Gefühl des alttestamentlich empfindenden Bauern deutlich zurück. Erst im achtzehnten Jahrhundert beginnt er mehr in den Vordergrund zu treten. In den katholischen Gebieten mag dies mit der im barocken Zeitalter beliebten drastischen Darstellung der Passion, in reformierten Gegenden mit dem Vorherrschen der Orthodoxie und dem Aufkommen des Pietismus zusammenhängen. Die von den geistigen Führern dieser Bewegung herausgegebenen Traktate und Geschichten erfreuen sich bei den Bauern höchster Beliebtheit. Sie treffen den Volkston ausgezeichnet: «Da kommt eine durch kein Nachdenken geläuterte Volksfrömmigkeit zum Wort[48].» Diese Wandlung wird deutlich sichtbar in der Lebensbeschreibung Ulrich Bräkers. Während Bräkers Vater durchaus alttestamentlich dachte, huldigte der aufgeklärte Sohn lange Zeit dem Pietismus.

In der Art der Volksfrömmigkeit gab es zwischen den Konfessionen erhebliche Unterschiede; doch gelang es keiner der beiden, mit dem in bäuerlichen Kreisen blühenden Aberglauben fertigzuwerden[49]. Die Kalender, der berühmte Bürkli nicht ausgenommen, trugen ihn weiter. Dazu kamen die Lachsner-Bücher, die von Dorf zu Dorf herumgeboten wurden. Scharlatane und Wunderärzte, wie Michel Schüpbach im Entlebuch, erfreuten sich größten Ansehens. Selbst in bäuerlichen Kreisen kommt die Naturreligion auf. Auch Ulrich Bräker ist ihr am Schluß des Lebens verfallen. «Das Buch, welches wir die Bibel oder die Offenbarung nennen», meint er unter dem Eindruck der Lektüre eines astronomischen Werkes, «gibt mir lange nicht die hohen Begriffe von deiner Majestät, Allmacht, Weisheit und Güte, wie es mir das große Buch der Natur gibt, das kein Sterblicher all sein Lebtag ausstudieren wird[50].»

Trotz mächtiger Hemmungen, wie sie Sitte und Volksfrömmigkeit darstellen, schritt die Emanzipation nicht nur in der Stadt, sondern selbst auf dem Lande fort. Das zähe Festhalten am Bestehenden braucht übrigens nicht unbedingt mit Religiosität identisch zu sein. Viele Bauern sträubten sich gegen pietistische Einflüsse, weil sie religiös nicht beunruhigt werden wollten. Oft ist es nicht leicht, den wirklichen Hintergrund ihrer Haltung zu erkennen. So nahmen beispielsweise die Bauern des Unterengadins gegen eine Erhöhung der unterdotierten Pfarrerbesoldung Stellung und nahmen es in Kauf, wochenlang keinen Gottesdienst zu haben. Anderseits haben die Engadiner mit großen Opfern die Bibel ins Rätoromanische übersetzen lassen. Einzelne verstrickten sich deshalb in tiefe Schulden. Manche waren bereit, für eine Bibel den Preis eines Rindes zu erlegen[51]. Das Bibel-Lesen war so wichtig, daß Leute in höherem Alter, sofern sie es versäumt hatten, lesen lernten. Wohl aus diesem Grund sprach man von der «heiligen Notwendigkeit» des Lesenkönnens[52]. Im allgemeinen war für den Bauern des achtzehnten Jahrhunderts der Kirchgang mehr Sitte als religiöses Bedürfnis. Es war ihm wesentlich, «daß er mit den andern zusammen den üblichen Kirchenweg macht und vor oder nach der Kirche mit Dorfgenossen zusammentrifft, um allerlei Geschäfte zu erledigen»[53]. Kirchgang bedeutete auch Pflicht gegenüber der Dorfgemeinschaft, ein Gebot des Anstandes.

Das Verhältnis der Bauern zur Kirche wurde nicht nur durch die Aufklärung, sondern auch durch die sich mehrenden Sittenmandate getrübt. Selbst Pfarrer fanden, es sei des Guten zuviel. So weigerte sich der in Wädenswil amtierende Stadtzürcher Pfarrer Johann Heinrich Zeller, das große Sittenmandat von 1776 ohne Kürzung zu verlesen[54]. Ein zürcherischer Landvogt hatte schon 1717 dargelegt, daß alle diese Mandate, welche in der Stadt nur teilweise oder gar nicht galten, auf dem Lande nur böses Blut machen und die Bauern zu heimlichem Tun verleiten. In der Regel griffen sowohl Vögte wie Pfarrer scharf durch. Mancher Pfarrer freute sich unverhohlen, wenn irgendeinem armen Sünder «der Kopf im Schloß (Sitz des Landvogtes) recht tüchtig gewaschen wurde».[55]. Eine solche Haltung mußte zusammen mit der Schnüffelei der Sittenrichter die Freude an der Kirche, aber auch das Selbstbewußtsein der Bauern verletzen. Zusammen mit wirtschaftlichen und politischen Einschränkungen hat sie das Verhältnis der Bauern zur Obrigkeit vergiftet. Als die Franzosen 1798 zur Invasion schritten, klatschte man in bäuerlichen Untertanengebieten Beifall. Die Bauern am Zürichsee sprachen nicht vom Heldenmut der Unterwaldner, sondern «von den armen, irrgeführten Nidwaldnern»[56]. Gleichzeitig beschlossen sie allerdings, für diese «armen, durch Krieg verunglückten Standesgenossen» eine Sammlung durchzuführen. Selbst in dieser dunkeln und alle Zeichen der Verwirrung tragenden Zeit erlosch eidgenössischer Gemeinsinn nicht.

[1] H. P. Dreizel, «Selbstbild und Gesellschaft», in: Europäisches Archiv für Soziologie, III, Paris 1962, S. 181–228, sodann neuerdings, J. Ziche, Das gesellschaftliche Selbstbild der landwirtschaftlichen Bevölkerung in Bayern, München 1970.
[2] V. Schlumpf, Die frumen edlen puren. Untersuchung zum Stilzusammenhang zwischen den historischen Volksliedern der Alten Eidgenossenschaft und der deutschen Heldenepik. Diss. Zürich 1969.
[3] op. cit. S. 16–17.
[4] H. Stricker, Die Selbstdarstellung des Schweizers im Drama des 16. Jahrhunderts, Schriftenreihe Sprache und Dichtung, Bd. 7, Bern 1961.
[5] op. cit. S. 8–9.

[6] Elfriede Moser-Rath, «Der Schweizer in der deutschen Schwankliteratur», Schweiz. Archiv für Volkskunde, 62. Jg., Band 1966, Heft 1/2, S. 7.
[7] J. Huizinga, Herbst des Mittelalters, Stuttgart 1952, S. 45.
[8] F. Hemmerli, De nobilitate et rusticitate dialogus, Basel 1497, fol. 129ss.
[9] H. G. Wackernagel, «Altes Volkstum der Schweiz», Gesammelte Schriften zur historischen Volkskunde, Basel 1956, S. 94.
[10] Piaget, «Poésies françaises sur la bataille de Marignan». Mém. et Doc. p. p. la Société d'histoire de la Suisse Romande, seconde série, I.IV., S. 95ff.
[11] Liliencron, Die historischen Volkslieder der Deutschen, 4 Bde., Leipzig 1865–1869, Lied Nr. 79, Str. 2 und 3.
[12] op. cit. Lied Nr. 120, Str. 3.
[13] l. c. Str. 4.
[14] op. cit. Lied Nr. 130, Str. 9.
[15] Schlumpf, op. cit. S. 148.
[16] l. c. S. 152.
[17] l. c. S. 153.
[18] l. c. S. 154.
[19] l. c. S. 156.
[20] Stricker, op. cit. S. 81f.
[21] l. c. S. 85.
[22] l. c. S. 88.
[23] l. c. S. 93.
[24] l. c. S. 95.
[25] l. c. S. 96.
[26] E. Moser-Rath, op. cit. S. 15.
[27] l. c. S. 16.
[28] l. c. S. 17.
[29] l. c. S. 17.
[30] l. c. S. 21.
[31] Spruch in Luzein GR, zit. von R. Rüegg, Haussprüche und Volkskultur, Basel 1970, S. 60.
[32] H. Hedinger, Inschriften im Kanton Zürich, Zürich 1958, S. 38.
[33] l. c. S. 39.
[34] Ch. Simonett, Die Bauernhäuser des Kantons Graubünden, Basel 1968, Bd. II, S. 180.
[35] Balkenspruch, datiert 1770, aus der vorderen Rüti in Wädenswil.
[36] Stricker, op. cit. S. 56.
[37] Vgl. hierüber etwa die Darstellung in Stumpfs Chronik, Bd. 1. S. 59.
[38] G. C. L. Schmidt, Der Schweizer Bauer im Zeitalter des Frühkapitalismus, 2 Bde., Zürich-Leipzig 1932.
[39] Staatsarchiv Zürich, Akten der Asketischen Gesellschaft, As II, 55.
[40] S. Völlmy, Ulrich Bräker, Zürich 1923, S. 22. Vgl. Ueli Bräker, Das Leben und die Abentheuer des Armen Mannes im Tockenburg, von ihm selbst erzählt, Berlin 1910, S. 195.
[41] Ephemeriden 1781, I, S. 15.
[42] Schmidt, op. cit., Bd. I, S. 47.
[43] R. Braun, Industrialisierung und Volksleben, Erlenbach-Zürich, Bd. I, 1960.
[44] Vgl. darüber A. Hauser, Kleinjogg der philosophische Bauer; aus der Reihe «Große Landwirte», Frankfurt/M 1970.

[45] A. Bollinger, Die zürcherische Landschaft an der Wende des 18. Jahrhunderts, Zürich 1941, S. 54.
[46] J. C. Hirzel, Synodalrede von 1816, Zürich 1816, S. 12.
[47] Braun, op. cit., Bd. I, S. 208.
[48] P. Wernle, Der schweizerische Protestantismus im 18. Jahrhundert, Bd. III, S. 283.
[49] Über die Volksfrömmigkeit in katholischen Orten vergleiche u. a.: P. Kälin, Die Aufklärung in Uri, Schwyz und Unterwalden im 18. Jahrhundert, Diss. Freiburg 1945.
[50] Völlmy, op. cit. S. 77.
[51] R. Weiss, Grundzüge einer protestantischen Volkskultur, Schweiz. Archiv für Volkskunde, 61. Jg., Basel 1965, Heft 1/2, S. 86.
[52] l. c. S. 86.
[53] R. Weiss, Volkskunde der Schweiz, Zürich-Erlenbach 1946, S. 305.
[54] A. Hauser, Wirtschaftsgeschichte der Gemeinde Wädenswil, Wädenswil 1956, S. 129.
[55] l. c. S. 129.
[56] Gemeindearchiv Wädenswil, Protokoll der Municipalität vom 4. Oktober 1798.

Der Familienbetrieb in der schweizerischen Landwirtschaft

Eine historische und sozio-ökonomische Analyse

Der Familienbetrieb ist in den letzten Jahrzehnten und Jahren zeitweise angegriffen und in Frage gestellt worden. Er sei ideologisch begründet und in seiner Struktur überholt, hieß es etwa. Er lasse sich, so meinten Gegner, nicht in die Strukturbereinigung einfügen. «Die angestrebte arbeitswirtschaftliche Effizierung steht in einem Zielkonflikt mit dem bisherigen agrarpolitischen Leitbild», sagt zum Beispiel Th. Bergmann. Und ferner: «Die Produktionsfaktoren können im bäuerlichen Familienbetrieb nicht optimal kombiniert werden.»[1] Inzwischen hat sich nicht nur das wirtschaftspolitische Klima, sondern auch das Umweltdenken geändert, und die sich als fortschrittlich gebärdenden Gegner des Familienbetriebes sind ihrerseits unter Beschuß genommen worden: «Mehr als 90% aller Betriebe in der Bundesrepublik sind Familienbetriebe, die Lohnarbeitskräfte in der Landwirtschaft vermindern sich laufend. In anderen westeuropäischen Ländern ist es ähnlich. Viele Familienbetriebe in Europa und Nordamerika gehören zu den leistungsfähigsten und modernsten landwirtschaftlichen Betrieben der Welt... Also kann das generelle Verdikt doch nur Verwirrung stiften», meint der deutsche Agrarökonom H. Priebe[2]. Auch in Frankreich rechnet man nicht mehr mit einer nennenswerten Vermehrung von größeren Lohnarbeitsbetrieben und Volloperativen, sondern vielmehr mit einem Fortbestehen, ja mit einem Ausbau der Familienbetriebe, die im Zuge der Modernisierung ungefähr 80% der Nutzfläche bewirtschaften könnten[3]. In der Schweiz ist der Familienbetrieb die althergebrachte und besonders typische Form der schweizerischen Landwirtschaft. Im Zeichen der «Contestation» wird er indessen, gerade weil er so alt ist, in Frage gestellt. Wir fragen, um Klarheit zu erhalten: Entspricht die gegenwärtige Struktur und Organisation der Bauernfamilien den gewünschten Leitbildern? Ist der bäuerliche Betrieb so beschaffen, daß er den Forderungen und Hoffnungen ökonomischer, politischer, sozialer, ökologisch-biologischer Art genügt? Unser Beitrag stützt sich auf zwei Disziplinen: die Agrargeschichte und die Agrarsoziologie. Die Geschichte soll indessen diesmal lediglich den Rahmen geben bzw. die Entwicklungslinien aufzeigen. Wir können den Familienbetrieb nicht seit den Anfängen verfolgen. Denn er ist nicht weniger als 4000 Jahre alt, das heißt, so alt wie die Landwirtschaft selber.

Für unsere Zwecke genügt es zunächst, Struktur und Funktionen des Familienbetriebes des 18. Jahrhunderts kennenzulernen. Aus ihm heraus hat sich auch der heutige Familienbetrieb entwickelt. Damals herrschten in unserem Land die kleineren und mittleren Betriebe vor. So gab es beispielsweise im zürcherischen Glattal in der Zeit von 1764 bis 1790 rund 530 Betriebe mit weniger als 1 Hektar Land. Anteilsmäßig waren das nicht weniger als 20%. Es folgen die Betriebe mit 1-5 Hektaren Land (1890 Betriebe, oder 45,5%). Die Betriebe mit 5-10 Hektaren Land (509) machten 19,4% und die Betriebe mit mehr als 10 Hektaren Land 15% aus[4]. Produktion und Produktivität waren äußerst gering. Ein einziges Beispiel spreche für viele. Wir kennen aus den Quellen einen 11 Hektar umfassenden Milchbetrieb am Zürichsee. Er hatte um 1750/70 5 Personen zu ernähren. Er produzierte 2675 Kalorien pro Kopf/Tag[5]. Da bekanntlich mindestens 3000 Kalorien notwendig sind, mußte der Fehlbedarf entweder durch Sammelwirtschaft gedeckt werden, oder es mußte ein Nebenerwerb dazukommen. Die Situation war also recht prekär, und es bedurfte eines einzigen schlechten Erntejahres, um das ganze Gefüge vollständig aus dem Gleichgewicht zu bringen. Eine Verbesserung dieser Situation war aus verschiedenen Gründen recht schwierig. Es fehlten sowohl Mittel wie Kenntnisse. Zum Ausbau des Betriebes wären Summen notwendig gewesen, welche die eigene Wirtschaft nicht annähernd hervorbrachte. Die Bauernwirtschaft alten Schlages war im Grunde genommen recht einfach konzipiert. Ziel des Wirtschaftens war, die Ernte mit dem Bedarf der Hofinsassen in Einklang zu bringen. Neben dem Ringen um die Selbstversorgung blieb im bäuerlichen Leben für nichts mehr Raum. Der Verbrauch hatte sich nach dem Angebot zu richten. Man ernährte sich mit dem, was die Felder, der Gemüsegarten hervorbrachten. Letztes Ziel des gewissenhaften Haushaltens war es, den Hof nach Ausdehnung und Pflege in dem Stand zu erhalten, den man beim Erbantritt vorfand. «Bis die eigenen Kinder alt und geschult genug waren, um ihn ohne Hilfe zu bewirtschaften, brauchten sie nicht Mehrer, bloß Hüter des überkommenen Erbes zu sein. Dann hatten sie keine üble Nachrede zu fürchten, konnten sich vielmehr getrost auf den Altenteil zurückziehen.» Vom Vorbild der Alten und von ihrer Aufsicht hing die Güte auch der einzelnen Arbeit ab, die auf dem Hof verrichtet wurde. Jedem Acker, jedem Gemüseplatz, jedem Bauerngarten und jedem Haus sah man an, was der Bauer und die Bäuerin taugten[6]. Arbeitsbereich des Bauern und der Bäuerin waren deutlicher voneinander geschieden als heute. Bei der Arbeit im Stall, in Feld und Wald war für die Hofinsassen das Vorbild des Bauern, sein Können, seine Erfahrung maßgebend. Der Vater allein zog seine Söhne zu tüchtigen Bauern heran. Sie hatten sich empirisch anzueignen, was er ihnen beibrachte. Starb der Vater, oder legte er vorzeitig die Leitung des Hofes nieder, dann hatten sich die Hofinsassen dem geltenden Erbrecht zu fügen. Jene Kinder, die den Hof nicht erbten, aber aus wirtschaftlichen Gründen kaum weggehen konnten, heirateten in der Regel nicht. Überhaupt traten die individuellen persönlichen Ansprüche zurück. Immer galt es, die organische Einheit des Betriebes zu erhalten. Das – nur schwer zu erreichende – Gleichgewicht zwischen der Arbeits- und Verbrauchereinheit einer Bauernfamilie und dem Umfang der Güter mußte unter allen Umständen gesichert bleiben. Aus diesen Verhältnissen heraus entwickelten sich die bäuerlichen Ehesitten. Ihrem brauchmäßigen Zwang hatte sich der Einzelne völlig unterzuordnen. Recht schön hat das ein Zeitgenosse, I. C. Hirzel, 1792 beschrieben. Es wurde also Sitte, sagte er, «die Güter beieinander und allein den Söhnen zu überlassen. Und auch diese schränkten sich im Heurathen, daß der Hof immer hinlänglich blieb, die Haushaltung durchzubringen... Dieses geschah ja auch in verschiedenen Gegenden unseres Landes (gemeint ist der Kanton Zürich), wo der Feldbau allein betrieben wird. Da ersehen wir, daß das fruchtbare Wehntal in Absicht auf die Bevölkerung nur schwach zugenommen. Ein Bauer calculiert so: Mein Hof mag nicht mehr als einen, höchstens zwey Söhne ernähren, die anderen mögen ledig bleiben oder anderswo ihr Glück suchen.» Hirzel beschreibt hier das sogenannte Anerbenrecht, das heißt die erbrechtliche Bevorzugung einzelner Familienmitglieder.

Die Verdienstmöglichkeit in der Heimindustrie schuf eine neue Situation. Die industrielle Erwerbsquelle brachte die Möglichkeit, bäuerliche Betriebe auch mit bodenfremden Mitteln auszubauen. Jetzt änderten sich die erbrechtlichen Verhältnisse. Hirzel erkannte diesen Umbruch recht klar. Er schreibt, daß dort, wo der «Fabrikverdienst» sich «einschleiche», die Verhältnisse ganz anders wurden. «Der Bauer ändert nun seinen Calcul ab: Ich habe drei bis vier Söhne, jeder bekommt etwas an Wieswachs, wenigstens zu einer Kuh etwas Acker. Dies mag schon ein Schönes zum Durchbringen der Haushaltung abwerfen, und die Bearbeitung des kleinen Gütchens läßt Zeit genug übrig, sich durch Fabrikverdienst das Übrige zu erwerben.»[7]. Dort, wo die Heim- oder Verlagsindustrie aufkam, konnten die jungen Leute jetzt eher, und vielleicht auch früher heiraten. Dieses Phänomen ist von Hirzel statistisch festgehalten worden. Im Zeitraum von 1671 bis 1700 wurden in Fischenthal im Jahrzehnt 42 Ehen geschlossen. Im Zeitraum 1750 bis 1760 dagegen waren es 165 Ehen. Nun müssen wir festhalten, daß diese Ehen nicht mehr rein bäuerliche Ehen waren; ohne die industrielle Verdienstmöglichkeit hätten sie gar nicht geschlossen werden können. Die Vorstellung vom Landmann, der seinen Acker bestellt, seine Kuh melkt und als Nebenbeschäftigung mit seiner Familie auch etwas Heimindustrie betreibt, wird der Situation nicht gerecht. Für viele Regionen, so etwa fürs Zürcher Oberland, war die Verlagsindustrie für die meisten keine bloße Nebenbeschäftigung, sondern vielmehr Grundlage und Voraussetzung dafür, daß die Jungen überhaupt eine Ehe eingehen und mit ihrer Familie den bäuerlichen Teilwirtschaftsbetrieb führen konnten. In Mißjahren und Zeiten der Rezession ging die Zahl der Eheschließungen jeweils zurück. So hat sich in der Zeit der wirtschaftlichen Krise 1785 bis 1817 in Appenzell-Innerrhoden die Zahl der Eheschließungen um ein Fünftel vermindert. Wenn die Leute in solchen schwierigen Zeiten trotzdem heirateten, wunderte sich mancher Zeitgenosse. Ein Appenzeller notierte: «16 bis 17 Ehen sind im November auf einmal verkündet worden, worüber sich fast jedermann verwundert, daß man die große Thüre (Teuerung) so geschwind vergessen und so hurtig wieder courage gefaßt, sich zu verheuraten. Indes die meisten Eheverlobten wenig oder gar keine Mittel gehabt hat, sie werden zweifelsohne gedencket haben Deus providebit, an glück und segen ist alles gelegen.»[8] Ähnlich sah es im Entlebuch aus. Das Krisenjahr 1770 hatte eine deutliche Folge für die demographische Entwicklung. Die Eheschließungen stagnierten, die Geburtenrate sank und die Sterbezahlen stiegen an. Der Not und dem Elend fielen ausschließlich Kinder zum Opfer, die ihrer labilen Konstitution wegen den Härten in der Lebensmittelversorgung und den häufigen Infektionskrankheiten nicht gewachsen waren[9].

Schon im 18. und dann vor allem aber auch im 19. Jahrhundert beginnt sich unter dem Einfluß verschiedener ökonomischer Kräfte das herkömmliche Erbrecht zu zersetzen. Hand in Hand mit dem veränderten Erbrecht entwickelte sich eine neue Einstellung zur Ehe. Fortan standen bei der Eheschließung nicht mehr rein bäuerliche Ziele im Vordergrund; oft konnten jetzt Hof und Güter mit Hilfe anderer Verdienstquellen gutwillig geteilt werden. Die Entwicklung verlief ungleichmäßig. Dort, wo sich die Heimindustrie, und später die Fabrikindustrie verbreitete, änderte sich die Situation schneller. Zwischen Heimindustrie und Landwirtschaft bestanden mancherlei Wechselbeziehungen. Dabei war es keineswegs so, daß die Heimindustrie die Landwirtschaft zerstört hätte. Die Landwirtschaft hat vielmehr aus der Heimindustrie Gewinn gezogen. Mit dem baren Geld konnte der Viehstand verbessert, konnten Meliorationen ausgeführt werden, Stroh, Dünger, Klee und Esparsette gekauft werden. Außerdem konnten neue Wirtschaftsgebäude gebaut, andere ausgebaut werden, so daß die vermehrte Stallfütterung möglich wurde. Mit Recht hat Caspar Hirzel in seinem «Philosophischen Kaufmann» den Zürcher Heimarbeiter mit einem Magneten verglichen, «der von den entferntesten Orten alles an sich zieht, um die Landwirtschaft zu verbessern und zu intensivieren»[10]. Auch der deutsche Reiseschriftsteller C. Meiners registrierte das Bestreben der Bauern, ihre Betriebe mit Hilfe des industriellen Verdienstes zu verbessern und zu intensivieren[11]. Rudolf Braun hat deshalb der Heimindustrie den Ehrentitel einer Wegbereiterin der spezialisierten und intensivierten Landwirtschaft gegeben[12]. Die Heimindustrie hat den herkömmlichen bäuerlichen Wirtschafts- und Lebensraum zusammen mit anderen Kräften umgeformt. Dieser Prozeß setzte sich im 19. Jahrhundert fort. Manche Züge des bäuerlichen Familienbetriebes bleiben indessen erhalten: Viele Arbeitskräfte, vor allem auch Familienangehörige, müssen hart arbeiten, um geringe Erträge zu erwirtschaften. Und diese Erträge dienen in erster Linie dazu, die Familie selbst zu versorgen. Die Kleinbetriebe herrschen vor, ja sie nehmen im 19. Jahrhundert noch zu[13].

Den Agronomen des endenden 19. und beginnenden 20. Jahrhunderts blieben die Nachteile der kleinbetrieblichen bäuerlichen Struktur nicht verborgen. Schon A. Kraemer bemerkte in seinem Buch «Die Landwirtschaft im schweizerischen Flachlande, ihre Grundlagen und ihre Einrichtungen», «daß zwei Drittel der Bauernbetriebe so klein seien, daß alle Funktionen in der Hand des

Wirtschafters vereinigt werden müssen, so daß dieser zugleich als Lohnarbeiter in eigener Rechnung auftritt»[13a]. Die Kleinbetriebe seien ausserdem noch stark parzelliert und die Gebäude im allgemeinen in einem schlechten Zustand. Daraus resultiere «die beengte und bedrückte Lage des Bauernstandes». Schlimm sei auch das Fehlen von statistischen Zahlen. Sein Nachfolger, Ernst Laur, erkannte diese Situation genau. Gestützt auf den Grundsatz «Wissen ist Macht» baute er zunächst die Statistik auf und aus. Dann begann er die Rentabilität zu untersuchen und dazu führte er die Buchführung ein. Als einer der ersten schrieb er eine «Landwirtschaftliche Betriebslehre für bäuerliche Verhältnisse»[13b]. Einerseits hielt er an der bäuerlichen Agrarstruktur und an echter bäuerlicher Gesittung fest, andererseits sah er, daß ein romantisches Festhalten an alten Wirtschaftsformen verfehlt wäre. Vor allem sah er genau, daß die überkommene Bauernmentalität in Dingen der Betriebsführung keinen Platz mehr hat. Auch aus erzieherischen Gründen hielt Laur die Durchrationalisierung und die klare rechnerische Aufgliederung auch des kleinbäuerlichen Betriebes für eine Notwendigkeit. Allerdings haben auch wirtschaftspolitische Gründe mitgespielt, denn man wollte ja der Öffentlichkeit zeigen, welche Erfolgschancen der Bauer im wirtschaftlichen Leben habe. Deshalb war es unvermeidlich, die Bauernbetriebe als kapitalistische Unternehmungen zu sehen und sie als solche der Öffentlichkeit zu präsentieren. Diesem großen Bauernführer ist es denn auch weitgehend zu verdanken, daß sich das Schweizervolk schon zu Beginn des 20. Jahrhunderts zweimal für die aktive Agrarpolitik des Bundes aussprach. Schon damals sah das Volk in der bäuerlichen Familienwirtschaft nicht nur eine Wirtschaftsgruppe, sondern eine soziale Institution, «die der schweizerischen Demokratie und damit dem Staatsganzen von altersher seinen Inhalt gegeben hat»[13c].

Die große Prüfung des Familienbetriebes stand indessen vor der Türe. Es kam ein völliger Wandel alles Bestehenden. Er ist auf die Jahre nach 1945 anzusetzen. Bis dahin vollzog sich die Wandlung für Aussenstehende gewissermassen hinter den Kulissen. Die Landwirtschaft entwickelte sich ohne Strukturänderung. Die Maschine wurde nur zögernd eingesetzt; die Fortschritte basierten auf biologischen Erkenntnissen und Forschungen. Doch auf einem Sektor wirkte sich auch in dieser Zeit die Technik aus: Indem die gewerbliche Wirtschaft frühere Aufgaben der Eigenbedarfsherstellung übernimmt, entlastet sie die Betriebe. Aus Hauswirtschaftsbetrieben werden marktorientierte Produktionsbetriebe. Nach dem Zweiten Weltkrieg hingegen kommt es zum eigentlichen Umbruch. Die Landwirtschaft wird mechanisiert und in die volkswirtschaftliche Arbeitsteilung einbezogen. Das überlieferte Verhältnis von Arbeitskraft und Fläche verändert sich schnell. Die modernen Produktionsmittel bedingen umfassende Veränderung der Produktionsgrundlagen, ja schließlich eine neue Wirtschafts- und Denkweise.

Wie verhielt sich die bäuerliche Familie und welche Folgen hatte der Umbruch für den Familienbetrieb? Konnte er sich der neuen Situation anpassen? Gibt es überhaupt noch eine typisch bäuerliche Familie? Der deutsche Soziologe H. Schelsky verneint diese Frage: «Die bäuerliche Familie ist heute ein Typ der Familie der industriellen Gesellschaft, wenn auch mit den Stärken vorindustrieller Sozialelemente... Die Anpassung und Einführung der ländlichen Familie an und in die Strukturen der industriellen Gesellschaftsverfassung ist mit einer gewissen Verspätung, in einer Phasenverschiebung im Vergleich zum Durchschnitt der anderen Bevölkerungsgruppen geschehen. Die bäuerliche Familie hinkt in dieser Angleichung am weitesten nach, obwohl die Richtung ihrer Entwicklung genau die der anderen Gruppen ist.»[14] Andere Autoren unterstützten diese These mehr oder weniger. Demgegenüber bemerkte Planck, daß die Bauernfamilie trotz aller Wandlung eigenständige Züge bewahrt oder sogar entwickelt habe[15]. Neben dem normativen Einfluß der modernen Gesellschaft wirken andere Faktoren mit, um die Bauernfamilie zu gestalten. Sie sind im bäuerlichen Bereich und Betrieb selber zu suchen. Die Bauernfamilie ist nach Planck eine Totalität, das heißt «eine lebendige Einheit der vier Komponenten von Familie, Haushalt, Betrieb und Wirtschaftsunternehmen». Allerdings sind gewisse Wandlungen vor allem ökonomischer Art nicht zu übersehen. Aus einem Haushaltsbetrieb wurde ein marktorientiertes Unternehmen; die einst geforderte Vielseitigkeit ist der spezialisierten Produktion gewichen. Die Handarbeit wurde soweit wie möglich durch mechanische Arbeit ersetzt. Von der kapitalarmen gelangte man zur kapitalintensiven Wirtschaftsweise, von kleineren zu größeren Betriebseinheiten.

Gewandelt haben sich vor allem auch die sozialen Verhältnisse. Das verfügbare Arbeitskräftepotential ist auf das Betriebsleiterehepaar und allenfalls einen noch rüstigen Vorgänger oder seine arbeitsfähigen Nachfolger zusammengeschrumpft. Fremde und verwandte Arbeitskräfte sind ausgeschieden. Dazu nur drei Zahlen. Um 1900 gab es in der schweizerischen Landwirtschaft noch

98 444 familienfremde Arbeitskräfte. Im Jahre 1950 waren es 62 089 und 1970 gar nur noch 23 710 familienfremde Arbeitskräfte[16]. Die verbleibenden Familienmitglieder formten sich um. Es kam zu einer anderen Funktionsaufteilung und überdies zu einer Ausgliederung verschiedener Funktionen, die einst der Familie zugedacht waren. Ein schönes Beispiel dafür liefert die Versorgung und Betreuung der Alten. Auch die Erziehung und berufliche Ausbildung ist wenigstens zu einem Teil aus der Familie an andere Institutionen übergegangen. Allen diesen Wandlungen zum Trotz ist die Bauernfamilie innerhalb der Industriegesellschaft ein einzigartiger Typus geblieben, und solange sie den eigenen Boden bewirtschaftet, wird sie sich wohl immer bis zu einem gewissen Grade von der Familie der industriellen Gesellschaft unterscheiden. Während in der industriellen Gesellschaft die Arbeit oder der Erwerb die einzelnen Familienmitglieder trennt, vereint die bäuerliche Produktion die Familienmitglieder zur Arbeitsgemeinschaft. In dieser Gemeinschaft werden Vater und Mutter, auch wenn gewisse Autoritätsverluste eintraten, von den Kindern doch immer noch als pädagogische Instanzen erlebt. Und selbst die Fachausbildung bleibt trotz gewisser Verlagerungen dem bäuerlichen Familienbetrieb wenigstens teilweise noch überbunden. Zwar hat die Erfahrung der Alten gegenüber dem geschulten Fachwissen der Jungen an Gewicht eingebüßt. Sie ist aber auch heute noch ein wichtiger Faktor.

Auch das soziologische Gefüge der Bauernfamilie unterscheidet sich in vielen Punkten von der Familie der industriellen Gesellschaft. Die Kinderzahlen sind in den ländlich-bäuerlichen Regionen auch heute noch höher als in den eigentlichen städtischen Gebieten. Zwar hat das Familienleitbild der Zweikinder-Familie auch im ländlichen Raum Einzug gehalten. Geblieben ist indessen die Tendenz der bäuerlichen Familie, die heranwachsende Generation als Arbeitskräfte mindestens so lange zurückzuhalten, bis ein geeigneter Nachfolger da ist. Der Familienvater weiß, daß seine Kinder anfänglich eine Last bedeuten. Später ersetzen sie ihm die kaum mehr erhältlichen Arbeitskräfte mindestens teilweise. Aus dieser Eigenart heraus hat sich im bäuerlichen Familienbetrieb ein Auf und Ab entwickelt, das wir in anderen Betrieben nicht kennen: «Ein junges Ehepaar kann mit Hilfe der noch rüstigen Eltern zunächst eine reichliche Arbeitskraft für den Betrieb stellen; zehn Jahre später ist der Tiefpunkt gekommen; die Altenteiler leisten weniger, und die Bäuerin wird durch Kleinkinder stark in

Anspruch genommen. Wenn Söhne und Töchter im Betrieb mitarbeiten, ist nach zehn Jahren mit Hilfe der Kinder die Periode der stärksten Arbeitskraft erreicht.» Diese Kurve wird nach Howald genannt; er hat sie Schicksalskurve des selbständigen Familienbetriebes getauft[17].

Den verschiedenen Lebensabschnitten entsprechen auch die zugewiesenen Funktionen: Mithilfe, verantwortliche Leitung und Mitberatung bei abnehmender Mithilfe. Daß beim Nebeneinander der verschiedenen Generationen, vor allem bei der Ablösung der Generationen Spannungen auftreten, ist unvermeidlich. Divergenzen entstehen vor allem dann, wenn die heranwachsenden Hoferben nach Alter, Erfahrung und Ausbildung schon in der Lage sind, die Leitfunktion zu übernehmen, während das Elternpaar noch in Besitz aller Kräfte ist, um die Leitfunktion weiter auszuüben[18].

Mit zunehmender Lebenserwartung tritt dieser Fall immer häufiger auf. Noch bis vor wenigen Jahrzehnten war das Geschehen im bäuerlichen Familienbetrieb vom Vater beherrscht. Noch im Jahre 1960 hat Planck festgestellt, daß ein Siebentel der untersuchten deutschen Bauernfamilien einem «strengen Hausregiment» unterstellt ist. Allerdings gab es schon damals in der Mehrzahl der bäuerlichen Familienbetriebe die geistig-seelische Voraussetzung einer Betriebspartnerschaft zwischen Jung- und Altbauern[19]. Schweizerische Untersuchungen zeigen ungefähr folgendes Bild: Nußbaumer, der seine Untersuchungen 1960 abschloß, traf in seinem Untersuchungsgebiet Homburgertal drei Typen an: den traditional-patriarchalischen Typ, den Übergangstyp, den Typ der echten Partnerschaft. Die Mehrzahl der Bauernfamilien hat Nußbaumer dem Übergangstyp zugeordnet[20]. Neuere sozialempirische Untersuchungen haben eine Zunahme der partnerschaftlichen Beziehungen der Bauernfamilien registriert. Fragen, die für die Zukunft des Betriebes von Bedeutung sind, werden jetzt ganz offen und gemeinsam diskutiert. A. Dönz fragte 229 Landwirte im Vorderen Prättigau: «Wenn Sie eine neue Maschine anzuschaffen gedenken, wer entscheidet, ob sie gekauft wird? Der Mann allein oder die Ehepartner gemeinsam?» Nicht weniger als 93,5% antworteten, daß dieser Entscheid von Mann und Frau gemeinsam gefällt werde[21]. Ähnliche Resultate ergab eine Umfrage im Berner Oberland[22]. Diese Wandlung geht nicht zuletzt zurück auch auf die fehlenden Arbeitskräfte: «Der Landwirt ist nicht mehr Meister über Knechte und Mägde, die Familienmitglieder sind die einzigen Mitarbeiter, und die Frau avancierte zur Stellvertreterin. Sie wurde durch Maschinen von der körperlichen Arbeit entlastet, muß aber über alle Probleme des Betriebes auf dem laufenden sein. Dies sicherte ihr aber ein Mitspracherecht. Da sich die Wirkungskreise überschneiden, ergab sich ein ausgesprochenes Teamwork zwischen den Partnern. Diese Umstrukturierung kommt in der Bemerkung eines vierzigjährigen Landwirtes zum Ausdruck: ‹Ich muß mit der Frau reden, ich kann es mir nicht leisten, etwas anzuzetteln, bei welchem sie später nicht mitmacht.› Auch die Abneigung vieler Bauern gegenüber Buchstaben und Geschriebenem halfen der Frau, ihre partnerschaftliche Stellung zu festigen.»[23] Auch zwischen den Kindern und den Eltern hat sich ein neues Verhältnis herausgebildet. Unter dem Einfluß neuer Leitbilder und oft auch Schlagworte haben sich die Verhältnisse zum Teil auch auf dem Land verhältnismäßig schnell geändert. Mancher Vertreter der älteren Generation ist da nicht mehr mitgekommen. Daraus müßte man schließen, daß der Generationenkonflikt eher zugenommen hätte. Dem ist aber vor allem in bäuerlich-ländlichen Kreisen nicht so. Dönz gibt dafür eine ganz interessante Begründung: «Die Väter wollen, wenn auch nicht aus innerem Triebe, sondern mehr dem Betriebe zuliebe, den Anschluß an die Entwicklung nicht verlieren und machen demzufolge bei den Neuerungen mit.» Die Jüngeren fühlen sich in ihrer Einstellung der älteren Generation gegenüber nicht sehr sicher, schätzen aber im allgemeinen noch immer die Erfahrung der Alten, sie sind auch froh, wenn der Vater gewisse Handarbeiten übernimmt oder oben im Maiensäß das Vieh betreut. Etwas überspitzt hat Dönz das so formuliert: «Der Vater kann nur von Hand und der Sohn nicht mehr von Hand arbeiten.»[24] Selbstverständlich herrscht nicht überall eitel Harmonie. Der Zwang, miteinander arbeiten zu müssen, und das gemeinsame Ziel einigen indessen. Überdies ist tatsächlich die Bereitschaft zum Verständnis eher größer als früher. Dönz und andere Agrarsoziologen sprechen in diesem Zusammenhang von einer Abschwächung des Generationenkonfliktes. Eine wesentliche Belastung der Situation stellt oft die Diskussion um die Hofübergabe dar. Um die Einstellung der Beteiligten zu dieser Frage kennenzulernen, hat Nußbaumer in seinem Untersuchungsgebiet jedem Betriebsleiter und auch den Söhnen und Töchtern unabhängig voneinander die Frage gestellt: «Welches ist nach ihrer Meinung der beste Zeitpunkt, um den Betrieb zu übergeben?» Die Antworten waren recht aufschlußreich. 32% der Väter antworteten, der richtige Zeitpunkt wäre dann da, wenn der Sohn heiratet. 51% der Jungen glaubten, daß dies der richtige Zeitpunkt sei. 20% der Vätergeneration meinten, daß der richtige Zeitpunkt wäre, wenn der Vater 65jährig sei. Ähnlich argumentierten die Jungen: 19% der jüngeren Generation schlossen sich dieser Auffassung an. Auffallend war in dieser Untersuchung die große Zahl der ausweichenden Antworten (21%) bei der älteren Generation[25]. Auch neuere Untersuchungen, wie jene von F. Gerber im Oberen Emmental, zeigten, daß die Hofübergabe nach wie vor zu den schwierigsten und heiklen Problemen im bäuerlichen Dasein gehört. Dies ist besonders dann der Fall, wenn zwischen Alt und Jung nicht ein eigentliches und echtes Vertrauensverhältnis besteht. Gerber konnte feststellen, daß wirklich späte Hofabtretungen heute relativ selten sind. Er fand sie dort, wo sich lange Zeit oder überhaupt keine junge Bäuerin finden ließ, oder wo noch ausgesprochen patriarchalische Zustände herrschten. Die meisten gefragten Betriebsleiter waren mit ihrer Hofübernahme einverstanden. Einige wollten sich lieber nicht äußern. Einzelne Jungbauern stöhnten. Die geäußerten Klagen konnten fast ausnahmslos auf denselben Nenner gebracht werden: «Sie sind eng verknüpft mit einer mangelhaften Betriebsstruktur und Existenzgrundlage. In diesen Fällen scheint der Übernahmepreis zu hoch, das Inventar zu schlecht, das Land zu wenig fruchtbar, der Bruder in einem anderen Beruf bevorzugt. Oft hat die Familientradition die Hofidee auch auf falsche Geleise geführt, statt Glück ist Unzufriedenheit eingekehrt.»[26] Gerber traf allerdings den zufriedenen Altbauern in seinem Untersuchungsgebiet recht häufig: «Er macht ein zufriedenes Gesicht und sagt etwa: ‹We-ni-i nume no cha gsund blibe u ma wärche›.»

Bei der Hofübergabe spielten seit jeher auch die Erbgesetze und Erbsitten eine beträchtliche Rolle. Dem Erbrecht haben wir es zu verdanken, daß zum Beispiel im Staat Bern die Höfe nicht zerstückelt werden konnten. Und dem Erbrecht haben wir die Seßhaftigkeit sowie ausgeprägte Tradition zuzuschreiben. In bernischen Landen kam dazu das Minorat (Vorrecht des jüngsten Sohnes). Es wird indessen heute nicht mehr streng gehandhabt. Es wurde behauptet, daß das Minorat eine eigentliche Barriere gegen die Abwanderung der tüchtigeren Leute aus der Landwirtschaft darstellte. Gerber hat dies widerlegt. Wie heute ist vermutlich schon früher auch mehr auf die persönliche Neigung und Fähigkeit als auf das Vorrecht des jüngsten Sohnes gesehen worden. Ein Wandel hat sich insofern vollzogen, als die Wahl des Hoferben heute allgemein leichter fällt als früher, weil sich mehr Bauernsöhne rechtzeitig einem anderen Beruf zuwenden. Diese Feststellung traf Gerber auch in Schüleraufsätzen: «Ich will nicht Bauer werden, weil ich noch einen älteren Bruder habe, der Freude am Bauern hat.» «Wir sind sechs Buben, einer davon ist jetzt ein wenig der Bauer bei uns, als Jüngster könnte ich zwar sagen, ich wolle den Betrieb, aber das mache ich nicht, ich will nicht mein Leben lang ein Gestürm haben (Streit haben).» Nach Gerber hat das Erbrecht dafür gesorgt, daß Nebenerwerbsbetriebe, sogenannte Doppelexistenzen, nicht in allzu großer Zahl entstehen konnten. Es verhinderte die Höfe vor einer allzu großen Aufsplitterung und die Landwirtschaft vor einer planlosen Überbauung. Wie wir später noch feststellen werden, sind allerdings auch noch andere Elemente im Spiel.

Im ganzen können wir feststellen, daß die Hofübergabe im Grenzertragsbereich heute mit erheblichen Schwierigkeiten verbunden ist, weil in vielen Fällen kein Nachfolger da ist, der bereit wäre, in die Stapfen des Vaters zu treten. Von den insgesamt 28 Betriebsleitern, welche im Zeitraum 1966/67 im Domleschg 50 und mehr Jahre alt waren, hatten lediglich deren 18 einen Nachfolger in Aussicht. P. von Planta, der diese Zahlen wiedergibt, bezeichnet den hohen Anteil der alten Betriebsleiter als «Spätfolge der Wirtschaftskrise der dreißiger Jahre. Damals gab es für die jungen Leute praktisch keine Abwanderungsmöglichkeiten, und nach dem Zweiten Weltkrieg war es für den Aufbau einer neuen Existenz zu spät»[27].

Wie sehr sich aber in den letzten 40 Jahren die Verhältnisse und vor allem auch die Auffassungen über die Hofübergabe änderten, zeigt eine Umfrage von 1937/41 für den Atlas der schweizerischen Volkskunde. Gewährsleute wurden gefragt, ob die Abtretung des Hofes bei Lebzeiten der Eltern vorkomme, und wo in diesem Falle die Eltern nach der Abtretung wohnten. Das Resultat, das in einer Überblickkarte festgehalten wurde, fiel eindeutig aus. Zwar wurde schon damals der Hof recht häufig bei Lebzeiten übergeben. Lediglich im Tessin wurde die Frage mehrheitlich verneint. Offenbar aber gab es damals noch eine weitverbreitete und deutliche Abneigung gegen die lebzeitige Übergabe. So kannte man in Moutier die Redensart: «Il ne faut pas se déshabiller avant d'aller au lit.»[28]. Der Gewährsmann von Gösgen im Kanton Aargau schilderte in recht deutlicher Absicht eine mißglückte Hofübergabe: «Hof und Land wurden der verwitweten Sohnstochter übergeben. Es hieß aber bald: ‹Er hätt der Löffel nit sölle us de Hände ge›.» In Elisried-Schwarzenburg sagte man früher von einem Bauern, der den Hof noch zu Lebzeiten übergab: «Er hat das Bett verkauft und will noch darin liegen.» In Wald, Kanton Zürich, hieß es etwa: man solle nie ein Messer aus der Hand geben. Im Beromünster, Kanton Luzern, pflegte ein Vater zu sagen: «I gibe d Geisle nit us der Hand.» Die Gewährsleute von Aigle im Kanton Waadt erwähnten sicherlich bewußt vor allem negative Erfahrungen: «Cela arrive souvent.» In Undervelier im Jura meinte ein Beobachter, die Hofübergabe zu Lebzeiten erfolge deshalb so selten, weil die Eltern in ihren alten Tagen noch ein Dach über dem Kopf haben sollten. Auch in Reigoldswil, Kanton Baselland, herrschte die negative Haltung vor: «Man hat schlechte Erfahrung gemacht, der Vater gilt nichts mehr.» Aus Balsthal wird kurz und bündig gemeldet, daß man die «lebzitige Teilig» nicht gern sehe[29]. Schon damals wurden indessen auch positive Stimmen laut. So begründete der Gewährsmann von Sissach die Hofübergabe der Eltern mit dem Wunsch, «die Übergabe selbst zu regeln und zu erleben»[30]. In Solothurn glaubte man auch, daß die Hofübergabe zu Lebzeiten ganz erhebliche Vorteile erbringe. Gewöhnlich gibt der Vater den Hof vor dem Ableben, damit keine Händel entstehen; der Sohn erhält so auch den Hof billiger. In Utzenstorf, Kanton Bern, «kommt die Hofübergabe glücklicherweise je länger je mehr vor». Einige Gewährsleute meinten, daß die Eltern den Hof zu Lebzeiten nur dann abgeben sollten, wenn sie finanziell dazu in der Lage seien, nachher zu privatisieren. In Satigny, Kanton Genf, sagte man: «On se règle souvent sur les circonstances et la situation de fortune.» In Courtepin (Freiburg) hieß es: «Cela dépend des circonstances et des ressources.» In Kirchberg, Kanton Bern, kam die Abtretung zu Lebzeiten bei wohlhabenden Bauern häufig, bei armen Bauern hingegen sehr selten vor. Auch in Turbental, Zürcher Oberland, überließen die Eltern den Hof den Jungen nur, wenn sie die Mittel hatten, um sich in ein eigenes Häuschen zurückzuziehen. Eine ähnliche Auffassung war in Herisau, Ebnat, Wald, Mettmenstetten und Samstagern vorhanden. Gewandelt hat sich auch die Auffassung in bezug auf die stückweise Abtretung. Sie war damals in den vierziger Jahren noch verhältnismäßig häufig. Belege stammen aus dem Unterwallis, aus der Gegend des Bielersees und aus Graubünden (Obersaxen). In Savièse nannte man dieses Herausgeben einzelner Teile «bailla foura» (donner dehors). In Evolène (Wallis) «li pred» (le prêt), was darauf hinweist, daß diese Güter nach dem Tod der Eltern in die Erbmasse der Eltern zurückfallen.

Ziemlich häufig war schon damals die Verpachtung. Oft wurden auch Übergabe und Übergabeverträge abgeschlossen, «worin die Preis- und Zahlungsbestimmungen sowie die Verrechnung der Erbquote des Hofübernehmens geregelt wurden»[31]. Mit solchen Übergabeverträgen – sie werden auch heute noch getätigt – erreicht man, «daß das Eigentum dem einmal bestimmten Nachfolger sicher ist und daß die Miterben wissen, wieviel sie zu erwarten haben[32]. In diesen Verträgen verpflichten sich die Nachfolger den Eltern gegenüber, ihnen innerhalb oder außerhalb des Hauses Unterhalt und Pflege zu gewähren. Im Kanton Luzern bezeichnete man diese Regelung als «Schliiss». Die Eltern bleiben im Hof, wird aus Sursee berichtet, «sie haben den ‹Schliiss› im Haus, der Vater arbeitet noch mit, er arbeitet, was ihm paßt. Man spricht auch vom Alte-Teil»[33]. Im Kanton Neuenburg war eine Art von Verpfründungsvertrag üblich. Der Gewährsmann spricht von einem «contract passe avec un ou plusieurs enfants, qui s'engagent à fournir le nécessaire aux vieux parents». Auch in Scuol im Engadin kam die Verpfründung vor. Sie wird dort als «vitalizi» bezeichnet[34]. Im Kanton Uri hatte der Sohn, der den Hof übernahm, für die Eltern aufzukommen[35].

Wie die volkskundliche Umfrage zeigt, gab es in bezug auf Wohnort und Versorgung der Eltern die verschiedensten Lösungen. Sie gehen vom unveränderten Zusammenleben der abtretenden Eltern mit dem Betriebsleiter (gros ménage) über den Rückzug in bestimmte Teile des Hauses (Nebenstube oder Hinterstube) oder in eine Alterswohnung in einem bestimmten Stockwerk, über den Bezug eines eigenen Hauses auf dem Boden des Hofgutes (Stöckli) bis zum Erwerb einer Wohnung oder eines Hauses außerhalb des Hofgutes. Die Auffassungen darüber, was richtig und erstrebenswert sei, gingen schon damals, das heißt, im Jahre 1939/40, recht weit auseinander. Für die Aussiedlung sprach sich ein Gewährsmann in La Brévine aus: «Il ne faut pas que les parents voient fumer la cheminée des enfants.» Bewährt hat sich im allgemeinen das Bernische Stöckli. Diese Regelung ist indessen auf jene Gebiete beschränkt, in denen es dank der geschlossenen Vererbung beziehungsweise Übergabe Höfe von einem bestimmten Ausmaß gibt. Allgemein scheint die Aussiedlung der Eltern ans Gebiet der ertragreichen Landwirtschaft gebunden. Was die

Gewährsleute von damals betonten, trifft auch heute noch zu: Die Aussiedlung, sei es ins Stöckli, sei es in ein anderes Haus, kommt in der Regel nur bei wohlhabenden Bauern vor. Eine verhältnismäßig einfache Lösung bietet sich beim Bezug einer modernen Siedlung an. Der junge Betriebsleiter wohnt mit seiner Familie in der außerhalb des Dorfes erstellten Siedlung; die alten Eltern bleiben im dörflichen Haus zurück. Auch in Berggebieten, in welchen der einzelne Bauer oft über mehrere Häuser verfügt, erscheint die Regelung gegeben: «Die Eltern gehen in eines davon, behalten sich das Hausrecht vor bis zum Lebensende», heißt es in Adelboden. Ähnliche Verhältnisse herrschen in St. Antönien, Graubünden[36].

Altertümlich mutet die heute wohl selten gewordene turnusweise Verpflegung und Unterbringung der Eltern an. Aus Raron (Wallis) wurde 1940 berichtet, daß ein armer Vater «z'Balleteile» gehen müsse, das heißt, er hatte der Reihe nach bei den einzelnen Kindern oder Verwandten Kost und Unterkunft zu beziehen[37]. In den Befragungen der letzten Jahre wurde von alten Bauern namentlich in den Berggebieten immer wieder betont, daß sich seit der Einführung der AHV und dank der verbesserten Rente sehr vieles geändert habe. Es sei jetzt auch ärmeren Bauern möglich, einen von den Kindern mehr oder weniger unabhängigen Lebensabend zu verbringen[38]. Alte, sich zurückziehende Bauern finden nur selten Aufnahme im Altersasyl. 1940 wurde ein solcher Fall nur von einem einzigen Gewährsmann erwähnt. Auch jetzt sind solche Fälle immer noch verhältnismäßig selten. Einerseits spricht die Tradition dagegen, andererseits fehlen notwendige Mittel für diese Art und Weise der Altenversorgung meistens.

Wie stark sich die Dinge wandelten, zeigt auch die Untersuchung von A. Dönz. Er ermittelte, daß im Prättigau rund die Hälfte der 416 Befragten den Betrieb bei der Heirat übernommen haben. 38% der Befragten übernahmen den Betrieb nach der Heirat, in verschiedenen Fällen erst beim Ableben des Vaters oder der Eltern. Die Tendenz, die Hofübergabe frühzeitiger vorzunehmen, ist ganz eindeutig. Von den heute Zwanzig- bis Dreißigjährigen übernahmen 84% der Befragten ganz oder teilweise bei der Verheiratung. Bis zur Verheiratung, so meint Dönz, habe der Sohn gar kein Interesse, den Betrieb zu übernehmen: «Er arbeitet auf dem Betrieb mit, erhält entweder ein kleines Taschengeld, oder – was häufiger der Fall ist – soviel, als er für seine persönlichen Bedürfnisse braucht.» Daß kein regelmäßiger Lohn ausbezahlt wird, empfindet mancher Junggeselle als Benachteiligung gegenüber den berufstätigen Geschwistern. Und doch verlangen sie auf der anderen Seite bewußt keinen Lohn, ganz einfach, weil sonst das Geld für die Neuinvestitionen fehlen würde. Sie lassen, wie man es ausdrückt, den Lohn im Betrieb stehen, um ihn bei der Betriebsübernahme als «Lidlohnanspruch» einzulösen. Im Gegensatz etwa zur Innerschweiz wird im Prättigau dem Sohn bereits vor der Verheiratung ein Mitspracherecht eingeräumt. Mancher entlastet sich damit gewissermassen ein wenig von der drückenden Verantwortung; mancher übergibt den Hof auch frühzeitig, weil er irgendwie spürt, daß die Betriebsführung immer schwieriger zu werden droht[39]. Etwas konservativer scheinen die Innerschweizer zu sein. Nach Wyder erfolgt in fast 60% der Betriebsübernahmen im Erbfall: «Die Heirat des Sohnes ist für den Vater kein Grund, den Betrieb zu übergeben», meint dieser Autor[40].

In engem Zusammenhang mit der Hofübergabe steht das Heiratsalter. Planck hat in seiner Untersuchung der westdeutschen Bauernjugend eine gewisse Verspätung des Heiratszeitpunktes festgestellt. Dönz findet diesen Sachverhalt in seinem Untersuchungsgebiet nicht bestätigt. Offensichtlich bestehen auch heute vor allem für Bergbauern beträchtliche Schwierigkeiten, eine Partnerin zu finden. Auf die Frage: «Hat es ein Bauernsohn heute schwerer, eine Frau zu finden, als seinerzeit der Vater?» antworteten 74% der Befragten mit «Ja». Die Frage der Heiratsschwierigkeit beschäftigt die Bauern nach Dönz in hohem Maß. Der Autor hat die Ursachen der Heiratsschwierigkeiten auf vier Punkte konzentriert: auf die Arbeitsüberlastung, das Angespanntsein, das Fehlen der Mädchen und die Umgangsformen des Bauernsohnes. Was unter Umgangsform verstanden wird, und wie sich dies eben auswirkt, wird an einem Beispiel dargelegt: Im Prättigau gingen einige Jungbauern zu den Mädchen, die im Bergdorf in Ferien weilten, zu einem Abendschwatz. Der Autor kam mit den Mädchen ins Gespräch und erkundigte sich, wie sich die Landleute verhielten. «Es waren ganz nette Burschen, aber sie sprachen überhaupt nur übers Vieh», lautete die übereinstimmende Antwort[41]. Eine neue Untersuchung im Kanton Uri zeigt, daß eine sehr große Zahl von Bauern überhaupt keine Ehepartnerin findet[42]. Den Ernst dieser Situation scheinen allerdings noch nicht alle unsere Zeitgenossen verstehen zu wollen. In der Innerschweiz hat Wyder ein Sinken des Heiratsalters in bäuerlichen

Kreisen festgestellt. Noch zwischen 1930 und 1935 heirateten die Bauern erst im Alter von durchschnittlich 35 Jahren. In den Jahren 1960 bis 1965 betrug das durchschnittliche Heiratsalter noch 28 Jahre[43]. Im Emmental haben von den in den Stichproben erfaßten Verheirateten rund 50% ihren Ehegatten vor dem 28. Altersjahr, 36,7% im Alter von 26 bis 30 Jahren und 13,3% im Alter von über 30 Jahren gefunden. In den Gemeinden Eggiwil, Schangnau und Trub wird später geheiratet, und die Anzahl der Ledigen ist verhältnismäßig höher als in Langnau und Trubschachen. Die Heiratschance der Burschen und Mädchen sinkt gewissermaßen mit der Höhe über Meer, sie ist in entlegenen Gebieten und in rein agrarischen Regionen geringer. Im Durchschnitt zeigt sich indessen heute deutlich eine Tendenz zur früheren Verehelichung[44].

Aus den sozialempirischen Untersuchungen geht recht deutlich hervor, daß das Vertrauensverhältnis und der Wille zur Zusammenarbeit innerhalb der Bauernfamilie unerläßliche Voraussetzung für das Funktionieren des Familienbetriebes darstellen. Um die Einstellung zu diesem Problem zu ergründen, wurde der bäuerlichen Bevölkerung im Freiamt folgende Frage gestellt: «Wenn Sie daran denken, wie es mit der Arbeiterfamilie bestellt ist: jedermann arbeitet in einem anderen Betrieb, der Vater zum Beispiel in einer Maschinenfabrik, der Sohn auf dem Bau, die Tochter im Büro, aber auf dem Bauernhof arbeiten alle Mitglieder nach Möglichkeit zusammen. Halten Sie dieses Miteinander für einen besonderen Vorzug des Bauernberufes oder nicht?» Die Antworten fielen eindeutig aus: 86% der Landwirte sprachen sich dafür aus, daß das Miteinander einen großen Vorteil darstelle, und nur 14% waren der Meinung, daß dies nicht der Fall sei. Das Resultat dieser Umfrage zeigt, daß die Mehrheit der Bauern auch heute noch wesentliche Vorteile in der bestehenden Familienarbeitsverfassung erblickt. Hat die Minderheit Maßstäbe aus der industriellen Arbeitswelt übernommen, oder hat irgendein Malaise in der Familie selbst den Anstoß zu einer negativen Antwort gegeben? Mit einer Nachfrage hat E. Schwarz festgestellt, daß bei der Hälfte der mit «Nein» antwortenden Bauern der familiäre Frieden zur Zeit der Befragung gestört war[45].

Um eine reibungslose Zusammenarbeit zu gewährleisten, braucht es eine gewisse Einstellung und Arbeitsplanung. Sie wird zum Teil unbewußt vorgenommen, wobei das Alter und Geschlecht der Familienmitglieder zum vornherein gewisse Funktionen miteinschließt, beziehungsweise auch ausschließt. Im ganzen aber, so kann man mit Preuschen sagen, hat der Bauer später als andere begonnen, sowohl die leitenden als auch die ausführenden Arbeiten bewußt zu planen und zu gestalten: «Sowohl der Betriebsleiter wie auch als sein Arbeiter hat er im wesentlichen aus der Erfahrung, der Vorstellung und der Gewohnheit gearbeitet und gewirtschaftet»[46]. Die Arbeitsverteilung an die Familienmitglieder ordnete in der traditionellen Landwirtschaft dem Mann und der Frau ganz bestimmte Aufgaben zu. Sie weichen in den einzelnen Regionen und Landesteilen erheblich voneinander ab. Dazu kam es in den letzten zwei Jahrzehnten infolge der Rationalisierung und Mechanisierung der Betriebe zu ganz erheblichen Umdispositionen und Änderungen. Eine volkskundliche Umfrage in den Jahren 1939 bis 1941 hat die damalige Situation festgehalten. Damals hatte man in bäuerlichen Kreisen noch ganz bestimmte Vorstellungen von der Arbeit der Bäuerin. So sagen verschiedene Gewährsleute der französischen Schweiz: «La femme ne s'occupe pas de l'étable et ne fauche pas; elle soigne les porcs.»[47] Beinahe apodiktisch meint ein Mann aus Orbe: «En pays vaudois la femme n'est pas occupée à l'étable et elle ne fauche pas.» Kurz und bündig sagte man auch damals im Zürcher Oberland: «D'Frau ghört is Hus und de Ma in Stall.» Die Frauen hatten diese Männerarbeit schon damals höchstens in Notfällen zu übernehmen. Einschränkend wurde allerdings bemerkt, daß viele junge Frauen dazu gar nicht mehr in der Lage seien, weil sie weder melken noch mähen können. Im Berner Jura scheint dagegen die Frau bis vor kurzem verhältnismäßig im Stall mitgeholfen zu haben. Aus Moutier wird berichtet: «Les hommes traient; plusieurs femmes sur la montagne de Moutiers savent traire et remplacent les hommes lors qu'il font de rentrer tardives (foires, fêtes, dimanches).» Für Delémont werden Zahlen angegeben (für die Zeit um 1940): Es melken 90% der Männer und 10% der Frauen[48]. In vielen Nebenerwerbsbetrieben muß in der Zeit, in welcher der Mann auf dem Bau oder in der Fabrik arbeitet, die Frau das Melken übernehmen. «Dans les petites exploitations agricoles les femmes traient quelques fois en absence du mari», heißt es in der Westschweiz. «Die Frauen helfen oft, da alles Kleinbauern ohne Knechte sind», wird aus dem Zürcher Oberland gemeldet. Noch heute besorgen viele Frauen von Arbeiterbauern die Stallarbeit. Es dürfte sich indessen nicht mehr um zahlreiche Fälle handeln. Auch hier spielte die Tradition eine gewisse Rolle. So war es im Wallis und Tessin bis 1940 allgemein üblich, daß die Frau das Melken besorgte. Die Arbeitsteilung der Geschlechter weist regional gesehen eine reiche Nuancierung auf. Im Valle Muggio, Tessin, besorgten 1942 die Frauen im Sommer noch das Vieh, die Männer arbeiteten auf dem Feld. Im Winter teilten sich Frauen und Männer in die Stall- und Melkarbeit. Recht häufig war die Stallarbeit der Frauen im Wallis: «Vor allem dort, wo die Männer dem Verdienst nachgehen müssen, ist die Viehpflege ausschließlich Sache des weiblichen Geschlechts.»[49] Eine besondere Arbeitsteilung der Geschlechter ist in den Gebieten der Saisonwanderung gegeben. Wenn der Mann als Maurer oder Maroniverkäufer während eines Teiles des Jahres auswärts arbeitete, war die Frau, unterstützt von Kindern und allenfalls von Alten, gezwungen, Feld- und Stallarbeit zu übernehmen. Die wirtschaftlich gegebene Arbeitsteilung war Tradition, und sie wurde teilweise auch traditionalistisch gerechtfertigt. Oft wurde die Tradition auch mißbraucht: So kam es zum Beispiel im Verzascatal vor, daß die Männer am Kamin saßen und plauderten, während die Frauen sich auf dem Feld abmühten[50]. Manche Frau war der Überbeanspruchung indessen nicht gewachsen: «Sie zog sich aus diesen Arbeiten zurück, wird darin aber nicht etwa vom Mann ersetzt... Eine große Fläche Landes bleibt daher unbestellt.»[51]

Schon um 1940 scheint sich in der Arbeitsteilung eine generelle Wandlung vollzogen zu haben. Bei den Ackerbauern des Mittellandes war die Stallarbeit ursprünglich vollständig Frauenarbeit. Im thurgauischen Dorf Altnau gab es noch 1910/20 Bauern, die gar nicht melken konnten. Heute melken normalerweise nur die Männer, und die Frauen helfen beim Füttern. Ebenso umfassend sind die Wandlungen in der Arbeitsteilung beim Mähen. Hier bestand offenbar von seiten der Frau eine gewisse Abneigung. Die Frau wollte, so meinte ein Gewährsmann in der volkskundlichen Umfrage von 1940/41, «nicht als Mannweib erscheinen»[52]. Demgegenüber war in den bergbäuerlichen Regionen das Mähen von Frauen traditionell und weitverbreitet. Auch heute noch kann man in alpinen oder voralpinen Gebieten mähenden Frauen begegnen. Die kurze Sommersaison zwingt zum Einsatz aller Arbeitskräfte. Maschinen können auch heute in manchen Bergregionen nicht eingesetzt werden. Ganz offensichtlich war die Mitarbeit der Frau zum Beispiel beim Mähen früher häufiger als heute: «Autrefois plusieurs paysannes fauchaient. Il-y-a dix ans, les quatre filles du fermier Schumacher fauchaient encore comme des hommes», meinte der Gewährsmann aus Porrentruy[53]. Auch in Disentis und Villa sehe man keine mähenden Frauen mehr. Im Jura war das Mähen offenbar seit jeher Männersache. Um 1940 wird jedenfalls fast verwundert festgestellt, daß nur Frauen aus der deutschsprachigen Schweiz mähen können. Fast entsetzt meldet ein Gewährsmann aus dem Jura: «Au Saiccourt, une Oberlandaise fauche comme un homme.»[54]

Zur eigentlichen Frauen- und Kinderarbeit gehörte seit jeher das Ausbreiten des Grases oder Heues. In den Talbetrieben hat die Maschine inzwischen diese Aufgabe ausnahmslos übernommen; in den Berggebieten ist das Heuen großenteils noch Frauenarbeit geblieben. Die Maschine hat hier die Frau jedenfalls nur teilweise entlastet[55]. Allgemein können wir feststellen, daß mit der Verknappung der Arbeitskräfte auch die Belastung der Frau eher zunahm. Nußbaumer hat seinerzeit, das heißt vor 20 Jahren, festgestellt, daß im Homburgertal die meisten Frauen noch an allen Feldarbeiten beteiligt seien. Daß sie zum Beispiel vor der Zubereitung des Frühstücks beim Grasen mithelfen, wurde als selbstverständlich betrachtet. In jedem dritten Betrieb fütterten sie auch das Vieh, und einzelne Bäuerinnen konnten beim Ausmisten der Ställe, ja selbst beim Viehputzen getroffen werden. Es herrschte in diesem Gebiet immer noch eine traditionelle Arbeitsteilung vor. Die Frau war danach die unselbständige Gehilfin des Mannes und erfüllte damit zu einem schönen Teil die Funktion des früheren Knechtes. In solchen Fällen konnte es zu einer übergroßen Belastung der Bäuerin kommen. Tatsächlich hat Nussbaumer Arbeitszeiten von 15 Stunden im Sommer und 14 Stunden im Winter registriert. Die Folgen blieben nicht aus. In den sechs untersuchten Gemeinden des Homburgertals haben in der Landwirtschaft 10,6% der Männer das sechzigste Altersjahr erreicht, bei den Frauen waren es hingegen nur 7,4%. «Der vorzeitige Tod mancher Bäuerin zeugt von einer Pflichterfüllung bis zum Selbstverzehr.»[56] Dönz hat für das Prättigau eine verhältnismäßig große Arbeitsbeanspruchung festgestellt. Er fand Arbeits- und Präsenzzeiten von 15 Stunden und stellte fest, daß die Arbeitsdauer der Frau jener der Männer gleicht: «Sie stehen zwar etwas später auf, müssen aber nach dem Nachtessen noch die Kinder zu Bett bringen und abwaschen.» Auf dem Feld werden nach Dönz die Frauen dank der Mechanisierung weniger beansprucht als früher. Von der körperlichen Arbeit sei die Frau entlastet, und selbst im Haushalt seien einige Erleichterungen festzustellen. Die Bäuerin braucht nicht mehr so streng zu arbeiten. Sie muß hingegen «überall sein»[57].

Nach einer Untersuchung der Zentralstelle Küsnacht für landwirtschaftliche Betriebsberatung aus den Jahren 1968/70 – sie umfaßte total 21 Betriebe – ist die Mitarbeit der Bäuerin in den Betrieben von 5–10 ha recht beträchtlich (734 Arbeitsstunden pro Jahr). In der Größenklasse 15–20 ha wird pro Tag eine Stunde gerechnet (339 Stunden jährlich); in den Betrieben über 30 ha ist die Beanspruchung der Bäuerin geringer, sie betrug dort insgesamt im Jahr 54 Stunden[58]. Es scheint sich indessen ein Wandel in der Einstellung zur Frauenarbeit anzubahnen. Um ihn zu ergründen, wurde eine Anzahl von Bauern gefragt: «Was halten Sie davon, wenn die Bäuerin in erster Linie ihren Haushalt und ihre Kinder versieht und in Hof und Feld nur noch gelegentlich mitarbeitet, wenn es unbedingt notwendig ist?» Nicht weniger als 72% der Bauern waren der Meinung, daß dies anzustreben wäre. Allerdings klafften Theorie und Wirklichkeit noch auseinander, denn auf die Zusatzfrage: «Ist dies auf Ihrem Betrieb der Fall?» kam gewöhnlich die zögernde Antwort: «Es ist nicht durchführbar.» War die Bäuerin beim Interview anwesend, mußte die spontane Bejahung nach einem lächelnden Blick der Frau etwas korrigiert und eingeschränkt werden. Die Antwortverteilung läßt aber doch auf eine künftige Wandlung schließen. Nicht weniger als 72% der Landwirte halten die Trennung für gut, bei den ehemaligen Landwirtschaftsschülern waren es sogar 95%. Nur eine verschwindend kleine Minderheit von 5% der ehemaligen Landwirtschaftsschüler wollte an der herkömmlichen Bäuerinnenarbeit festhalten. Die größte Zahl der Neinsager stammte übrigens aus Kleinbetrieben. Tatsächlich haben ja auch größere Betriebe bessere Voraussetzungen, um das erstrebte Ziel zu erreichen[58a].

Es läßt sich nicht verkennen, daß mancher Wunsch aus dem Vergleich stammt, das heißt, man vergleicht die bäuerlichen Verhältnisse mit jenen der städtisch-industriellen Gesellschaft. Ziche geht sogar so weit, zu behaupten, daß die Bevölkerung in der Landwirtschaft ihr persönliches Leben industriegesellschaftlichen Normen entsprechend gestalten möchte[59]. Dazu würde nicht nur die Trennung von Haushalt und Betrieb gehören, sondern auch Kategorien wie geregelte Arbeitszeit, Ferien und Freizeitbeschäftigung. Empirische Sozialforschungen, die in unserem Land durchgeführt wurden, bestätigen allerdings Ziches These nur teilweise. Das Problem ist im übrigen recht komplex, denn es geht ja nicht allein um die Einstellung zu den Ferien und zur geregelten Arbeitszeit, sondern hier spielt auch die gesamte Einstellung zum Beruf und zum bäuerlichen Dasein eine ganz erhebliche Rolle. Was im folgenden vorgebracht wird, können lediglich einige wenige Hinweise sein. Zunächst muß betont werden, daß Freizeit in der bäuerlichen und in der industriellen Gesellschaft etwas ganz Verschiedenes darstellt. In der industriellen Gesellschaft geht es um Aktivitäten, die der Entspannung dienen, und zwar als Zerstreuung und als Entwicklungsmöglichkeit im Sinne der Persönlichkeitsbildung. Primär muß man in der industriellen Gesellschaft die Freizeitaktivität und die Freizeitbestrebungen als Erwiderung auf die durch die Arbeitsteilung entstehende Entfremdung, das heißt, als Möglichkeit zur Befreiung aus der Arbeitswelt, begreifen. In der Diskussion über die Freizeit wird man deshalb heute betonen müssen, daß die Arbeitswelt nicht nur einseitig die Freizeitwelt beeinflußt oder gar determiniert, sondern daß wesentliche Einflüsse von der zweiten zur ersten gehen. In der ländlich-agrarischen Welt dagegen wurde bis jetzt aus ethnischen und zum Teil auch aus traditionellen Gründen das Leben praktisch mit Arbeit in eins gesetzt. Noch etwas deutlicher ausgedrückt: Dem Bauer steht sicher im Frühling, Sommer und Herbst wenig Erholungszeit zur Verfügung. Es gibt jedoch immer wieder Zeiten, wo die Möglichkeit zum «Freizeitkonsum» vorhanden ist. Sie wurde indessen bis heute nicht, oder viel schlechter als bei anderen Gruppen, genutzt. Das ist ganz verschieden zu erklären. Einmal läßt die einseitigere, unfreiere Arbeit den Nicht-Landwirt eben eher nach Möglichkeit zur Entspannung suchen. Der Landwirt dagegen verwendet die freie Zeit stärker zur puren Regeneration der Körperkräfte. Es scheint nun aber, wie aus den Untersuchungen von Jaeggi (Berner Oberland) hervorgeht, daß die jüngeren Bauern den Wunsch nach freier Zeit stärker spüren. Der Vergleich mit den anderen wird nicht nur in finanzieller Hinsicht gezogen; die längere Arbeitszeit, die keine regelmäßige Freizeitaktivität ermöglicht, wird als nachteilig empfunden[60]. Gerber stellte in seinem Untersuchungsgebiet auch heute noch eine starke Vermischung von Arbeitszeit und Freizeit, von Arbeit und Erholung fest. Mancher Bauer nannte «einfach eine Arbeit im betrieblichen Ablauf als liebste Beschäftigung, oder sagte, daß er keine Freizeit habe und die Arbeit sein Hobby sei». Die gleiche Antwort erhielt er auch oft von Bäuerinnen. Erst nach einer entsprechenden

Erklärung wurde dann eine Arbeit genannt, die nicht zum normalen Arbeitsablauf gehört, eine Verrichtung, die von der beruflichen Arbeit unterschieden werden kann.[61] Dönz stellte im Prättigau fest, daß sich Bauer und Bäuerin sehr selten und sehr schwer vom Betrieb lösen können. Die Ablösung ist schwierig, weil niemand zur Verfügung steht. Eigentliche Ferien sind deshalb in diesem Gebiet noch unbekannt. Die Antworten zur Frage nach Ferien und Reisen sind denn auch eindeutig ausgefallen. Ein 40jähriger Mann aus Fanas: «Ferien kennen wir nicht.» Ein anderer gleichaltriger aus Schuders: «Für mich ist die Jagdzeit Ferien, da mache ich nur das Dringendste.» Ein 30jähriger Bauer aus Furna: «Der militärische Wiederholungskurs ist für mich die Ferienzeit.» Im ganzen haben sich 80% der Ehepaare seit ihrer Verheiratung nie auch nur während zwei Tagen vom Betrieb lösen können, obwohl die Hälfte seit mehr als 20 Jahren verheiratet ist. Die wenigen jungen Ehepaare, welche gemeinsamem Urlaub nachkommen, konnten dies nur dank einer rüstigen Elterngeneration. «In eigentlichen Einmannbetrieben war es nicht möglich, daß Mann und Frau auch nur einmal während zwei Tagen miteinander Urlaub nehmen konnten.»[62]

Dönz glaubt, daß die Häufigkeit der Freizeitbeschäftigung weniger abhängig von den Freizeitmöglichkeiten als von der Einstellung ist. Er fragte die Bauern in seiner Region: «Wenn Sie einen absolut freien Tag hätten, was würden Sie tun?» Die Antwort fiel eindeutig aus: 41% der Männer und 37% der Frauen antworteten: ruhen. Eine schöne Zahl von Männern antwortete: in die Natur gehen. Was schon Planck festgestellt hatte, wurde auch im Prättigau bestätigt. Die früher intensiv gepflegte häusliche Unterhaltung durch Wort, Spiel und Lied ist durch ungesellige Beschäftigung wie Lesen, Radiohören und Fernsehbetrachtung verdrängt worden.

In den Gesprächen mit den Bauern und Bäuerinnen trat immer wieder eine recht wichtige Feststellung an den Tag: Mancher Bauer bemerkte, daß er die Freizeit nicht im gleichen Maße benötige wie ein Arbeiter. Für ihn sei die Arbeitswelt kein Zwang, dem er entrinnen müsse, sondern vielmehr Erfüllung und Freude. Wir haben diese Frage, das heißt, die Frage nach der Einstellung zur Arbeit und zum Beruf sehr ernst zu nehmen. Sie ist für die Fortdauer des bäuerlichen Familienbetriebs von entscheidender Bedeutung. In seiner Untersuchung im Homburgertal hat Jakob Nußbaumer die Selbsteinschätzung der Bauern untersucht und dabei festgestellt, daß 63 Landwirte (56%) sich anderen Berufsständen gegenüber benachteiligt fühlen. Als Gründe nannten die unzufriedenen Bauern die lange Arbeitszeit und die tiefen Preise. Daneben wurden relativ häufig genannt: die Absatzverhältnisse, der Einfluß des unbeständigen Wetters, das geringe Verständnis der anderen Kreise, das Angebundensein und die Enge der baulichen Verhältnisse. Die meisten Bauern allerdings nannten immer wieder auch das Schöne in ihrem Beruf. Sie waren jedoch nicht imstande, dies so beredt zu schildern wie die Nachteile. Am höchsten bewertet wurde die freie Arbeitsgestaltung oder das Selber-Herr-und-Meister-Sein. Außerdem wurden genannt die abwechslungsreiche Tätigkeit, die Freude an Pflanzen und die Zusammenarbeit der ganzen Familie. Vom oft besungenen «ruhigen Landleben» war nie die Rede. «Mehr als irgendwelche romantische Vorstellungen bindet der eigene Besitz und die selbständige Arbeit die Bauernfamilien an ihren Beruf.» Nußbaumer glaubt, daß vor allem die junge Generation in seinem Untersuchungsgebiet eine klare und wirklichkeitsnahe Vorstellung davon hat, wie heute ein Bauernbetrieb aussehen soll. Von den acht gegebenen Möglichkeiten konnte man jene drei ankreuzen, die am wichtigsten erschienen, die Anzahl der Kreuze ergab die folgende Abstufung (wir nennen nur die drei ersten Positionen): 1. Friedliches Familienleben 62, 2. Geregelte Arbeitszeit 54, 3. Fortschrittliche Leitung 43[63]. U. Jaeggi, der fast in der gleichen Zeit einige Berggemeinden im Berner Oberland untersuchte, kam zu etwas anderen Festellungen. Sehr viele Bauern in diesem Untersuchungsgebiet standen, so meint dieser Autor, unter dem Eindruck einer gewissen Isoliertheit. Kennzeichen ihrer Haltung sei die Unsicherheit. Zwar leistet der Bauer dieser Region immer noch eine durchschaubare Arbeit, aber er sei nicht sicher, ob sie in seinem Fall noch notwendig sei. Noch vor einer Generation – so wurde hier etwa argumentiert –, habe man den Bauern und das Produkt, das er herstellt, als lebensnotwendig, als Voraussetzung gebraucht, um die Kriegszeit zu überdauern. Heute sei dies alles vergessen und die Position der Bergbauern schwer erschüttert. Namentlich der Kleinbauer dieser Region fühle sich überanstrengt. Er wisse, daß er wenig oder keine Freizeitmöglichkeiten habe. Außerdem fürchte er, überflüssig zu werden, und habe den Eindruck, von materiellen und sozialen Gütern ausgeschlossen zu sein. Allerdings fand Jaeggi auch in dieser Region positive Einstellungen. Die Bergbauern sagten immer wieder, sie seien froh, daß sie nicht der gleichen Arbeitsdisziplin unterworfen seien wie die Industriearbeiter und die Angestellten. Als positiv wurde auch empfunden, daß sich Wohnen und Arbeiten innerhalb überschaubarer Beziehungen abspielen. Allen Wandlungserscheinungen zum Trotz stellte Jaeggi fest, daß in seiner untersuchten Region die Zusammengehörigkeit von Familien- und Arbeitsdasein als bewußt erlebte, wesentliche Eigenschaft noch anzutreffen sei. Man wisse auch um die Eigenbestimmtheit der bäuerlichen Arbeit, das heißt, um die größere Freiheit bei der Arbeitsplanung, um die ganzheitliche Arbeitswelt, um das Zusammenfallen von Lebensunterhalt und Lebensinhalt[64]. Zu teilweise anderen Resultaten kam Dönz in seiner Untersuchung, die er Ende der sechziger Jahre und anfangs der siebziger Jahre durchführte. Obwohl nur rund zwei Drittel der Prättigauer Bauern den Beruf aus eigener Entscheidung wählten, haben, wie Dönz eindeutig feststellen konnte, die meisten Freude an ihrer Tätigkeit. Auf die Frage: «Haben Sie viel, wenig oder gar nicht Freude an Ihrem Beruf?» antworteten von 507 Befragten deren 433 oder 85,4%, daß sie der Bauernberuf mit Freude erfülle. Selbst die 50- bis 60jährigen Bauern, bei welchen nur rund die Hälfte aus freier Wahl den Bauernberuf ergriff, antworteten mehrheitlich, daß das Bauern Freude bereite. Noch größer, nämlich 92%, ist die Zustimmung der Frauen zum Bauernberuf. Das ist doch erstaunlich, denn gerade die Bergbäuerin wird ja ihres harten Daseins wegen oft bemitleidet. Es scheint aber, daß sich hier eine gewisse Änderung vollzog und daß die positiven Elemente in der Einstellung dominieren.[65]

In seiner Untersuchung im Emmental, die er ungefähr um die gleiche Zeit wie Dönz machte, hat Fritz Gerber Informationen über die Zufriedenheit im Beruf mit folgender Frage zu erhalten gesucht: «Würden Sie Ihren Beruf (Hauptberuf) heute noch ergreifen, oder würden Sie einen anderen wählen?» Die Ergebnisse sind eindeutig. Rund zwei Drittel der befragten Bauern, nämlich 64,3%, würden den bäuerlichen Beruf heute nochmals wählen. Recht interessant sind die negativen Äußerungen. Jene Bauern, die nicht mit «Ja» antworteten, begründeten dies deutlich. Sie sagten, es sei nicht die Arbeit, die ihnen mißfalle, sondern vor allem das ungenügende Einkommen und das Angebundensein. Dazu komme noch das geringe Ansehen, das sehr viele Bauern in anderen Kreisen haben. Von den Befragten mit höherem Bildungsniveau würden über vier Fünftel, nämlich 83,3%, den Bauernberuf nochmals wählen, das sind 19% mehr als im Gesamtdurchschnitt. Bei den Befragten von Betrieben mit Buchhaltung liegt der Anteil der Berufsbejahenden um 11,9% über dem Mittel. Nach Gerber wird dadurch die oft gehörte Behauptung, Ausbildung und Buchführung mache die Leute in der Landwirtschaft unzufrieden, widerlegt. Recht interessant ist es auch, daß in Gemeinden mit wenig Industrie – Eggiwil, Schangnau und Trub – besonders in der Landwirtschaft der höheren Lagen die Berufszufriedenheit überdurchschnittlich groß ist. Gerber glaubt, daß dies mit der beschränkten Vergleichsmöglichkeit zusammenhängt. Trotz härterer Bedingungen sind diese Leute oben auf den Eggen zufriedener als im Tal. Trifft es zu, daß die Menschen grundsätzlich bereit sind, auf Annehmlichkeiten zu verzichten, wenn sie damit in der Gesellschaft eine gewisse Achtung und Anerkennung gewinnen, wenn dies mit sozialem Ansehen kompensiert wird? Tatsächlich genießt in den Bauerngemeinden Eggiwil, Schangnau und Trub der Bauer ein höheres Ansehen als in Langnau und Trubschachen. Eine überdurchschnittliche Zufriedenheit zeigt sich nach Gerbers Untersuchung auf Betrieben mit neun und mehr Kühen. Vier Fünftel der Befragten dieser Gruppe würden der Landwirtschaft und der Scholle treu bleiben, falls sie nochmals jung wären. Das läßt sowohl auf die wirtschaftlich günstigere Basis wie auch auf ein höheres Ansehen schließen. Die Ergebnisse der Befragten mit Nebenbeschäftigung weichen nur unbedeutend vom Mittelwert ab. Die größere Berufszufriedenheit unter der jüngeren Generation führt dieser Autor darauf zurück, daß sie bei der Berufswahl weniger der Willkür der Eltern ausgesetzt war als die ältere Generation[66].

Wie wird der Familienbetrieb der Gegenwart und Zukunft beurteilt? Mehr als zwei Drittel der Befragten im Emmental (68,4%) waren der Meinung, daß der zukünftige Landwirtschaftsbetrieb ein Mittelbetrieb mit ausschließlich eigenen Arbeitskräften sein sollte oder sein wird. In der Landwirtschaft waren sogar über 70% dieser Meinung. Jene, die auf einem Bauernhof aufwuchsen, aber nicht mehr in der Landwirtschaft tätig sind, gehörten dieser Gruppe mit mehr als 70% an. Etwas anders denkt die übrige Dorfbevölkerung. Fast ein Drittel, nämlich 31,6%, war der Ansicht, daß die Betriebe vergrößert werden sollten, daß nur größere Betriebe eine Zukunftschance hätten. Dem Nebenerwerbsbetrieb gaben sie überhaupt keine Chance. Offenbar ist die Vorstellung vom «Mondscheinbauer», der sich fast zu Tode arbeitet und nie auf einen grünen Zweig kommt, recht tief im Bewußtsein dieser Bevölkerung verankert. Das sei weder Fisch noch Vogel, wurde etwa gesagt. Anderer Meinung waren 25 Bauern, oder 18,7%. Diese sehen nur im Nebenerwerbsbetrieb eine Zukunft. Die Meinung, daß lediglich der große Betrieb eine Chance habe, trat bei den Bauern nur in 15 Fällen oder 10% zutage[66a]. Etwas anders sieht das Zukunftsbild der Bergbauern im Prättigau aus. Von den 500 Befragten betrachteten deren 167 oder 33% die Zukunft als günstig, 229 oder 46% als eher kritisch, und 98 oder 20% fürchteten, daß die Lage des Bergbauern immer ungünstiger wird. Nach Betriebsgrößen eingereiht, ergibt sich die Folgerung: Je kleiner die Betriebsgröße, um so kritischer wird die Zukunft beurteilt. Im Gegensatz zum Emmental beurteilen die Nebenerwerbslandwirte und vor allem auch die Inhaber der kleinen Betriebe die künftige Entwicklung pessimistischer als die hauptberuflichen Bauern. Je umfassender die berufliche Tüchtigkeit und die geistige Aufgeschlossenheit, um so größer war auch das Selbstbewußtsein und die Zuversicht[67].

Nachdem wir nun vor allem die Einstellung zur Arbeit und zum Beruf kennenlernten, wollen wir abschließend noch die Leistung dieser Betriebe kennenlernen. Da die allermeisten landwirtschaftlichen Betriebe identisch sind mit Familienbetrieben, können wir uns recht kurz fassen, denn die Produktions- und Produktivitätsziffern sind aus der Statistik hinlänglich bekannt. Wir rekapitulieren nur die allerwichtigsten Befunde. Noch vor hundert Jahren benötigte ein 20-ha-Betrieb, der vier Kühe hatte und 8000 l Milch produzierte, dazu 14 Arbeitskräfte. Der Verkaufsanteil betrug lediglich 15%, das heißt also, es handelte sich hier um einen Selbstversorgerbetrieb, der kaum den Markt beliefern konnte. Heute kann dieser gleiche Betrieb 24 Kühe halten, die 111 000 l Milch produzieren. Der Verkaufsanteil ist auf 90% gestiegen und die Anzahl Arbeitskräfte auf zwei reduziert worden. Der Wert des Endrohertrages der schweizerischen Landwirtschaft hat sich allein seit 1939 vervierfacht. Auch die Arbeitsproduktivität ist ganz erheblich gestiegen. Unter Arbeitsproduktivität verstehen wir den realen Endrohertrag je landwirtschaftlich Berufstätigen. Betrug der reale Endrohertrag noch 1929/31 3318 Franken pro Berufstätigen, so beträgt er 1969/71 rund 15 000 Franken[68]. Mit Recht wurde im neuen Bericht des Bundesrates zur Lage der Landwirtschaft festgehalten, daß sich die Produktivität und die Fortschritte der Landwirtschaft sehr wohl mit jenen des Gewerbes, ja sogar der Industrie messen können und in vielen Fällen die Ziffern einzelner Branchen übertrafen. Selbst Kritiker anerkennen diese Leistung. Doch setzen sie ihre Kritik an einem ganz anderen Punkt an. Sie bestreiten nicht, daß der bäuerliche Familienbetrieb leistungsfähig ist, aber sie behaupten, daß er sozial und sozialpsychologisch, ja sogar menschlich gesehen eine Fehlkonstruktion darstelle. Theodor Bergmann meint, daß sich infolge technologischer, ökonomischer und sozialer demographischer Prozesse Familie und Betrieb verschieden entwickeln. Deshalb können die Produktionsfaktoren im bäuerlichen Familienbetrieb nicht mehr optimal kombiniert werden[69]. Die technischen Hilfen hätten die Arbeitsvorgänge erleichtert, aber gleichzeitig die soziale und psychologische Krise akzentuiert. Das alte Leitbild sei deshalb überholt, und es sei falsch, überholte Leitbilder entgegen der Entwicklung aufrechtzuerhalten, weil eine spätere Anpassung der Menschen schwieriger sei. Die Abwanderung geht nach Bergmann weiter, und für die Veränderung der Agrarstruktur sind lediglich drei Wege denkbar: Individuelle Betriebsvergrößerung, Kooperation bisher selbständiger Betriebe bis zur völligen Integration und Ausgliederung von Arbeit aus dem Betrieb. «Alle drei Wege führen weg vom traditionellen Leitbild des völlig selbständigen bäuerlichen Familienbetriebes.» Bergmann beruft sich dabei unter anderem auf Hofstee, einen holländischen Agrarpolitiker und Agrarsoziologen, der sagte, man könne die heutige Entwicklung nicht andauern lassen, ohne soziale Spannungen hervorzurufen, die sich nicht mehr beschwichtigen lassen. Es sei erwiesen, daß der Radikalismus der Bauern weitverbreitet sei. Von politischer Sicherheit und Stabilität sei nicht mehr die Rede. Zu ähnlichen Schlüssen kam 1973 Poppinga[70], ein ostfriesischer Bauernsohn.

Wie sieht es in unserem Land aus? Es ist nicht zu leugnen, daß es auch in bäuerlichen Schichten unseres Landes hin und wieder gärt. Es gibt auch bei uns Scharfmacher, und es ist nicht von der Hand zu weisen, daß es neben sehr vielen zufriedenen auch unzufriedene Bauern gibt. Doch in welchem Berufsstand ist das anders? Die Frage ist, ob es sich um viele Bauern handelt, und die weitere Frage wäre nach der Berechtigung und den Ursachen des Malaise. Wer Bergmanns Artikel genau durchliest, wird ziemlich schnell merken, daß dieser Autor von ganz bestimmten Voraussetzungen und ideologischen Leitbildern ausgeht. Er mußte deshalb zwangsläufig zu einer negativen Beurteilung des Familienbetriebes kommen. In einem einzigen Punkt müssen wir ihm wenigstens teilweise Recht geben, wenn wir objektiv bleiben wollen: Der bäuerliche Familienbetrieb, auch jener der Schweiz, hat eine wunde Stelle; es ist die soziale Seite. Der Einmannbetrieb ist verhältnismäßig weit verbreitet. So hat beispielsweise Dönz im Vorderen Prättigau 225 solche Betriebe ermittelt. Es sind 69,8% aller Betriebe. Daneben gab es im Prättigau damals 80 Väter-Sohn-Betriebe (24,7%) und nur 22 oder 6,3% sogenannte Großfamilienbetriebe. Diese Einmann-Betriebe sind zwar betriebswirtschaftlich recht beweglich, ihre Arbeitsorganisation ist indessen leicht verletzbar. Ein kleiner Unfall des Betriebsleiters bringt den Betrieb eventuell in allergrößte Schwierigkeiten. «Eine wichtige Voraussetzung für eine künftige günstige Entwicklung des bäuerlichen Familienbetriebes in wirtschaftlicher und sozialer Hinsicht wird nur zu schaffen sein, wenn die Betriebsleiter bereit sind, in einem wachsenden Maß zusammenzuarbeiten.»[71] Wie weit die mit Recht postulierte Zusammenarbeit gefördert werden kann, wird von den Betriebswirtschaftlern weiter untersucht werden müssen. Dabei wird uns die neue Dissertation von J. Kessler helfen können[72]. Bei der überbetrieblichen Zusammenarbeit hat der Agrarsoziologe darauf hinzuweisen, daß gerade hier die menschlich-psychologischen Seiten berücksichtigt werden müssen. Wenn sich Bauern beispielsweise gegen eine gemeinsame Viehhaltung sträuben, so darf man diese Haltung nicht ohne weiteres einfach als traditionalistisch und konservativ verschreien. Wohl wissend, daß das Vieh ein Teil des Lebensinhaltes ist, fragte Dönz 320 Bergbauern: «Würden Sie eine gemeinsame Haltung des Viehs mit mehreren Bauern befürworten?» Das Ergebnis war eindeutig. 95,6% antworteten: «Nein». Die Ansichten, die einzelne Bauern vortrugen, sind ebenfalls recht deutlich: «Nein, davon möchte ich nichts wissen», sagte ein 60jähriger Bauer aus Stels, und ein 50jähriger Nebenerwerbslandwirt aus Grüsch meinte: «Ich würde dann nicht mitmachen; wenn ich es nicht selbst versorgen könnte, hätte ich keine Lust, Vieh zu halten.» Tatsächlich würde ökonomisch und theoretisch gesehen den Nebenerwerbslandwirten mit einem täglichen Arbeitspensum in einer nichtlandwirtschaftlichen Tätigkeit die gemeinsame Viehhaltung mit abwechselndem Turnus in der Fütterung eine Entspannung bringen. Von den 41 befragten Nebenerwerbslandwirten war jedoch nur ein einziger für die gemeinsame Viehhaltung zu haben. Dönz bemerkte mit Recht, daß der heutige Nebenerwerbslandwirt sein Vieh nicht allein hält, um sein Einkommen zu ergänzen, sondern vor allem aus Freude, und dafür nimmt er auch die Mehrarbeit in Kauf. Damit berühren wir wieder psychologische Fragen, wie jene der Berufsfreude, die bereits angetönt wurde.

In diesem Zusammenhang muß noch einiges über die Ausbildung und Einstellung zur Ausbildung gesagt werden. Schon Aereboe hat in anschaulicher Sprache formuliert, daß die Ausbildung oder Kenntnisgewinnung im bäuerlichen Betrieb eine ganz große Bedeutung habe. Der Bodenmelioration müsse immer erst «die Melioration in den Köpfen der Menschen vorausgehen». Alle Erfindungen und Fortschritte der Wissenschaft würden wenig nützen, «wenn das Gros der praktischen Landwirte von ihnen keinen Gebrauch macht»[73]. Im landwirtschaftlichen Familienbetrieb spielt sich ein großer Teil des Lernprozesses zu Hause ab. Das wissen die Bauern sehr genau, ja sie sind geneigt, diesem Teil der Ausbildung eine dominierende Bedeutung beizumessen. «Was in den Schulen gelernt wird», sagte ein Emmentaler Bauer, «nützt dem Bauer wenig. Theorie und Praxis sind nicht dasselbe.» Ein anderer meinte, der Bauer XY sei geschult, «aber wir haben noch nie gemerkt, daß er besser wirtschaftet als wir»[74]. Die gleiche Einstellung fand Gerber auch, als er mit dem Emmentaler Bauern über die Betriebsberatung diskutierte: «Uns soll niemand das Bauernlernen lehren. Wir brauchen keine neuen Theorien. Was wir brauchen, sind höhere Preise und Leute zum Arbeiten», sagte ein Emmentaler Bauer. Gerber hat daraus geschlossen, daß viele Bauern im Emmental von der fachlichen Ausbildung nicht allzu viel halten. «Man hat Angst, daß die Jungen nach der Ausbildung zu Hause nicht mehr gut genug sein könnten, daß sie Neuinvestitionen verlangen würden, Betriebsumstellungen vornehmen möchten, daß sie kurzum mit den Traditionen brechen oder vielleicht sogar abwandern würden.»[75] Wie verschiedene neue Untersuchungen zeigen, verstehen die Bauern unter Ausbildung etwas ganz Spezifisches: «Was man lernen muß, ist eine Kunst der Betriebspolitik, oder mit einem Betriebswirtschaftler zu sprechen, bei gegebenen Verhältnissen im Betriebe und im Markt das Bestmögliche zu erreichen, mit größter Wirtschaftlichkeit und mit höchstem Erfolg zu arbeiten.» Man lernt auf dem Hof, und nur additional durch Institutionen wie Fachschule, Beratung, Fremdlehre und Meisterkurse. Man ist bereit, von diesen Institutionen ökonomisches wie technisches Wissen entgegenzunehmen, sofern man sich eine praktische Anwendung auf dem eigenen Betrieb verspricht. Je praxisnäher die Impulse sind, umso besser kommen sie an. Vorschläge und Systeme, die das ökonomische System des eigenen bäuerlichen und familiären Betriebes in Frage stellen, werden, selbst wenn sie materielle Vorteile versprechen, verworfen. Das Konzept des abgeschlossenen Familienbetriebes ist so tief verankert, daß jedes prinzipiell auf Veränderung abzielende institutionelle Lernen als systemextern betrachtet wird. Am Kernstück bäuerlicher Lebensform – der Familienzusammenarbeit auf dem Hof – will man festhalten. Immer noch versteht die bäuerliche Bevölkerung den Beruf Bauer in erster Linie als Lebensform und weniger als Mittel zum Lebensunterhalt. Die rein quantitative und ökonomische Betrachtungsweise hat zwar auch ihre Anhänger, sie ist indessen nicht vorherrschend. Die Mischung der ökonomischen und ökologischen Betrachtungsweise ist weitverbreitet. Man könnte auch von einer ganzheitlichen, qualitativen Betrachtungsweise sprechen. Es ist jene Betrachtungsweise, in welcher der landwirtschaftliche Betrieb als ein Organismus höherer Ordnung aufgefaßt wird, in welchen sich der Bauer als integrierendes und lenkendes Glied hineinstellt. Diese ökologisch orientierte Landwirtschaft ist in der traditionellen Landwirtschaft verwirklicht worden. In ihr versuchte man einen Ausgleich zwischen Bewahren und Fortschreiten zu finden. Sie nutzt zwar den technischen Fortschritt, den ihr die industrielle Revolution gebracht hat. Sie akzeptiert auch viele Werte der industriellen Gesellschaft, ohne jedoch die von der bäuerlichen Welt geschaffenen Werte zu verleugnen.

Diese Bauern fühlten seit altersher – und sie tun es auch heute noch – die moralische Verpflichtung in sich, den Boden in Ordnung zu halten und seine Fruchtbarkeit zu steigern. Sie haben jene großartige Kulturlandschaft geschaffen, die wir heute zwar rühmen, aber gleichzeitig alles daransetzen, um sie zu zerstören. Wäre es nicht gescheiter und besser, jenen Bauern ihr Recht zu lassen, sie in ihrem Tun zu bestärken, von ihnen zu lernen, statt sie zu belehren? Die wahre Universalität besteht nicht darin, daß man vieles über die Bauern weiß, sondern daß man sie liebt.

Thesen

1. Die bäuerlichen Familienbetriebe erbringen eine ökonomische Leistung, die sich ohne weiteres mit Leistungen anderer Betriebsarten vergleichen läßt und sie in verschiedenen Fällen auch übertreffen kann.
2. Der bäuerliche Familienbetrieb vermag ein Arbeitsklima zu schaffen, das die Berufsfreude fördert und stützt.
3. Der bäuerliche Familienbetrieb ist imstande, seine Betriebsweisen den ökologischen Erfordernissen anzupassen. Er bietet besser als andere Betriebsformen dafür Gewähr, weil diese Landwirte langfristig und in Generationen denken. Die Bewirtschaftung entspricht aus diesen Gründen der Nachhaltigkeit. Bodenbesitz verpflichtet, erhält und bewahrt selbst im Grenzertragsbereich.
4. Da die meisten bäuerlichen Familienbetriebe sogenannte Einpaarbetriebe sind, besteht die Gefahr der Verletzlichkeit. Ein kürzer oder sogar länger dauernder Ausfall des Betriebsleiters oder seiner Ehefrau kann den ganzen Betrieb in Frage stellen oder wirft zumindest sehr schwerwiegende Probleme auf. Im Einpaarbetrieb ist die Gefahr der Überanstrengung verhältnismäßig groß. Bei allen Maßnahmen zugunsten der Landwirtschaft ist diese schwache Stelle in Zukunft besser zu berücksichtigen.
5. Verschiedenen Nachteilen zum Trotz stellt der bäuerliche Familienbetrieb auch heute und morgen, vor allem wenn wir auch die ökologischen Erfordernisse miteinbeziehen, eine optimale Möglichkeit der Landbewirtschaftung in der Schweiz dar.

---

[1] Bergmann, Th.: Der bäuerliche Familienbetrieb – Problematik und Entwicklungstendenzen. Zeitschrift für Agrargeschichte und Agrarsoziologie, Jg. 17, Heft 2, Okt. 1969, S. 215–227.

[2] Priebe, H.: Landwirtschaft in der Welt von morgen. Düsseldorf und Wien, 1970, S. 349.

[3] Vgl. dazu den Bericht von Georges Vedel: Ministère de l'agriculture, vom 20. Juni 1969.

[4] Winkler, E.: Veränderungen der Kulturlandschaft im zürcherischen Glattal, Zürich 1936, S. 61.

[5] Hauser, A.: Wald und Feld in der alten Schweiz. Zürich 1972. S. 191.

[6] Schmidt, Georg C. L.: Der Schweizer Bauer im Zeitalter des Frühkapitalismus. Bern und Leipzig 1932. S. 42.

[7] Braun, R.: Industrialisierung und Volksleben. Die Veränderungen der Lebensformen in einem ländlichen Industriegebiet vor 1800. Erlenbach-Zürich 1960. S. 61.

[8] Schürmann, M.: Bevölkerung, Wirtschaft und Gesellschaft in Appenzell-Innerrhoden im 18. und frühen 19. Jahrhundert. Appenzell 1974. S. 74.

[9] Bucher, S.: Bevölkerung und Wirtschaft des Amtes Entlebuch im 18. Jahrhundert. Luzern 1974. S. 140.
[10] Hirzel, H. C.: Der Philosophische Kaufmann. Zürich 1775. S. 103 ff.
[11] Braun, R.: a.a.O., S. 177.
[12] Braun, R.: a.a.O., S. 180.
[13] Dazu im einzelnen: Hauser, A.: Die Produktivität der Schweizerischen Landwirtschaft im 19. Jahrhundert. Festschrift Abel, Band III, 1974. S. 597.
[13a] Kraemer, A.: Die Landwirtschaft im schweizerischen Flachlande, ihre Grundlagen und ihre Einrichtungen. Frauenfeld 1896.
[13b] Laur, E.: Landwirtschaftliche Betriebslehre für bäuerliche Verhältnisse, Aarau 1907.
[13c] Frauendorfer, S. von: Ideengeschichte der Agrarwirtschaft und Agrarpolitik. 1. Band, München 1957. S. 511.
[14] Schelsky, H.: Die Gestalt der Landfamilie im gegenwärtigen Wandel. Hannover 1953. S. 42.
[15] Planck, U.: Der bäuerliche Familienbetrieb. Stuttgart 1964. S. 3.
[16] Statistische Erhebungen und Schätzungen über Landwirtschaft und Ernährung. Brugg 1974. 51. Jahresheft, S. 172.
[17] Howald, O., Sommerauer, W., Dätwiler, G.: Landwirtschaftliche Betriebslehre für bäuerliche Familienbetriebe. 18. Auflage, Aarau 1971. S. 130.
[18] Planck, U.: Landjugend im sozialen Wandel. München 1970. S. 161.
[19] Planck, U.: Der Familienbetrieb, a.a.O., S. 163.
[20] Nußbaumer, J.: Die Lebensverhältnisse der Bauernfamilien im Homburgertal. ETH-Diss., Basel 1963. S. 106.
[21] Dönz, A.: Die Veränderung in der Berglandwirtschaft am Beispiel des Vorderprättigaus. ETH-Diss., Zürich 1972. S. 194.
[22] Jaeggi, U.: Berggemeinden im Wandel. Eine empirisch-soziologische Untersuchung in vier Gemeinden des Berner Oberlandes. Bern 1965. S. 143.
[23] Dönz., A.: Die Veränderung, a.a.O., S. 196.
[24] Dönz, A.: a.a.O., S. 195.
[25] Nußbaumer, J.: a.a.O., S. 195, S. 84.
[26] Gerber, F.: Wandel im ländlichen Leben. Eine sozialökonomische und sozialpsychologische Untersuchung in fünf Gemeinden des Oberemmentals. Bern und Frankfurt 1974. S. 194 (ETH-Diss.).
[27] von Planta, P. und Müller, K.: Die Förderung wirtschaftlich bedrohter Bergregionen durch eine aktive Entwicklungspolitik. Winterthur 1971. S. 23.
[28] Atlas der schweizerischen Volkskunde, Karte I/101 und Kommentar 1. Teil, 7. Lieferung, S. 593.
[29] Atlas, a.a.O., 1. Teil, 7. Lieferung, S. 594.
[30] Atlas, a.a.O., 1. Teil, 7. Lieferung, S. 595.
[31] Atlas, a.a.O., 1. Teil, 7. Lieferung, S. 595.
[32] Moser, R. A.: Die Vererbung des bäuerlichen Grundbesitzes in der Schweiz, unter spezieller Berücksichtigung des Kantons Bern. Diss. Bern 1931. S. 96.
[33] Atlas, a.a.O., 1. Teil, 7. Lieferung, S. 597.
[34] Atlas, a.a.O., 1. Teil, 7. Lieferung, S. 597.
[35] Umfrage des Verfassers 1971: vgl. jetzt die neueren Untersuchungen von T. Abt, Entwicklungsplanung ohne Seele. ETH-Diss., Bern 1978.
[36] Atlas, a.a.O., 1. Teil, 7. Lieferung, S. 599.
[37] Atlas, a.a.O., 1. Teil, 7. Lieferung, S. 599.
[38] z. B. Gewährsmann aus Bristen im Maderanertal (Uri).

[39] Dönz, A.: a.a.O., S. 200.
[40] Wyder, J.: Wirtschaftliche und soziologische Untersuchung in der Zentralschweiz unter besonderer Berücksichtigung der landwirtschaftlichen Verhältnisse. ETH-Diss., Zürich 1971, S. 150.
[41] Dönz, A.: a.a.O., S. 209 und 210.
[42] Abt, T.: Regionalplanung. Uri 1975.
[43] Wyder, I.: a.a.O., S. 91.
[44] Gerber, F.: Wandel im ländlichen Leben, a.a.O., S. 139.
[45] Schwarz, E.: Wandlungen der Lebensart und Lebensgewohnheit im bäuerlichen Selbstbild, eine empirische Sozialforschung im Kanton Aargau. Diplomarbeit ETH, 1971.
[46] Preuschen, G.: Der bäuerliche Familienbetrieb. Stuttgart 1959. S. 96.
[47] Atlas, a.a.O., 1. Teil, 6. Lieferung, S. 469.
[48] Atlas, a.a.O., 1. Teil, 6. Lieferung, S. 469.
[49] Rübel, H. O.: Viehzucht im Oberwallis. Frauenfeld 1950, S. 37.
[50] Gschwend, M.: Das Tal Verzasca. Aarau 1946. S. 125.
[51] Atlas, a.a.O., 1. Teil, 6. Lieferung, S. 471.
[52] Atlas, a.a.O., 1. Teil, 6. Lieferung, S. 475.
[53] Atlas, a.a.O., 1. Teil, 6. Lieferung, S. 475.
[54] Atlas, a.a.O., 1. Teil, 6. Lieferung, S. 475.
[55] Loretz, Chr.: Bauernarbeit im Rheinwald. Basel 1943. S. 124.
[56] Nußbaumer, J.: a.a.O., S. 97.
[57] Dönz, A.: a.a.O., S. 126.
[58] Schib, K. und Navratil, J.: Die Mitarbeit der Bäuerin im landwirtschaftlichen Betrieb, in «Die Grüne», Nr. 36, vom 3.9.1971, S. 1285.
[58a] Schwarz, E.: a.a.O., S. 104.
[59] Ziche, I.: Das gesellschaftliche Selbstbild der landwirtschaftlichen Bevölkerung in Bayern. München und Weihenstephan 1969. S. 79.
[60] Jaeggi, U.: Berggemeinden im Wandel, a.a.O., S. 202.
[61] Gerber, F.: Wandel im ländlichen Leben, a.a.O., S. 199.
[62] Dönz, A.: Die Veränderung, a.a.O., S. 130.
[63] Nußbaumer, J.: Die Lebensverhältnisse der Bauernfamilie im Homburgertal, a.a.O., S. 199.
[64] Jaeggi, U.: Berggemeinden, a.a.O., S. 111.
[65] Dönz, A.: Die Veränderung in der Berglandschaft, a.a.O., S. 171 und 172.
[66] Gerber, F.: Wandel im ländlichen Leben, a.a.O., S. 169ff.
[66a] Gerber, F.: Wandel im ländlichen Leben, a.a.O., S. 169ff.
[67] Dönz, A.: Die Veränderung, a.a.O., S. 232.
[68] Statistische Erhebungen, a.a.O., Brugg 1975, Heft 51, S. 775.
[69] Bergmann, Th.: Der bäuerliche Familienbetrieb – Problematik und Entwicklungstendenzen, in: Zeitschrift für Agrargeschichte und Agrarsoziologie, Jg. 17, Heft 2, Okt. 1969, S. 211.
[70] Poppinga, D. H.: Politisches Verhalten und Bewußtsein deutscher Bauern und Arbeiterbauern unter besonderer Berücksichtigung revolutionärer und gegenrevolutionärer Bewegungen und Ansätze. Diss. Stuttgart-Hohenheim 1973.
[71] Fleischhauer, E.: Neuzeitliche Familienbetriebe. Heft 2, Frankfurt a. M. 1966, S. 112.
[72] Kessler, J.: Überbetriebliche Zusammenarbeit im Produktionsbereich der schweizerischen Landwirtschaft. Diss. ETH 1976.
[73] Aereboe, F.: Allgemeine landwirtschaftliche Betriebslehre. Berlin 1923. 6.

Auflage, S. 595.
[74] Gerber, F.: Die Lebensverhältnisse, a.a.O., S. 161.
[75] Gerber, F.: Die Lebensverhältnisse, a.a.O., S. 162.

Bäuerliches Leben im Spiegel der Sage

Daß die Volkssagen zu den großartigsten und unentbehrlichen Quellen der Literatur gehören, ist längst bekannt. Daß sie auch bei der Erforschung bäuerlichen Lebens wertvolle Dienste erweisen können, ist zunächst eher erstaunlich, stammt doch nur ein Teil der Sagensammler aus bäuerlichen Familien im engeren Sinne des Wortes. So gehörten etwa zu den Gewährsleuten Alois Sentis ausser Bauern und Alphirten Gelegenheitsarbeiter, Bahnangestellte, Hausfrauen, Lehrer, Posthalter, Fuhrhalter, Maurer, Werkmeister, Gärtner und Bauarbeiter. Auch die Gewährspersonen des Sagensammlers Arnold Büchli entstammten allen Ständen und Berufen: «der Landammann wie der Geißbub, der Alpknecht wie der ‹Spengler› und Schirmflicker, der Beamte wie der Handwerker, der Lehrer und der Kantonsschulprofessor wie der Jurist und der Geistliche, der Geschäftsmann und der Gastwirt wie der Taglöhner, die Bäuerin wie die Hausiererin, die habliche Stadtfrau wie die Wäscherin, und alle Generationen vom 90jährigen Aehni bis hinunter zum Hirtenbüblein.»[1] Alle diese Menschen waren indessen im landwirtschaftlich-bäuerlichen Raum zu Hause. Ihre Lebensweise wich kaum ab von derjenigen der Bauern. Die Landwirtschaft war, als sie ihre Sagen erzählten, noch nicht mechanisiert: die große Abwanderung der landwirtschaftlichen Kräfte stand erst vor der Türe. Noch gab es Dorfeten, Stubeten oder Hengerte, an welchen Klein und Groß, Alt und Jung zusammenkamen, um den Sagenerzählern zu lauschen. Wie Michael Sooder aus dem Haslital berichtet, saßen noch in den zwanziger Jahren dieses Jahrhunderts Männer und Frauen Sommerzeits auf Baumstämmen, die längs der Dorfgasse lagen, auf Sägebrettern, auf einer langen Bank. Sie dorfeten miteinander.

«Wenn es anfing zu dunkeln, erhoben sich zwei oder drei, gingen mit ‹Göet Nacht und bhiet ech Got› heim; man hörte, wie die Tür ins Schloß fiel und der Saaren, der Nachtriegel, zugestoßen wurde. So verschwanden alle, bald eines, bald mehrere, bis der Platz leer war. Dann war es stille in der Gasse. Nur dann und wann drang das Triichellen einer unruhigen Ziege aus einem Gäisgaden.

Inggäänds Wintermanet fing und fängt noch heute ds Üüffiin und ds Liechten an. Man ging z'Dorf oder erhielt Dorf. Verwandte oder Nachbarn kommen zusammen. Vor 40–50 Jahren arbeiteten die Leute durchwegs beim Zusammensein. Einzig der Sonntag und der Samstagabend bildeten eine Ausnahme. Die Mutter saß Werktagsabends beim Spinnrad; das Spinnen war aber schon etwas Seltenes geworden. Der Vater, ein Kleinbauer, schnitzte; die Kinder lernten oder machten Ärbs üüs. Die Unterhaltung bewegte sich um Dinge des Alltags, die bäuerliche Umwelt, das Geschehen im Dorfe. Es gab aber auch Abende, an denen das Rätselraten zur einzigen Unterhaltung des Abends wurde. Kinder und Erwachsene beteiligten sich dabei. Beliebt war das ‹Liit erraten›; eigentlich erriet man Haushaltungen. Eines fing an: ‹Mier wäin äis Liit erraten.› ‹Ja, ja, wär faad an?› ‹Säg ebbes, aber das ma bald wäis, wa üüs und an und an es Zilli chunnd.› ‹Sa fach an.› ‹Schwiig etzen. J wäis en Hüüshaltig: Es Leni und e Chappi und ds ander sägen i nid. Wär ischd das?›

Alte Leute schauen gern rückwärts; beim Dorfen gerieten sie leicht ins Erzählen hinein und berichteten von vergangenen Tagen, von Taufen, Hochziithan, vom Sonderbund und der Güslicken, von leidenschaftlichen Kämpfen zwischen Schwarzen und Weißen, Konservativen und Liberalen, vom zweiten Stäcklikrieg und dem Brienzwilerfeldzug des Hauptmanns Knechtenhofer, von allerlei Begebenheiten aus dem früheren Geschehen des Dorfes und von Menschen, die nicht mehr lebten.

Es war etwas Eigenartiges, das z'Dorfgaan, das Zusammensein an den Winterabenden. Schlichte, einfache Menschen waren es, die da beieinandersaßen, sie zeigten kein Begehren nach großen Dingen, und stilles Genügen war das eigentliche Merkmal ihres Wesens. Sie gaben, ohne es zu wissen, der Jugend weiter, was sie empfangen hatten.»[2]

Das Interesse der Sagenerzähler galt insbesondere der Entstehung des eigenen Dorfes und Tales. Zwei Beispiele mögen zeigen, wie sie sich die Erschaffung ihrer eigenen Welt vorstellten: Lehrer Hercli Bertogg aus Seveign (geb. 1878) erzählt:

«Wie der Liebgott, begleitet von St. Petrus, die rätischen Täler erschaffen hat, sei er an einem Tag nur bis nach Furth gekommen. Dann sei er müde geworden und habe zu St. Petrus gesagt: das sei doch ein mühsames Schaffen in hiesiger Gegend. Und St. Petrus, der beim Zugucken schon manches Mal gewünscht hatte, ein Gleiches tun zu dürfen, habe geantwortet: wenn der Herr hier ein wenig ausruhen wollte, so könnte er doch ihn einmal ein Tälchen erschaffen lassen. Und der Liebgott hat seine Hand ausgestreckt gegen Mittag und gesagt: ‹So versuch es meinetwegen! Hier ist noch Platz genug und Stoff in Hülle und Fülle vorhanden! Aber tu's ganz allein!›

St. Petrus machte sich mit Eifer und aller Kraft an die Arbeit, und als er damit fertig war, ist er zurückgekehrt und hat den Liebgott gebeten, er möchte sich das neue Tal doch auch ansehen. Und der Liebgott ist gegangen, und wie er vom Hinaufblicken zu den Gräten einen steifen Hals bekommen hatte, sagte er zu St. Petrus: ‹Du bist mit allem Stoff verschwenderisch umgegangen und hast mit deinen Bergen der Sonne viel vorenthalten. Und die Wasservorräte hast du über jeden Felsen geleitet. Aber es ist eben dein Tal und soll nach dir genannt werden, damit die Menschen, die hier wohnen müssen, mir keine Vorwürfe machen können. Und diese Menschen kannst du jetzt auch noch selber erschaffen. Ich mag nicht in das Tal hinein, es ist mir zu eng und zu wild. Geh du hinein und bringe mir dann ein Muster heraus!› Und St. Petrus sei hinein gegangen und habe seine Arbeit gemacht, so gut er konnte. Und dann hat er einen Valser als Muster nach Furth heraus zum Liebgott gebracht, und der habe gesagt: ‹Ja, e kli menschenähnlich isch es. Für das wild, finschter Tal tuet's es.›»[3]

Das zweite Beispiel stammt aus dem Wallis. Adolf Petrus erzählt, wie das aus 24 Weilern bestehende Dorf Eisten entstanden ist: «Als der Herrgott die Welt erschuf, besuchte er zuerst das Vispertal, dann zog er ins Saastal und rief dort die vier Gemeinden ins Leben. Beim Verlassen des Tales kam er in die Gegend von Eisten. Dort kehrte er den Gabensack mit allen Resten, die noch darin waren, um, schüttelte, und meinte dazu: ‹Jetzt gib, was d willt!› Daraus entstand Eisten.»[4]

Kennzeichen der Zeit war die allgemeine Armut auch bäuerlicher Kreise. «Es muß früher viel Fehljahre gegeben haben. In der Bacheralp habe man in einem Sommer einmal nur 5–6 Käse machen können», meint ein 74jähriger Bauer aus Reckingen, und Ludwig Werlen aus Münster (VS) fügt bei: «Es gab Hungersnöte. Die Kartoffeln waren nur klein und winzig. Heu ist auch wenig gewachsen, die Kühe gaben auch nur wenig Milch, und die Not war äußerst groß.» Josefa Rovina, 69jährig, aus Münster, erzählt:

«Die Leute lebten früher ganz sparsam. Meine Mutter erzählte, daß einige oft im Winter nur von Kartoffeln und Käsmilch lebten.»[5]

Sparsamkeit war deshalb erstes Gebot, und die Verschwendung galt als frevlerisch, wenn nicht sündhaft. Ein Geißbub erzählt, «er habe in der Alp Großgand Brot versudlet und als er nachher die Alphütte betreten, seien Brotmöcken durch die Türe herein auf ihn losgeflogen wie z'guxäda (wie ein Schneetreiben), so daß er schleunigst die Flucht ergriffen habe.»[6]

Den Milchvergeudern drohten erhebliche Strafen. Ein Urner Sagenerzähler sagt kurz und bündig: «Früher hats eben nicht viel erlitten. Solche, die Milch versudleten, mußten nach ihrem Tode umgehen.»[7] Es galt sogar als verschwenderisch, Brosamen unter den Tisch fallen zu lassen. «Eine arme Seele bekannte, sie sei die verstorbene Gattin von Toni und müsse noch leiden, weil sie zu Lebzeiten die Brosamen unter den Tisch gewischt und herunter gefallene nicht aufgelesen habe.»[8]

Besonders deutlich wird die Verschwendung und ihre Folgen in den Sennentunsch-Sagen gegeißelt. Ein Beispiel aus einer großen Anzahl dieses Sagentyps möge dies verdeutlichen:

«Auf Golzern war eine Abendgesellschaft bei einer Nidlete beisammen. Auch Kaffee und Schnaps wurde aufgetragen, solches kann man sich ja denken. Sie wurden ausgelassen, bewarfen sich gegenseitig mit Nidel und schleuderten, wie es früher Brauch war, einen Schläck nach dem andern an die Oberdiele und an die Wände. Der frechste unter ihnen warf sogar einen Schläck nach dem Bilde des Gekreuzigten in der Herrgottsschroten mit den Worten: ‹Sä da, iß äu!› In diesem Augenblick entstand im Gaden ein furchtbares Gerumpel; das Vieh rasselte in den Ketten und brüllte unheimlich. Sie dachten, die Kühe hätten den Barren umgerissen und liefen eiligst dem Gaden zu. Aber sie fanden alles in Ordnung. Nur der Spötter war im Hause zurückgeblieben, und als die andern wieder zurückkamen, sahen sie mit Schrecken, wie ihn ein Gespenst auf dem Hausdache schindete.

‹So han-i's alligs g'heert verzellä, wennd's nitt wahr isch, sä verzellä ich de dz Märi.›»[9]

Einem Tunsch (Sennenpuppe) machten sie auf der Göschener Voralp auch ein Maul. Sie legten den Tunsch unter die Kühe und molken ihm ins Maul – eine Tat, die einem Bergbauern, wie Renner meint, «unfaßbar gemein erscheint»[10].

Einen eigenen und besonderen Sagentypus bilden die Sagen

vom Goldenen Zeitalter. Sie gehen vom teilweise richtigen Glauben aus, früher sei es besser gewesen, das Klima habe sich verschlechtert. «Der Großvater erzählte, daß auf dem Furggenbaum (VS) 2600 m ü. M. Weizen gewachsen.» Ein anderer Sagenerzähler meint: «In Außerberg (VS) in der Goller Rufi gab es einen schönen Weizenacker. In Bürchen 1461 m ü. M. gedieh noch Wein. Auf der Bestine bei Glis 2175 m ü. M. oben soll es früher so warm gewesen sein, daß man noch Reben pflanzen konnte. In Embd besitzt man einen Tisch, aus einem Apfelbaum verfertigt, der im Schalb 2254 m ü. M. im Kühboden gefällt wurde, wo jetzt nur noch Gras und etliche Rüben wachsen.»[11] «In Leuk gab es früher sogar Feigen- und Dattelbäume.» Aus Habkern stammt eine Sage, welche auf die Ursache dieser Klimaverschlechterung eingeht. «Das Ällgäu (Habkern) war vor Zeiten so fruchtbar, daß man dreimal des Tages die Kühe melken mußte. Besonders das Lungenkraut (isländisches Moos) gibt viel Milch. Einst aber verfluchte ein Mädchen, das mittags vom Tanzboden weg mußte, um die Kühe zu melken, dieses milchhaltige Futterkraut. Sofort war aus dem Kraut alle Milch verschwunden, und an ihre Stelle traten schwarze Pünktlein, welche noch jetzt sichtbar sind. Die Alpen nahmen seither bedeutend an Fruchtbarkeit ab, so daß man jetzt die Kühe nur noch zweimal täglich melken kann.»[12]

Dieses Motiv wird so oft dargestellt und abgewandelt, daß man von einem eigenen Typus sprechen kann: es sind die Blüemlisalp- oder Klaridensagen. Sie alle erzählen von einstmals fruchtbaren Alpen, auf denen die Milch in Strömen floß und die Arbeit gering war. Aber Überfluß und Müßiggang zeugten Hochmut und frevelhaften Übermut. Die Sennen «bauten zusammen, bei Gott! aus köstlichem Käse und Anken eine Brücke über den See, spotteten Gottes und seines Segens, tanzten und haselierten Tag und Nacht. Jetzt war aber das Maß des Übermuts voll und die Geduld Gottes erschöpft. Es brach ein Ungewitter los über die Alp, von allen Seiten tosten die Bäche daher und fegten alles, Vieh und Menschen, Rasen und Hütten in den See, die Winde türmten seine brausenden Fluten auf und trieben sie unter Krachen und Pfeifen der einzigen offenen Seite der Alp zu und über die Felsen hinunter in das Tal, wo sie das schöne Gelände am Evibach verheerten und auf viele Jahre verwüsteten.» So erzählt Tobias Lußmann aus Silenen[13].

Eine Urner Erzählerin hat die Sage variiert: Auf der urnerischen Blüemlisalp, einem muldenförmigen, mit Schnee und Eis erfüllten Tale auf dem Urirotstock, gab es einst eine schöne Alp. Der Senn aber, hartherzig und verschwenderisch, taufte «seine schönste, nämlich die Treichlenkuh, christlich und nannte sie Bäbi. Sogleich wurde die ganze schöne Alp in einen traurigen Firn verwandelt, die Kuh gab seither ganz schwarz-zäggeti Milch.» Nach einer älteren Sage, die auf Johann Jakob Scheuchzer (1746) zurückgeht, hatte der Senn auf Klariden «eine leichtfertige Hure und hielt sie in so hohen Ehren, daß er ihr von der Wohn- oder Sennhütte bis zum Käsgaden den sonst unflätigen Weg mit Käse bespreitete, damit sie ihre Schuhe und Füsse nicht besudelte. Auf eine Zeit kam seine arme Mutter zu ihm, um ihren hungrigen Bauch mit Milch und Suffy zu füllen. Der gottlose Sohn aber habe ihr Pferdeharn unter die Milchspeisen gemischt und sie mit so schlimmem Traktament wiederum abgefertigt, worauf dieses arme Weib ihrem verschwenderischen und verruchten Sohn alles Unglück über den Hals gewünscht und Gott gebeten, an ihm seine gerechte Rachhand zu zeigen, welches auch geschehen, also daß die Erde ihren Mund aufgetan und diesen unnützen Erdenlast mit seiner leichtfertigen Dirne verschlungen, zugleich aber seien die oberen Firn und Felsen eingefallen und die vorher grasreichen, fetten Alpen damit überleget, daß sie nun seit der Zeit ganz unfruchtbar seien und nichts tragen.»

Was uns in diesen Sagen und Erzählungen entgegentritt, ist ein Wüstungsvorgang. Im Klimaoptimum zwischen dem 11. und 14. Jahrhundert waren zahlreiche, heute längst verlassene Hochalpen noch bestoßen. Verschiedene Archäologen haben nachgewiesen, daß ein grosser Teil von wüstgelegten alpinen Siedlungen sich in verhältnismäßig hochgelegenen Regionen befand. In vielen Fällen dürfte es sich um Siedlungen gehandelt haben, die schwerwiegende Unzukömmlichkeiten aufwiesen: abgelegene Situation, schwieriger Zugang, Wassermangel, Bergsturzgefahr. Möglicherweise haben auch Rodungen und die künstliche Senkung der Waldgrenze die lokalklimatischen Bedingungen verändert und zu Störungen des Grundwasserhaushaltes geführt. Die Befunde und Messungen der Glaziologen zeigen, daß die Gletscher im Laufe von vier Jahrhunderten stark in die Täler vorrückten, um sich dann neuerdings zurückzuziehen. Demnach muß um 1500 das Klima der Alpentäler wärmer gewesen sein. Alle diese Befunde werden heute mit den Mitteln der Archäologie, Sprachwissenschaft, Glaziologie, Botanik und Urkundenforschung weiter abgeklärt. Die Sagenerzähler hatten diese Mittel nicht; sie machten sich ihre eigenen Gedanken. Sie deuteten die «Verwilderung religiös als Fluch, der entweder um der Bosheit der Menschen willen gekommen, oder von bösen Menschen ausgesprochen worden ist». Jedenfalls dachten sie nicht daran, daß sie und ihre Zeitgenossen wegen des Raubbaues im Wald zu einem schönen Teil mitschuldig waren. Doch gab es auch richtige Deutungen. So berichtete ein Sarganser Sagenerzähler: «Früener sei dr Wald in dän Alpä joub wyter ufi ggangä. Sie heiendi ds Holz zum Zigerä chünnä nitsi ähä nii. Isch dinn aber gchööleret wordä in dr Alp, bem Ggatter im Gatins vor mä in d Mugg chunnt, häts do därart schwarrzä Härd. Sie hind glaubi d Choulä verchaufft für d Ysäschmelzi.» Noch deutlicher sah der 80jährige Walliser Heinrich Schwarzen aus Randa die Zusammenhänge: «Das Klima hat sich verschlechtert. Ich kann mich erinnern, daß an der heutigen obersten Waldgrenze früher große, mächtige Bäume gestanden sind. Man fällte sie zum Kalkbrennen und als Losholz, aber die jungen Bäume wuchsen nicht mehr nach.» Geradezu klassisch formulierte der ebenfalls 80jährige Gregor Jost aus Münster im Oberwallis den Tatbestand: «Früher war es hier im Goms viel wärmer, weil viel mehr Wald stand. In der Ebene gab es Wald bis an den Rotten». Und Alois Steiner aus Feschel fügte hinzu: «Der Wald wuchs bis hinauf an den Grat. Heute gibt es keinen jungen Wald mehr»[14].

Mit der Klimaverschlechterung befaßt sich auch eine aus Ausserberg stammende Walliser Sage.

«Bevor der liebe Gott auf seiner Weltreise die Schweiz verließ, fragte er zum Abschied die Eidgenossen, ob sie noch besondere Bitten an ihn hätten. Natürlich hatten sie das! Die Gletscher seien in den letzten Jahren so stark zurückgegangen, daß jetzt zu wenig Wasser mehr fließe, um die Fluren grün zu erhalten. Wiesen und Äcker seien dürr. Ob er da kein Heilmittel kenne. Der Herrgott wußte sogleich Bescheid und meinte: ‹Das ist doch einfach, da muß gewässert werden! Jetzt, wollt ihr es tun, dann ist's recht, wenn nicht, werde ich es selbst besorgen müssen!› Diese Rede gefiel allen wohl, und sie dankten: ‹Herr, du hast uns bis jetzt gut behütet, und dir verdanken wir alles, was wir haben; mache es nur so weiter!› Die Walliser aber blieben allein stumm und sannen und grübelten. In ihrem Argwohn trauten sie dem Vorschlag des Herrn nicht ohne weiteres. Wahrscheinlich kannte Petrus die Walliser schon, denn er lief schnell hintendurch zu ihnen, gab ihnen einen Schupf und flüsterte: ‹Laßt doch den Herrn nur machen, er meint es gut mit euch und wird es schon verstehen; er ist ja sozusagen selbst ein Walliser.› Jetzt stutzten diese aber erst recht: ‹Was, ein Walliser ist er? aber wie will er denn das Wässern besser verstehen als wir? Nein, nein, wenn dem so ist, wässern wir selbst!› Und so wässert heute in der übrigen Schweiz der liebe Gott, im Wallis aber wässern die Walliser selbst, und ihre Matten verdorren.»[15]

Hier wissen die Bauern von sich aus, mit welcher Technik das gewiß kunstvolle Wässern an die Hand genommen werden will. Ganz anders beim Käsen. Melchior Anton Mirer (1861–1944) aus Obersaxen erzählte:

«Ä Püür het z'vill Milch ghä. Duä ischt ds wilt Manndli zu ihm cho, und dr Püür het's gfräägt: är hei sevel Milch. Was er au selli mit sevel Milch ääfäh. Duä het ds wilt Manndli gseit: ‹Düu muäscht mit dr Milch chääsä!› Duü fräägt dr Püür: ‹Jä wiä denn? Mit was denn?› Ds wilt Manndli seid: ‹Jä mit Lab, mit Chalber- oder Gitzimagä!› Und dr Püür seid: ‹Ja, wen i Magä hätti!› Und ds wilt Manndli hed ma denn ärchleerd, älls, wiä mä's machi. Und de heintsch duä ggwissä, wiä mr dr Chääs machä tuät.»[16]

Gewiß eine hübsche Art, eine Innovation, eine Erfindung zu erzählen.

Nach einer andern Version war es der Teufel, der den Bauern das Käsen beibrachte. Vigeli Peder aus Selva (GR) erzählte:

«Der Teufel ist in eine Alp gekommen. (Der Sammler: «Der Teufel?») Gie, al giavel! Dort hatten sie immer viel Milch. Den Rahm habe man abgenommen und gebuttert, aber weiter wußte man aus der Milch nichts zu machen, nichts damit anzufangen. Der Teufel ist, wie ein Fremder gekleidet, erschienen. Die Bauern hatten keine Angst vor ihm. Er fragte sie verwundert, warum sie denn die abgerahmte Milch nur zum Trinken brauchten oder zum Tränken von Kälbern. ‹Sch ins capess›, wenn man's verstände, würde man schon etwas daraus machen können, antworteten die Bauern. Und dann hat er gesagt: er wolle ihnen zeigen, wie man das machen müsse. Und hat es gezeigt, so und so, wie man den Käseteig mache. Und dann ist die Käsemilch übriggeblieben, und der Teufel hat gefragt, ob man mit dieser noch etwas machen könnte. Die Bauern haben immer vermutet, man könnte auch mit dem jetzt Übriggebliebenen noch etwas anfangen, und sagten: ‹Ja, schon, wenn man's verstände.› Und dann hat der Teufel gezeigt, wie man Ziger macht. Dann ist die Schotte übriggeblieben, und der Teufel fragte die Hüttenmannschaft, ob sie meinten, daß man aus der Schotte auch noch etwas machen könnte? Ein Bauer hat geantwortet: ‹Quai è tuppadad! Quai è aua a rest' aua; òo dad aua sò ins fâ nuet plé!› (Das ist Dummheit! Das ist Wasser und bleibt Wasser; aus dem Wasser kann man nichts mehr machen!) Da erwiderte der Teufel: doch, es gäbe noch etwas aus der Schotte. Aber weil er gesagt habe, das zu meinen, sei eine Dummheit, das sei nur Wasser, solle es dabei bleiben, solle die Schotte Schotte bleiben, da die Bauern es so gewollt hätten. Jedenfalls hätte der Teufel noch gezeigt, wie aus der Schotte Wachs bereitet werden könnte.»[17]

Beinahe hätte der begreifliche Wunsch nach einer restlosen Auswertung des mit so großer Mühe gewonnenen alpwirtschaftlichen Produktes die Bauern zu einem gemeinen und gefährlichen Pakt mit dem Teufel geführt. Oft gelingt es indessen, auch den Teufel zu überlisten. Eine Frau aus dem Haslital war zwar arm, aber glücklicherweise schlau:

«Äis wän es Wiibli gsiin. Das hätti si nimma chenne cheeren un nid gwißd, wie de Schulde-w-werren.

Das hätti dr Tiifel i d'Nasen überchun und hätti im anerbotten, är wellem ma es Handhuttli ghüüfed volls Guld zöchan; aber we's ma ds Guld nid emumhi chenni gän, mießi's de siis siin.

Dem Wiibli hätti das newwa nid rächt i Chratte paßd; aber äs wän hinn u vor am Hag a gsiin.

Am End hätti's de-w-Willen derzöe ggän, und dr Tiifel wäm mid dem Handhuttli chun.

Döe hätti's nen döe gfräägd, ja, ob är nid o zfridna wän, wen es ds Handhuttli nummen äbevolls zruggbrächti.

Ja, warum den nid, gäb im dr Tiifel zem Bschäid, und hätti allam a gmäind, är häigi das Wiibelti fir sicher im Lätsch.

Döe hätti ds Wiibli es Schiid gnun, wäm mid däm uber ds Handhuttli gfaaren und hätti gsäid, so, är chenni ds Handhuttli gad umhi nän, äs häigi an däm gnöeg, wa's abgstrichen häigi.

Eso wä's dem Tiifel ggangen. Nid vergäbe säid ma drum:
‹Des Tiifels Lischt ischd arge Lischt,
Der Wiiber Lischt vil ärger ischt!›»[18]

Den Teufel überlistet auch ein Walliser Bauer aus Guttet: «Er ging mit dem Teufel eine Wette ein: Der Teufel wollte um die Hälfte des Ertrages einen Acker pflegen. Im ersten Jahr verlangte er das, was unter dem Boden wachse; der Bauer säte Getreide. Im zweiten Jahr ließ sich der Böse das nicht mehr gefallen und wünschte den Teil über der Erde. Der Bauer steckte diesmal

Kartoffeln. So wollte aber der Teufel vom Vertrag nichts mehr wissen.»[19]

Wir begegnen der Gestalt des Gehörnten auch in einer weitern Sage. Allerdings tritt sie in einer ganz andern Weise auf. Im Sagewald bei Römerswil hörten junge Leute ein Stöhnen und Ächzen; im Gestrüpp erschien eine wüste Mannsgestalt mit einem schweren Marchstein auf der Achsel. Sie bat, den Stein zehn Schritte weiter in den Wald hinein zu versetzen. Das wurde getan. Beim Scheiden wollte der Geist dem Burschen die Hand reichen, doch dieser hielt den Schaufelstiel hin, an dem darauf deutlich die Brandspuren sichtbar waren.[20]

Gestraft wurde auch, wer Steine vom eigenen Grundstück in das des Nachbarn warf. Er muß «nach seinem Tode diese Steine mit einem glühenden Korb auflesen gehen».[21] Selbst das Übermähen konnte schreckliche Folgen haben: «Im Somvix hat eine Frau gemäht, wo sie nicht durfte, nur ein bißchen. Die hat wieder kommen müssen»[22]. In Känerkinden (Baselland) erschienen in hellen Mondnächten schneeweisse Wässermannen, die lautlos über das Land huschten. Es waren solche, «die hinterruggs sy go Wasser ableite».[23]

Das Eigentum hatte im bäuerlichen Leben – das wird in den Sagen immer wieder zum Ausdruck gebracht – höchsten Stellenwert. Der Boden gehörte ja nebst den Tieren zu den wichtigsten Produktionsmitteln. Er war rar und vor allem auch in den alpinen Regionen immer wieder aufs neue gefährdet. Die Sage steht als strengste Richterin auch immer für den Eigentümer und den Boden ein. In wahrhaft klassischer Weise wird dies in einer Sage umschrieben, die Büchli aus dem bündnerischen Tavetsch überliefert hat:

«Ein wohlhabender Bauer im Tavetsch begehrte von seiner Nachbarin, einer armen Frau, ein Stück Land zu kaufen. Sie wollte es aber durchaus nicht hergeben. Durch allerlei Ränke und Umtriebe brachte er es jedoch schließlich dazu, daß sie ihm das Grundstück abtreten mußte. Zuletzt fragte sie ihn, ob sie nicht wenigstens einen Sack voll Erde von ihrem Grundstück behalten dürfe. Das gestand er ihr zu. Sie hat den Sack mit Erde vollgestopft und diesen nachher auf den Rücken laden wollen. Der Nachbar stand dabei, und sie bat ihn, ihr zu helfen. Er tat ihr den Gefallen, hob ihr den Sack vom Boden und sagte: der sei aber schwer! Da gab sie ihm zur Antwort: ‹Ja, der Sack voll Erde da ist schon so schwer. Aber wie schwer wird erst das ganze Grundstück sein! Und das wirst du am Jüngsten Tage zum ewigen Gericht tragen müssen.› Darauf erwiderte der Nachbar: ‹Wenn das so ist, dann will ich das Grundstück nicht haben. Dieses große Gewicht will ich nicht auf mich laden.› Und er hat ihr das Stück Land gelassen.»[24]

Das zweite Beispiel stammt aus dem Urnerland.

«Der starke Martin Schelbert hatte in Glarus eine Kuh gekauft und trieb sie von Linthal durch die schmalen Wiesenpfade hinauf, wo er natürlich mit der Kuh nicht hätte fahren dürfen. Endlich stellte sich ihm ein Bäuerlein entgegen und verbot ihm den Weg. Zuerst bat Schelbert mit guten Worten um die Erlaubnis, auf dem Wege weiter fahren zu dürfen; als aber der erboste Bauer nicht einlenken wollte, ergriff er ihn mit dem einen Arm und drückte ihn an seinen Leib, daß er fast erstickte, und sagte: ‹Und da üfä gah-n-ich jetz glych.› Dann ließ er den Glarner los, nahm die Kuh auf den Rücken und marschierte dem Urnerboden zu.»[25]

Dem Bäuerlein wird geholfen. Die Forderung nach dem Recht wird erfüllt. Gleichzeitig wird auch dem starken Schelbert – schon seiner Stärke wegen, – eine gewisse Hochachtung bezeugt. Der Bauer alten Schlages hat eine besonders enge Beziehung zu seinen Tieren. Sie sind, wie der Volkskundler Richard Weiß sagte, «nicht nur Wirtschaftsobjekte, sondern Glieder der großen Hoffamilie: Eine Geburt geht alle an, so wie man nach altem Brauch den Tod des Hausherrn auch dem Vieh ansagt».[26]

Zu den Mensch-Tier-Beziehungen gibt es zahlreiche Belege: «Es ist eine Sage», so meint Francestg Desax (1871–1945) aus Disentis, «wenn in einem Hause der Friede nicht herrscht, bleiben die Bienen nicht. Draußen in Sontget hatte einer lange Zeit ein grosses Bienenhaus, aber keine Bienen darin, weil die Leute immer Unfrieden hatten in der Familie»[27]. Nach einer andern Sage sterben die Bienen mit dem Hausvater. Lucas Willy, geb. 1907 (aus Riem) erzählt: «Als Rest Gartmann in Signina starb, starben auch seine Bienen. Man hätte ihnen eben in ihre Wohnungen hineinrufen müssen ‹Euer alter patrun ist gestorben. Ihr bekommt nun einen andern›. Hätte man das getan, so wären die Bienenvölker nicht gestorben.» Man sagte, so der Sammler, ausdrücklich gestorben, nicht eingegangen.[28]

Im Haslital erhielten Rindvieh, Schafe und Ziegen als außergewöhnliche Gabe am Heiligen Abend einen Barren voll gutes Emdheu. Die Mutter gab den Ziegen Acherchüechlein. Vom Brot und der Milch des traditionellen Milchmahls erhielten auch Sühner, Katze und Hund ihren Teil. Aus dem Haslital stammt auch die eindrückliche Sage «Teer chenne brichten!» (Tiere können berichten).

«In dr häiligen Nacht brichte d'Teer; das häin dee Alten geng gsäid. Döö hätti döö äis äina gwundred, was d'Chee sägen um bbrichten.

Am häiligen Aben ischd er i Cheegaden. Äs ischd Mittinacht worden. Döö säid e Chöö zer andren, an däm und däm Tag zerhiiji dr Büür es Bäin.

‹Eppa nid›, sägi dr Büür fir in sälber, ‹däm cham ma dervor siin›.

Är ischd an däm Tag im Bett bbliiben und nid üüf. Döö hed's im Strewwisack afa chräschlen ung chräschlen. Är hed glosd; äs ischd nummen em Müüs gsiin.

Döö chunnd si uf em Bettladen. ‹Näin›, däichd er, ‹därra will i furthälfen›. Är reerrd mi dem Bäin gäg sa, u-r-richtig, reerrd uf em Bettlade ds Bäin abenandren.»[29]

Von den Tieren, die an Weihnachten reden können, erzählte auch Martin Anton Mirer aus Obersaxen (geb. 1877):

«Amä Heng-gert im Bârg dopmä üf em Breitriäd heint d Hirten im Gådä derwåå ggredt: am Heiligååbet sell mä in d Mäss gåh; suß, wemmä im Gådä blîbi, fang-gi ds Veh åå redä. Und de hed einä, wå daß nid het wellä glaubä, gseit: ‹So, denn gåhn i hîr nimmä in d Mäß und will de losä, wa'sch redend!›

Und richtig, er ischt im Gådä bbliibä und hed üffpaßt und gglost. Und duä hed er gheert littä am elffi, und denn hed ds Veh ångfang-gä redä. Und de zellt ei Chüuwä der anderä, wa' schi ålls het miäßä machä, und wåå schi uberall het miäßä schlächts Hauw frässä. Di-n-ander Chüuwä hed üff daß nît gseid, aber ds Ros het denn au klagt: Äs hei miäßä äs schwäärs Titschi üs em Wååld uähä zîjä. Und duä het d Chüuwä gfräägt: Wårum de? Wass brüüchentsch äs de?› und duä seit ds Roß:

‹Daß brüüchentsch fir Brätter z'sååga fir dem Petroo dr Totäbaum z'machä. Vor aß' moorä z'Mittagg littet, isch dr Petroo ä Lîch, und de muäßi nuch diä Brätter üss fiärä zum Schrîner, daß dersälbä nu zur rächtä Zit dr Baum ggreiset het.›

Dr Püür isch duä ganz gschlagä gse und halbä verloorä vor Angscht, wil er daß gheert hed, und het duä nit ggrat guät ghirtet und isch denn am Morget hei. Und de heigi ds Wip gfräägt: ‹Was hescht au?› Und duä mit lang-g Neetä hed er's duä ärzelld. Und vor aß' z'Mittagg gglit hed, ischt er au wirkli gstoorbä.»[30]

Ein Solothurner Senn schlug ein trächtiges Rind. Die Folgen waren, wie die Sage ausführt, furchtbar.

«Wenn me vo der Balmbärghöchi hingenabe goht, chunnt me dure Wald ufne schmali, längzogni Bärgweid. Das isch der Chrüttlibärg. Einisch isch dört ganz e ruchhöörige Choldari als Senn druff gsi, der Chueri. Er hed mit de Lüte keis vernünftigs Wort gredt und no weniger mit der Waar. Einisch hed er im Geechzorn sogar es großträgeds Rind gschlage midem umgchehrte Geisleständke. Drüberabe hed das arme Tier verwängt. Vo dört ewägg isch ufs Chueris Arbed gar kei Säge me gsi. Är sälber hed afo mudere und särble und isch nangernoo us de Chleidere gheit. Ekeis Halbjohr spöter isch der Chueri gstorben im Spital z Soledurn.

Aber im Chueri si Geist fingt no hüt di ewigi Ruei nid. I gwüßne Nächte fahrt er d Risi uuf z Weid mit sine Chüene. D Geisle chlöpft und me kööft s Härdeglüt, d Treicheli vo de Gusti und di mittleren und teufe Gloggetön vo de Rinder und Chüe. Soo füert der Chueri si ganz Zug ufs Bödeli ufe. Will men aber nüt dervo gseht, ume kööft, hed no niemer der Chueri chönen ahaue und froge, wime ne chönnt erlöse.»[31]

Auch Hartherzigkeit, sogar Freude am Quälen, Sadismus, begegnen uns, wobei alle diese Erscheinungen wohl Ausnahmen waren, aber gerade als Ausnahmen herausgestellt und gegeißelt worden sind. Zu Wyggen hinter Göschenen lebte ein Bauer, der seinem Vieh Heubündel vor die Nase hielt, ohne es ihm nachher zum Fressen zu geben. Er mußte nach seinem Tode wandeln und fand keine ewige Ruhe, ganz einfach «wyl er das hungrig Veh zäugglet heig».[32]

Nach dem alten Landbuch von Uri hatte ein Hirt (Hirteneid Art. 281) zu Gott und den Heiligen zu schwören, «ein unparteiischer Hirt zu sein, das ihm anvertraute Vieh gut zu versorgen, das Salz unter das Hirtenvieh zu verteilen und hierin niemanden und keines zu begünstigen».... Wie sehr Recht und Sage verzahnt sind, zeigt die Erzählung vom Küher in der Alp Gnof im Maderanertal.

«Zu Alp Gnof im Maderanertal bemerkte der Küher öfters einen unbekannten Mann in grauwollener Kleidung. An seiner linken Seite trug dieser eine Gläcktasche und mit der rechten Hand langte er hinein, nahm Gläck heraus und reichte es den Kühen. ‹Mit dem muß ich einmal sprechen›, sagte der Küher zu den andern Knechten. Wirklich redete er eines Tages den Unbekannten an, behielt sich aber das erste und das letzte Wort vor, denn daß er es mit einem Geist zu tun habe, war ihm klar. Der Geist erzählte ihm: ‹Ich war vor vielen, vielen Jahren Küher auf dieser Alp. Unter dem Sennten hatte ich eine Kuh, die mir besonders lieb war. Jedesmal, wenn ich allen Tieren zu lecken gegeben hatte, habe ich meine Hand, statt sie im Gras abzuwischen (was allein unparteiisch gewesen wäre), meiner Lieblingskuh zum Abschlekken hingehalten. Dafür muß ich jetzt wandlen, den Kühen dieser Alp zu lecken geben und dabei meine rechte Hand im Grase abwischen, bis ich erlöst bin.› Man ließ dann für ihn heilige Messen lesen, worauf er nicht mehr erschien. Noch heute hört man unter den Bauersleuten häufig die Ansicht, daß eine Handlungsweise, wie sie obiger Küher sich zu Schulden kommen ließ, schwer fehlerhaft sei.

‹Das het mä-n-immer gseit, uf dä Alpä-n-erlydet's gwiß nitt vill. Und das müeß äsoo sy!›

In der Kehlenalp gab ein Hirt seiner Lieblingskuh je eine Handvoll Salz mehr als den andern. Nach dem Tode sah man einen Mann in grauem Gewand und rundem Hut, wie ihn die Hirten tragen, in der Alp wandlen. Angeredet, bekannte er seine Schuld.»[33]

Wahrhaft entsetzliche Strafen erwarteten den Hirten, der eine Kuh, einen Stier oder ein Schwein böswillig oder auch nur fahrlässig hatte abstürzen lassen. Ähnlich wie Sisyphus muß er die Last immer wieder heraufziehen oder tragen. Dabei geht es nicht nur um die auf das Tier bezogene Schuld, sondern ebenso sehr um die Schuld gegenüber dem Eigentümer. Das kommt in der Erzählung aus der alten Kuoni-Sammlung recht schön zum Ausdruck.

«Der Fahl im Altsäß ist ein mit Felsköpfen unterbrochener, sehr steiler Abhang, der bis in den Bach hinunterreicht, welcher die Alpen Altsäß und Maltschül voneinander scheidet. Darüber hin führt ein schmaler Fußsteig, das Fahlwegli, welches auf ungefähr zwanzig Schritte für Kühe und Pferde äußerst ‹fällig› ist. Unter und ob dem Fahl befinden sich schöne Kuhweiden.

So oft der Küher vom Altsäß mit seiner Herde auf diese Stelle kam, trennte sich das Kühlein einer armen Seveler Witwe von den andern Tieren, ging übers Fahlwegli hinüber, und der Küher hatte jedesmal seine liebe Not, es wieder zur Herde zu bringen. Stockschläge oder ein scharfer Biß ins Ohr waren erfolglos.

Auf herzlose Weise half er diesem Übelstande auf immer ab. Er schlug einen Grozen (Tanne), löste die Rinde weg und legte sie, die innere Seite aufwärts, aufs Fahlwegli. Als dann das Kühlein wieder den verbotenen Weg ging und auf die schlüpfrigen Rindenstücke trat, glitschte es aus, verlor seinen Halt und fiel von Felsband zu Felsband in den Bach hinunter. Die arme Witwe mit ihren kleinen Kindern hatte ihr einziges Kühlein verloren.

Aber die Strafe kam. Der Hirt starb und fand keine Ruhe. Wenn man zu gewissen Zeiten zum Fahlwegli kommt, hört man in der Tiefe drunten ein Ächzen und Stöhnen, ein Jammern und Wimmern, daß einem ganz unheimlich wird. Diese Töne kommen immer näher. Schließlich sieht man einen Mann, der mit größter Mühe eine Kuh heraufschleppt, diese, sobald er sie auf dem Fahlwegli hat, wieder hinunterstößt und dann nach wüstem, markdurchdringendem Gelächter verschwindet.»[34]

Es ist nicht zufällig, sagt der Sagensammler, daß die fallende Kuh in den vielen Sagen dieser Art einer armen Witfrau angehört; die Schädigung der Witwen und Waisen gehört zu den vier «himmelschreienden» Sünden. Dort aber, wo der Senn ein ungehorsames, wildes Ziegenböcklein mit Harz bestreicht und es anzündet, so daß es verbrennt, steht hingegen die grausame Boshaftigkeit dem Tier gegenüber, so daß der Übeltäter als feuriger Senn seine Untat für alle Zeiten büßen muß. Von der Möglichkeit, ihn zu erlösen, ist im Gegensatz zu den vielen Hirtensisyphussagen nicht die Rede.

Immer wieder machen sich die Sagenerzähler Gedanken über die Genese des Bösen an sich. «Unausgesprochen liegt in der Häufigkeit, mit der Reiche und Mächtige als böse hingestellt werden (aus Geiz, Habsucht, Unterdrückung, Ausbeutung, Sadismus), eine Art psychologische Theorie des Bösen: Macht macht böse, sie will erprobt werden und genossen und weckt die Begier nach noch mehr Macht» (Max Lüthi)[35]. Zu dieser Theorie einige Beispiele: «In einem Sommer lebte die Hirtenschaft der Alp Run bei Mompe Tujetsch (GR) im Überfluß, während daheim im Dorf die Leute nichts zu essen hatten. Es war ein rechtes Hungerjahr gewesen. Aber droben auf der Alp merkte man nichts von Not. Die Frau des Sennen, die guter Hoffnung war, pflegte dem Ziegenhirten die Brocca (den hölzernen Kübel für die Speisen) mitzugeben, und der Mann legte etwas zu essen hinein, was der Geißbub ins Dorf hinunterbrachte. Zuletzt wurde es der Senn müde, ihr jeden Tag etwas zu schicken, und ließ es bleiben. Sie bat ihn, dem Ziegenhirten wenigstens ein Stück Zieger für sie mitzugeben. Da nahm der Senn ein ‹burtget›, hofierte hinein und gab das dem Buben für die Frau. Diese freute sich, etwas zu bekommen, öffnete den burtget und da übermannte sie der Zorn über die Behandlung, daß sie ausrief: ‹Ich wollte, daß mein Mann nicht mehr zurückkommen durfte, sondern hinaufgehen mußte in den See Brid, um darin zu hausen›. Zur Strafe durfte der Senn im Herbst wirklich nicht mehr ins Dorf zurückkehren. Er mußte hinauf in den See Brid und darin bleiben».[36]

Hier ist es ein einzelner, der büßen muß. Wegen einem geizigen Bauern konnte auch ein ganzes Dorf büßen:

«Drinnen in Olmen, am Fuße des hochragenden Olmenhorns in einer lieblichen Gegend zwischen dem Mittel- und dem Großen-Aletschgletscher, befand sich einstens ein stattliches Dorf. Fette Matten und saftige Weiden boten zahlreichen Rinderherden ergiebige Nahrung. Zur Zeit des großen Todes verödete aber das Dorf zum größten Teil, so daß schließlich nur noch zwei Bauern mit ihren Familien übrig blieben. Der eine war sehr reich und hatte viele Kühe und Rinder; der andere aber war arm und besaß nur eine Kuh.

Eines Tages erkrankte nun der arme Bauer sehr schwer, und seine einzige Tochter Kathri kam zum reichen Nachbarn und bat ihn flehentlich: ‹Ach, gebt mir doch einen Tropfen Milch! Der gute Vater leidet so furchtbaren Durst, und wir haben gar keine Milch; denn unsere Kuh ist jetzt galt.› Der Reiche aber wies sie hartherzig ab mit den Worten: ‹Für Bettelvolk habe ich keine Milch.› Nach einigen Tagen lief die Kathri wieder zum Nachbarn und sagte ihm: ‹Ach, seid doch so gut und gehet hinunter nach Naters und holt den Pfarrer, um den Vater zu versehen! Ich kann selber nicht fortkommen, sonst ist ja der kranke Vater ganz allein.› – ‹Was, nach Naters hinunter soll ich?› wetterte der reiche Bauer, ‹das tue ich nicht, dazu habe ich keine Zeit.› Weinend sprach hierauf das Mädchen: ‹Dann muß ich selber gehen; denn unversorgt kann ich den Vater nicht sterben lassen. Aber um Gotteswillen, schaut doch hie und da nach dem Vater und gebt ihm etwas zu trinken!›

Und in größter Eile lief sie nach Naters. Aber der Weg war lang, und erst nach vielen Stunden kam sie mit dem Geistlichen nach Olmen zurück. Inzwischen aber war der Vater gestorben, verschmachtet vor Durst, denn der reiche Nachbar und seine Hausleute hatten nicht ein einziges Mal nach dem Kranken geschaut. In wildem Schmerz verfluchte dann Kathri den unbarmherzigen Nachbarn und all sein Hab und Gut. Alsbald entstand ein schreckliches Ungewitter, und vom Olmenhorn lösten sich gewaltige Felsmassen los und begruben das Dorf und den reichen Bauern mit seiner ganzen Familie.»[37]

Der Geiz konnte so weit gehen, daß der Geizige sich selber nichts gönnte: «Ds Erbji ein alter Bauer, hing einen Riemen Speck über dem Eßtisch auf, so daß er ihn mit der Nase riechen konnte. Aus Geiz aß er aber nichts davon, sondern sagte zu sich selbst: ‹Schmecke muesch, sus aber hä nit› (Riechen mußt ihn, aber essen nicht).»[38]

Hochmut kommt zu Fall. Diese alte Volksweisheit wird in der Sage des Fäderähans lebendig: «Der Fäderähans im Oberfeld ist wahrscheinlich der größte Bauer gewesen in Flums. Auf Fursch hat er eine eigene Hütte gehabt. Als er dann wieder einmal mit seinen vierzehn Kühen, hochgemeint wie weit herum keiner, über den Kleinberg hinauf in die Alp gefahren ist, habe eine Frau auf dem Portels zu ihm gesagt: ‹Glück auf den Sommer!› Der Fäderähans habe aber nur gelacht und gesagt: ‹Ich bin ein reicher Mann, Glück hin... Glück her! Bis an eine, seien ihm im Herbst alle vierzehn Kühe kaputt gegangen.»[39]

Das ist eine klassische, typische Warnsage. Gewiß – es ist aber mehr: Hier wird, wie übrigens auch in andern Sagen, deutlich gesagt, daß es Dinge gibt, die wir nicht beeinflussen oder gar machen können. Über Tod und Leben, Krankheit, das Wetter, die Naturgewalten, soll und kann der Mensch nicht gebieten. Die Sage braucht, um das auszudrücken, das kleine Wort «es».

«Zu Rinderbüel im Maderanertale, da liegt, unter mächtigem Steingeröll begraben, ein ganzes Sennten.

Dort rief es eines Abends, als die Älpler die Kühe molken, von der jähen, unheimlich ob den Hütten drohenden Felswand herab: ‹I lah's la gah.› Der Senn setzte beide Hände in Trichterform an den Mund und rief durch dieses Sprachrohr zurück: ‹Dä magsch scho nu g'ha!› (halten). Am nächsten Abend erscholl die Stimme wieder: ‹I müeß la gah›, und noch einmal antwortete der unerschrockene Senn: ‹Mal jetzt häb nu ä chly!› Der dritte Abend war eingezogen in der stillen Alp, die letzte Kuh wurde gerade gemolken, aber das ganze Sennten stand noch wiederkäuend beieinander, da schrie es wieder von der überhängenden Felswand herunter mit furchtbarer drohender und doch fast bittender Stimme: ‹Jäh, i müeß la gah!› Der Senn rückte eben den einbeinigen Melkstuhl unter der Kuh weg, stellte sich mit dem vollen Eimer in der Hand auf und rief hinauf: ‹So lach's äbä la chu!› Und im

Augenblick berstete krachend der Felsen, fiel donnernd und Funken sprühend herunter und begrub das ganze herrliche Sennten mit dem Senn und den Knechten unter haushohen Trümmern und Steinblöcken. Nur der Hirt und ein rotes Trychelchüehli, die einzige Kuh einer armen Witwe, entkamen. Die Kuh war zufällig schon unten am Bache auf der Weide.»[40]

Das Es – ein kaum zu erklärendes Wort. Was ist darunter wirklich zu verstehen? In der Sage vom Rinderbüel könnte man das Es allenfalls durch das Wort Berg ersetzen. Es kann also ein Ort sein. Doch wie die Zeitbezeichnung z'alte Tage, z'Fronfaschte, z'Advent, trägt es auch eine Summe von verschiedenen und vor allem bösen Möglichkeiten in sich: «Im Es staut sich gleich alles Unsichere, Unerfaßte und Unfaßbare» (E. Renner). Der Senn vom Rinderbüel ist dem Es zwar ausgeliefert, doch er verficht gleichzeitig auch einen Anspruch. Er hat die Gerechtsame hier zu alpen und deshalb hat ihn das Es zu warnen. An ihm ist es dann, auf das Zeichen zu achten, die Warnung zu verstehen und die richtige Antwort zu geben. Nicht immer spricht übrigens das Es so deutlich. In einer Variante wird unsere Sage auch anders erzählt:

«Es war ein furchtbar wüster Abend, und der Senn zu Rinderbüel meinte, man solle mit dem Vieh wegfahren. Aber die Knechte weigerten sich und sagten, sie hätten hier mehr Recht als das Wetter. Um Mitternacht kam dann ein furchtbarer Rutsch vom Rinderstock her und tötete und begrub das ganze Sennten mit dem Senn und den zwei Knechten. Noch lange Jahre merkte man, daß sie wandlen mußten.»[41]

Die Berufung auf das Recht führt hier zur Katastrophe. Das Es war stärker. Wie man aber mit dem Es wirklich umzugehen hat, erklärt Franz Epp aus dem Maderanertal:

«Zu Oberkäsern im Maderanertal unterließ ein leichtsinniger Senn aus Mutwillen den allabendlichen Betruf. Am nächsten Morgen erblickten die Älpler das sämtliche Vieh droben in den fast unzugänglichen Felsenhöhlen, die man ‹Rabenlöcher› nennt. Da rief der Geist hinunter: ‹Sol-i's loslah?› Der Küher aber antwortete: ‹Tüe's wo'ss gnu hesch!› Da waren die Kühe auch schon drunten am sichern Ort. Klug war die Antwort des Älplers. Hätte er gerufen: ‹So lach's los›, dann hätte der Geist das Vieh einfach losgelassen, und es wäre durch die steilen Felsen hinunter zu Tode gefallen.

Ein anderes Mal verschwanden die Tiere auf unerklärliche

Weise während der finstern Nacht, nachdem sie am Abend noch wildbrüllend und schellend in der Alp herumgestürmt waren. Als die Älpler am Morgen melken wollten, war kein Haupt zu sehen. Doch bald hörten sie in der Ferne das Geläute der Herdenglocken; es kam immer näher und näher; die Herde betrat allmählich wieder den Boden der Alp: doch siehe, die Kühe brachten Straßenstaub am Bauch und Kornähren zwischen den Klauen.

Ähnliches trug sich daselbst auch zu, wenn man zwar zu beten gerufen, aber mutwillige oder gar schmutzige, zotenhafte oder gottlose Reden geführt hatte.

‹Jä, uff dän-Alpä-n-erlydet's äbä nitt vill. Das het scho ysärä Vatter mängs dutzedmal g'säit; är hed-is äu das G'schichtli v'rzellt vo dem Hirt, wo z'Alpgnof het miessä wandlä.›»⁴²

In einzelnen Fällen half indessen auch Fluchen. Falls es etwa einem Fuhrmann den Wagen b'stellt, falls ein Wanderer auf der Straße g'wandet wird – keinen Schritt mehr tun kann –, wirkt ein herzhafter Fluch Wunder. «Wenn das Beten nicht half, half dann meist das Fluchen», meint einer der Gewährsmänner in der Sage. Entscheidend war in der Auseinandersetzung mit dem Es, daß man nicht resignierte.⁴³ Im übrigen ist nicht nur ein Abwehrwillen und auch die Abschreckungsabsicht vorhanden, «es gibt immer auch den Heilungswillen». Daß Gott gerecht ist, wird nicht angezweifelt, der Mensch aber darf und soll barmherzig sein.

In den Urner Sagen wird von einem Küher in der Salbytalp berichtet, dem aus eigener Schuld ein Rind durch eine steile Plangge hinunter zu Tode stürzte.

«Dem Besitzer gegenüber, der im Berggut unter der Salbytalp wohnte, stellte er jede Schuld in Abrede und wollte nie Schadenersatz leisten. Da beteuerte dieser: ‹Dem schänki-n-i's nie!› Der Küher starb, und jetzt sah die Tochter des Geschädigten nicht selten den gewissenlosen Küher mitsamt dem Rind durch jene Plangge hinunterrollen. Sie teilte dem Vater ihre Beobachtung mit, und der sah dann das nämliche. Da wurde sein Herz doch weich, und er schenkte dem Armen die Schuld. Dieser wurde seither nicht mehr gesehen.»⁴⁴

In dem Ausruf «Dem schänki-n-i's nie» kommt der ganze Ingrimm des geschädigten Bauern zum Ausdruck. Aber mit der Zeit dringt doch das Mitleid durch, er vergibt, er schenkt, wie es wörtlich heißt, dem armen Sünder die Schuld. Noch eindrücklicher ist die Erzählung von Heinrich Gamma aus der Göscheneralp:

«Durch die Schuld des Kühers erfiel in den Planggen in der Gescheneralp eine Kuh, Tschägg genannt, die einem gewissen Martin gehörte. Der Küher starb. Aber zu gewissen Zeiten, besonders an den Vorabenden hoher Feste, erblickte man ihn oben auf einem Felsen ob den Planggen. Er kauerte auf dem Boden, und es hatte ganz den Anschein, als ob er da Beeren sammeln, ‹berränä› würde. Zuletzt rief er dann hinunter: ‹D's Martis Tschägg isch ibery›. Einmal ging auch jener Martin selber durch die Gegend und er sah den seltsamen Beerensammler und hörte ihn rufen: ‹D's Martis Tschägg isch ibery›. Da rief Martin hinauf: ‹Ja, i weiß scho; äs soll-der g'schänkt sy.› Seit diesem Augenblick ließ sich der Geist nie mehr sehen, er war erlöst.»[45]

Die Großmut des Geschädigten ist wahrhaft ergreifend. «Ja, i weiß scho; äs soll-der g'schänkt sy». Es geht dem Bauern also nicht um sich, sondern um die Seelenruhe dessen, der Beeren sammelt statt auf die Kuh aufzupassen. Wie Max Lüthi mit Recht sagt, haben wir hier keine gewöhnliche Warnsage vor uns. Hier wird nicht einfach zu treuer Pflichterfüllung aufgerufen. Wichtiger als die Besitzesmoral ist hier das Bild des über sich und seine Ansprüche hinaus wachsenden Menschen. Ein ethisches Leitbild steht im Vordergrund. Aus der Warnsage wird eine Leitbildsage.

Mit dieser Sage möchten wir den Reigen unserer Beispiele schließen. Sie zeigen eine erstaunliche Vielfalt von Aussagen. Einzelne Sagen lassen sich ohne allzu große Mühe interpretieren. Andere aber widersetzen sich unsern Erklärungen. Eines scheint deutlich: Insgesamt bilden die Sagen so etwas wie Rezepte zum rechten Leben, sie stellen eine volkstümliche Lehre zur Bewältigung des Lebens dar. Wie dieses selber besteht diese Sammlung aus einer bunten Mischung von Sinn und Unsinn, von Erfahrung und Wissen, von traditionellem Aberwissen magischer Art. Nun ist es sehr leicht, ja einfach, primitives, prälogisches und magisches Denken zu verwerfen – der Hexenglauben mit seinen gefährlichen Folgen bietet dazu zweifellos Hand –, sinnvoll erscheint dieses Verfahren nicht. Daß es aber immer wieder zum Konflikt zwischen Logik, Ratio und irrationalem Denken kommen mußte, erscheint angesichts unserer Beispiele selbstverständlich. Die Sagenerzähler selbst standen in diesem Spannungsfeld, und manchmal hielten sie auch den Angriffen der «Entzauberer» nicht stand. Als der Sagensammler Büchli im Sommer 1959 im bündnerischen Rueras, wo er schon früher Aufnahmen gemacht hatte, weilte, waren drei junge Damen aus München Gäste im

Hause Cavegn. Die früher eifrige Erzählerin «sprach jetzt unter Berufung auf das ‹Fräulein Doktor› (eine Medizinstudentin in den ersten Semestern) geringschätzig von den mitgeteilten Geschichten, die ‹ja eigentlich nur tuppadads› (Dummheiten) seien.» Mit dem Geld der Fremden ist hier auch die neue Denkart angenommen worden.

Die meisten Sagenerzähler lassen sich nicht anfechten: «Ils carschn' creian nuot». (Die Erwachsenen glauben nichts). «Ich glaube halt und behielt die historias», sagte der Erzähler Emanuel Giger (1878–1955). Er glaubte, «weil das Wort von Vater und Mutter für ihn untrüglich feststand».[46]

Hier stehen wir wohl vor dem zentralen Punkt des ganzen Problems. Der volkstümliche Mensch, der Sagenerzähler wie sein Zuhörer, war traditionsgläubig. Die Autorität der Vorfahren wog schwerer als jene der Vernunft. Diese Autorität aber bot Schutz und Schirm gegen den totalen und zum Teil auch zerstörerischen Umbruch der Zeit. Gewiß – das gilt es immer wieder zu bedenken und einzuräumen –, solches Denken kann zur Erstarrung führen. Weit größer aber ist heute die andere Gefahr. Die Entzauberung, die ja bis zu einem eigentlichen «Bildersturm» ausarten kann, führt oft ins Niemandsland. Der feste Boden des Bewährten beginnt unter den Füßen zu schwinden, Haltlosigkeit und Unsicherheit breiten sich bis zum Chaos aus. Selbst die lokale und regionale Gemeinschaft beginnt Schaden zu nehmen, und was wohl noch schwerer wiegt: das Weltbild beginnt in verschiedene Teile zu zerfallen. Die «Gelehrten», die Intellektuellen (wenigstens ein großer Teil von ihnen) beginnen, sich ein neues Weltbild zu zimmern, an eine Welt zu glauben, in der alles durchschaubar, machbar, formulierbar und manipulierbar ist. Die volkstümlich gebliebenen Menschen, und so auch die Bauern, geraten in einen zunehmenden Zwiespalt. Sie sehen den Siegeszug der Wissenschaft und Technik und sie nützen ihn auch, müssen ihn sogar ausnützen. Was aber geschieht mit ihrer primären Naturerfahrung? Aller Technik zum Trotz bleiben die Bauern im Gegensatz zur industriellen Bevölkerung direkt von der Natur abhängig. Sollen sie, können sie aber wie ihre Vorfahren, nachdem die Wissenschaft alles entschleiert hat, die Natur noch als majestätisches System vorgegebener gesetzhafter und logoshafter Ordnung empfinden? Es gibt keine Geheimnisse mehr, die sie mit Schauern, mit Ehrfurcht erfüllen, weil die Natur nicht mehr als numinoses Geschehnis empfunden wird. Das Es spricht nicht mehr, weil sie und wir alle dauernd fragen: Wer ist das Es? Die Bauern kommen nicht mehr zur Dorfeten zusammen, weil sie vor dem Radio oder gar der Fernsehkiste hocken, und die Sagenerzähler verstummen, weil sie keine Hörer mehr finden und weil sie selber durch die Massenmedien und die Aufklärer verunsichert sind. Aber das Es ist noch immer da, und es überfällt uns von Zeit zu Zeit, ohne daß wir wissen, wie wir zu antworten hätten; «So lasch's äbä la chue» oder «Dä magsch scho nu g'ha».

[1] Büchli A.: Mythologische Landeskunde von Graubünden. Band I. Aarau 1958. S. VIII.
[2] Sooder M.: Zelleni us em Haslital. Basel 1947. S. 11 und 12.
[3] Büchli II. a.a.O. S. 579.
[4] Guntern J.: Volkserzählungen aus dem Oberwallis. Basel 1978. S. 63 ff.
[5] Guntern J.: a.a.O. S. 200.
[6] Müller J.: Sagen aus Uri. Basel (Neudruck) 1969, 3 Bde. S. 237.
[7] Müller J.: a.a.O. 3. Bd. S. 32.
[8] Müller J.: a.a.O. 3. Bd. S. 31.
[9] Müller J.: a.a.O. 2. Bd. S. 275.
[10] Renner, E.: Goldener Ring über Uri. Zch. 1941. S. 267.
[11] Guntern J.: a.a.O. S. 63, 103, 43 ff.
[12] Sooder M.: Habkern. Basel 1964. S. 90.
[13] Hauser, A.: Waldgeister und Holzfäller. Zürich 1980.
[14] Hauser, A.: a.a.O., S. 30 und ff., S. 33.
[15] Guntern J.: a.a.O. S. 269.
[16] Büchli II. S. 200.
[17] Büchli II. S. 45–46.
[18] Sooder, M.: Zelleni a.a.O. S. 178.
[19] Guntern J.: a.a.O. S. 787.
[20] Hauser, A.: Waldgeister S. 41–42.
[21] Büchli: a.a.O. Bd. 2 S. 92.
[22] Büchli: a.a.O. Bd. 2 S. 193.
[23] Baselbieter Sagen (P. Suter u. E. Strübin) Liestal 1976, S. 180.
[24] Büchli: a.a.O. Bd. 2 S. 92.
[25] Müller, J.: Urner Sagen. Bd. I S. 25.
[26] Weiß R.: Häuser und Landschaften. Erlenbach 1959 S. 175.
[27] Büchli II S. 174.
[28] Büchli: a.a.O. II. S. 618.
[29] Sooder, M.: Zelleni S. 29.
[30] Büchli: a.a.O. Bd. II S. 273.
[31] Pfluger E.: Solothurner Sagen. Solothurn 1972. S. 146.
[32] Müller: a.a.O. Bd. 3 S. 58.
[32] Müller: a.a.O. Bd. 2 S. 334.
[34] Kuoni J.: Sagen des Kt. St. Gallen. St. Gallen 1903 S. 65.
[35] Lüthi M. In: Enzyklopädie des Märchens, Bd. 2 Lieferung 3/4, S. 621.
[36] Büchli: a.a.O. Bd. 2 S. 159.
[37] Guntern: a.a.O. S. 94.

[38] Guntern: a.a.O. S. 292.
[39] Senti, A.: Sagen aus dem Sarganserland, Basel 1974, S. 345.
[40] Müller, J.: Urner Sagen, Bd. I, S. 46.
[41] Müller, J.: a.a.O. S. 47.
[42] Müller, J.: a.a.O. S. 170.
[43] Renner, E.: a.a.O. S. 226.
[44] Müller, J.: Urner Sagen, Bd. II, S. 334.
[45] Müller, J.: a.a.O. Bd. II, S. 336.
[46] Hauser, A.: Waldgeister, a.a.O. S. 125.

Über die Nutzung von Böden im Grenzertragsbereich. Sozio-ökonomische und kulturelle Aspekte

Es wird heute viel von der Nutzung von Böden im Grenzertragsbereich gesprochen. In diesem Beitrag werde ich indessen gezwungen, nicht nur von Böden, sondern auch von Menschen zu sprechen. Sie haben ihren Boden gestaltet, gebraucht, oft genug auch mißbraucht. Gegeben waren einmal die natürlichen Standortbedingungen. Verschiedene Gebiete und Böden unseres Landes sind von der Natur bevorzugt, andere wieder benachteiligt. Wie die Wirtschaftsgeschichte lehrt, ist es gelungen, die Nachteile, wie Ungunst des Bodens und Klimas oder der geographischen Standorte, aufzuheben oder mindestens zu überbrücken. Die einstige Armut unseres Landes und die Kargheit des Bodens haben unsere Vorfahren erfinderisch gemacht. Trotz einem verhältnismäßig kleinen Wirtschaftspotential gehört die Schweiz zu den reichen Ländern unserer Welt. Das Volkseinkommen ist im schweizerischen Mittel von Fr. 3700.– im Jahre 1950 auf Fr. 13 200.– im Jahre 1971 gestiegen. Wegen der verschiedenen Standortbedingungen ist aber die Einkommensverteilung regional sehr unterschiedlich. Im Jahre 1950 betrug die absolute Differenz zwischen den kantonalen Extremwerten Fr. 2400.–, im Jahre 1971 dagegen beinahe Fr. 11 000.–.

Ebenso große Disparitäten und Unterschiede entdecken wir bei der Betrachtung der Bevölkerungsstatistik: Trotz der starken Zunahme der schweizerischen Wohnbevölkerung nahmen in der Zeitspanne zwischen 1960 und 1970 die Einwohnerzahlen in über 40% aller Gemeinden ab. Vor allem die ländlichen Kleingemeinden unterliegen einem eigentlichen Erosionsprozeß. Sufers (GR) hat in diesem Jahrzehnt um 67%, Bourg-St-Pierre (VS) um 55%, Außerbinn (VS) um 53%, Indemini (TI) um 48% und Linthal (GL) um 45% abgenommen. Demgegenüber hat Greifensee um 535%, Schwerzenbach um 445%, Meyrin um 343%, Geroldswil um 234% und Romanel um 209% zugenommen. Zwar haben Bund, Kanton und zahlreiche privatwirtschaftliche Institutionen versucht, diese Entwicklung zu steuern, und es sind auch beträchtliche Mittel dafür eingesetzt worden. Ob diese Politik gut oder schlecht war, darüber herrschen verschiedene Auffassungen. Wir sind uns aber wohl alle einig, daß die Folgen einer Politik des Gewährenlassens und Treibenlassens schwerwiegende Konsequenzen hätte:

1. Das Wohlstandsgefälle zwischen Stadt und Land würde weiter zunehmen.
2. Die abgelegenen und verkehrsmäßig schlecht erschlossenen Regionen, vor allem die vorwiegend agrarischen Bergtäler würden weiter geschwächt.
3. Die ländlichen Kantone, Gemeinden und Regionen würden nach ihrer wirtschaftlichen auch ihre politische Autonomie verlieren.
4. Der Aufwand zugunsten der Infrastruktur würde in diesen Regionen überproportional groß (Kosten der Weite).
5. Die Vergandung und Wüstlegung würde weiter voranschreiten.
6. Die Bevölkerung in den Ballungsräumen würde demgegenüber weiter stark zunehmen.
7. Der Aufwand für die Infrastruktur würde hier überproportional groß (Kosten der Enge).
8. Die natürlichen Ressourcen in den Ballungsräumen würden übernutzt.
9. In den Agglomerationen würden sich soziale Spannungen und Aggressivität verstärken (man denke an die Gerichtsberichte, die Berichte der psychiatrischen Kliniken und der Verhaltensforschung).
10. Die Lebensqualität würde aus all diesen Gründen trotz höherem Sozialprodukt schlechter.

Wann begann dieser Prozeß der Disparität? Wie ist es eigentlich zu dieser Abwanderung und Vergandung gekommen? Handelt es sich hier um eine Zeiterscheinung, oder haben wir vielleicht einen Prozeß von säkularem Ausmaß vor uns?

Zunächst einmal können wir feststellen, daß es Wüstungen seit dem Mittelalter gibt. Sie treten in den einzelnen Regionen ungleich in Erscheinung; in gewissen Epochen erscheinen sie gehäuft. Eine eigentliche Wüstungswelle, welche sich vor allem auf die Siedlungen bezog, ist dem 14. bis 15. Jahrhundert zuzuordnen. Eine weitere Welle, welche vor allem die Fluren erfaßte und mehrheitlich zu «schwachen» Wüstungen (Umwandlung von Acker in Wiese) führte, hat im 19. Jahrhundert eingesetzt (Grund: Anschluß ans internationale Verkehrsnetz). Die neueste Welle, welche vor allem den Boden im Grenzertragsbereich erfaßt, hat erst vor wenigen Jahrzehnten begonnen. Als historische Gründe für die Wüstungen nehmen wir Seuchen (Pest), Hungersnöte, Kriegsereignisse, Geburtenrückgänge, Stadtgründungen oder Stadterweiterungen und schließlich verschiedene zahlreiche sozioökonomische wie psychologische Gründe an. Dazu kommen natürliche oder naturbedingte Ursachen. So haben katastrophale Bergstürze 1584 Yvorne, 1618 Plurs und 1806 Goldau verschüttet. Daß Lawinen und Rutsche zu Wüstungen führen konnten, zeigt die ältere und neuere Geschichte, vor allem auch des alpinen Raumes. Zu Wüstungen konnten auch schlechte Bodenverhältnisse führen. Beim kräftigen Siedlungsausbau des früheren Mittelalters wurden vereinzelte Siedlungen auf wenig geeignetem Boden angelegt. Sie waren daher besonders krisenempfindlich und gingen in Zeiten wirtschaftlicher Depressionen oder Strukturänderungen wieder ein. So sind beispielsweise bei Rümlang, Kanton Zürich, um 1255 in wenig günstiger Lage große Rodungen durchgeführt und mindestens 12 Höfe und Weiler angelegt worden, von denen heute kein einziger mehr besteht. Anderseits finden wir Wüstungen aber auch mitten im heutigen Ackerland, so daß die einfache Formel «schlechte Bodentypen oder Grenzertragsboden gleich Wüstungen» nicht durchweg angewendet werden kann. Zu Wüstungen führten auch Änderungen der hydrologischen Verhältnisse oder Wassermangel: Völlig ungenügende Wasserverhältnisse bedingten im 19. Jahrhundert die Verödung zahlreicher Höfe. W. U. Guyan erinnert dabei an die von B. Vosseler beschriebene Wüstungswelle im nordostschweizerischen Jura in den Kantonen Schaffhausen, Aargau und Baselland. Nach Aufhebung der Flurgesetze wurden hier zahlreiche Höfe unter anderem auf dem Randen gebaut, die später wieder eingingen. Diese Ausbaubestrebungen waren praktisch erfolglos. Für die Jahre 1800 bis 1925 hat Vosseler total 112 Wüstlegungen in diesem Gebieten nachgewiesen. Seit 1850 können wir vor allem in den entlegenen Gebieten des Alpenraumes eine Entvölkerung und, mit ihr verbunden, zunehmende Wüstlegungen konstatieren. Die

Gründe sind in der ausgezeichneten Studie von P. Surber dargelegt worden. Aufgrund der historischen und soziologischen Befunde wäre lediglich beizufügen, daß viele der Faktoren schon bei früheren Wüstungen zutage traten. Wie schon Guyan bemerkte, sind die bestimmten Faktoren deshalb wenigstens bis zu einem gewissen Grad zeitlos. Bei jeder ursächlichen Wüstungsbetrachtung haben wir immer wieder die direkte Abhängigkeit der bäuerlichen Bevölkerung von ihrer Nährfläche zu berücksichtigen. Die Gewichte der einzelnen Faktoren haben sich allerdings im Laufe der Zeit drastisch verschoben. So läßt sich vor allem die neueste Wüstungswelle oder das sogenannte Brachlandproblem mit den mittelalterlichen Vorgängen nur noch bedingt vergleichen. Guyan ist indessen beizupflichten, wenn er feststellt, daß die von einzelnen Geographen vertretene Fehlsiedlungstheorie nur für einzelne Fälle, nicht für die Gesamtheit der Wüstungen gelten kann. Als Faktor von allgemeiner Bedeutung ist von einigen Geographen eine säkulare Klimaverschlechterung angeführt worden. Ein signifikanter Klimawechsel ist indessen in Mitteleuropa in neuerer Zeit kaum eingetreten. Wie weit die in den Alpen registrierte lokale Klimaverschlechterung Wüstlegungen verursachte, müßte noch näher abgeklärt werden. A. Lüthi hat mit solchen Untersuchungen im Raum von Zermatt begonnen. Sicher ist es richtig, wenn Guyan feststellt, daß den natürlichen Faktoren nur eine mitbestimmende, sekundäre Bedeutung beigemessen werden kann. Die Wüstlegungen des späten Mittelalters sind primär bedingt durch eine Änderung der wirtschaftlichen und funktionalen Gesamtstruktur. Genau dasselbe läßt sich auch für die Wüstungen oder Brachlegungen der Gegenwart sagen. Nur eine völlige Abkehr von alten Wirtschafts- und Denkweisen (Abkehr von der Autarkie und Selbstversorgung) kann zu einer völligen Umwandlung der Kulturlandschaft führen, und nur das Vorherrschen und die Überbetonung neuer Begriffe, wie Rentabilität, kann zur Aufgabe von Boden und Landschaft führen, die jahrhundertelang kultiviert worden sind. Daß dabei auch völlig legitime Postulate und Ziele die Abwanderung beschleunigen, wissen wir aus agrarsoziologischen Arbeiten. Es kann den Bergbewohnern gewiß nicht übel genommen werden, wenn sie für sich und ihre Kinder ein besseres Einkommen, bessere Ausbildung, kurzum bessere Infrastrukturen erhoffen. In diesem Punkt unterscheiden sich die neuesten Vorgänge wesentlich von jenen des Mittelalters. Ein Domizilwechsel konnte damals, sofern er überhaupt vorgenommen werden konnte, kaum oder nur in seltensten Fällen die Realisierung solcher Wünsche mit sich bringen. In den Studien zur Gebirgsentvölkerung 1928 wird deutlich gesagt: «Man kehrt der Heimat nicht den Rücken, weil es sich unter keinen Umständen mehr leben läßt, sondern weil man dank intensiver Verkehrsbeziehungen weiß, daß man anderswo besser leben kann». Nach dem Zweiten Weltkrieg beschleunigte sich die Abwanderung, und es kam zu krisenhaften Erscheinungen. Der Volkskundler Richard Weiß bemerkte schon 1957: «Man kommt nicht um die Feststellung herum, daß die Alpen auch in der Zeit der Hochkonjunktur ein eigentliches Krisengebiet sind, daß sich der Bergbauer in einer äußeren und inneren, in einer wirtschaftlichen und seelischen Krise befindet, daß man das Proletariat und die Slums heute nicht mehr in den Städten, sondern in den Bergtälern suchen muß. Nicht nur nach Einkommen und Lebensstandard sind die Bergbauern Proletarier. Das Wort bezeichnet sinngemäß auch die grundsätzliche Unzufriedenheit und Bildungslosigkeit.» Zwei Jahre später, 1959, erschien der Bericht des EVD zur Lage der Bergbevölkerung. Die Lage wurde damals recht düster geschildert, und im gleichen Jahr beschrieb Richard Weiß nochmals die alpine Krise: «Erst in neuester Zeit bricht nun durch die rasche Verkehrserschließung (Straßen, Autos, Seilbahnen), durch den geistigen Kontakt mit der modernen Welt (Telephon, Radio, Zeitung, Kataloge, Kurse) und durch die Industrialisierung (Kraftwerkbauten, Industrieansiedlung in Bergtälern) die Welle des Neuen mit der Plötzlichkeit und Heftigkeit eines Schocks über die bisher abgeschirmten Bergtäler herein. Die Anpassung ist hier noch nicht vollzogen. Neben den monumentalen Staudämmen und Kraftzentralen, den imponierenden Baudenkmälern einer bis über die bisherige Siedlungsgrenze hinaufdrängenden alpinen Industrielandschaft, zeigt sich im bäuerlichen Bereich derselben Alpentäler zunächst nur der Zerfall, die Ruinen von Histen, Stadeln, Häusern, Kapellen, ja von ganzen Siedlungen, die Vergandung von Alpen, die Verwilderung oder Aufforstung von Maiensäßen, die Vergrasung von Äckern. Die nützlichen Errungenschaften der technischen Zivilisation – hygienische Einrichtungen in den Häusern, Hauswasserleitungen, Bewässerungs- und Jaucheverteilungsanlagen, Motoren und Maschinen, Straßen- und Lawinenverbauungen – erscheinen vorläufig noch als Fremdkörper, als Import, als Anleihe aus einer andern Welt, kurz als Einbruch des Fremden, das noch nicht angeeignet ist, das unharmonisch wirkt.» Wenn wir bei diesem klassischen Begriff der Harmonie bleiben wollen, so ist tatsächlich auch heute noch die Verbindung des Modernen mit dem Überlieferten nicht vollzogen. Wir empfinden die Disharmonie vor allem als besonders unerfreulich, weil ja gerade diese Gegenden zu unseren bevorzugten Ferienlandschaften gehören, in denen wir uns gern der Illusion der alpinen Idylle und der Illusion vom glücklichen Menschen in einer Landschaft hingeben. Doch muß im Umbruch unserer Zeit ein neuer Ausgleich, eine neue Harmonie erstrebt werden. Der Bergbewohner, das hat schon Richard Weiß gesagt, ist kein historisches Denkmal, sondern ein Mensch unserer Zeit. Es ist noch verfrüht zu sagen, ob die Hilfe, die nun auf verschiedenen Ebenen eingesetzt hat, auch wirklich vom Erfolg gekrönt sein wird. Es scheint indessen, daß die schlimmste Krise überwunden ist. Da und dort ist, wie neueste Untersuchungen der ländlichen Soziologie zeigen, an die Stelle des schwarzen Pessimismus ein gedämpfter Optimismus getreten. Die Gründe hiefür sind äußerst komplex und können hier nur angedeutet werden. Zunächst einmal beginnen die Menschen einzusehen, daß der Tausch einer angeblich unattraktiven Region mit einer attraktiven nicht in allen Teilen so glücklich ist, wie man ursprünglich annahm. Die Zusammengehörigkeit von Familien- und Arbeitsdasein wird heute wieder höher geschätzt als noch vor wenigen Jahren. Auch kennt man heute nicht nur die Nachteile, sondern auch die Vorteile der bäuerlichen Arbeit (größere Freiheit bei der Arbeitsplanung). Der Generationenkonflikt hat, wie es zum Beispiel Dönz im Prättigau festgestellt hat, viel von seiner Schärfe eingebüßt. Noch vor wenigen Jahren bewerteten die meisten Bergbauern andere Berufe höher als ihren eigenen. Heute beginnen sie doch, die Dinge etwas anders anzusehen. Das will nicht heißen, daß in diesen Regionen alles zum Besten bestellt ist. Noch herrscht da und dort in bäuerlichen Kreisen ein akuter und gravierender Frauenmangel. Noch leiden viele Regionen unter ungenügendem Einkommen und ungenügender Infrastruktur. Noch seufzen da und dort jüngere Leute über die scharfe soziale Kontrolle und über das Machtwort dörflicher Eliten. Noch sind zusammengebrochene kulturelle Institutionen nicht wieder aufgebaut. Schon die Tatsache aber, daß man weiß, was man machen könnte, ist ermutigend. Ebenso erfreulich ist die wachsende Einsicht, daß neben wirtschaftlichen Maßnahmen auch auf geistigem Gebiet etwas getan werden kann und muß. Ganz konkret heißt dies: Wir haben in diesen Gebieten zwar den Wohlstand zu erhöhen, gleichzeitig aber doch auch uns dafür einzusetzen, daß dem Wohlstand nicht überzeitliche und dauernde Werte geopfert werden. Das heißt mit anderen Worten: Traditionelle Bindung und fortschrittliches Wagen haben sich zu ergänzen. Diese Polarität oder Komplementarität, wie sie Karl Schmid herausgearbeitet hat, darf, ja soll sogar das Leben auch in diesen Regionen prägen. Sind wir nicht deshalb so bedroht, weil wir vergessen haben, daß der Mensch nicht vom Brot allein lebt? Sehen wir nicht heute deutlicher denn je, daß uns nicht wirtschaftlicher Fortschritt allein, sondern vor allem jene Ziele und Werte jenseits von Angebot und Nachfrage Hilfe bringen können?

Unsere Existenz hängt, wenn wir es recht bedenken, von vier Bindungen ab: Der Mensch braucht erstens die Gemeinschaft, das will sagen, die Bindung an den anderen. Er bedarf der Verwurzelung mit der Natur und den Dingen, die ihn umgeben und die ihm vertraut sind. Er kann auf die Einbettung und Verwurzelung in der Geschichte und Überlieferung auf die Dauer ebensowenig verzichten wie auf den Glauben an Gott als letzte Autorität und Instanz. Es ist verhängnisvoll, daß diese schlichte und alte Weisheit eine Zeitlang in Vergessenheit geraten ist, und es ist schön und ermutigend zu sehen, daß ein ökonomisch und realistisch denkender Ingenieur wie Ernst Basler mit uns einig geht. Lange genug haben wir, so sagt er in seinem Büchlein «Strategie des Fortschrittes», all den Menschen und Vorfahren «unrecht getan, die sich mutig und unentwegt für jene Ziele und Werte eingesetzt haben, die uns heute aus der Sackgasse herausführen können. Liebe zur Harmonie in der natürlichen Umwelt, Freude an der Vielfalt und Verflochtenheit, Abneigung gegenüber Raubbau und Verletzung der Landschaft, gegen Verdrängung von Tieren und Pflanzen und brutale technische Eingriffe erweisen sich je länger je mehr als diejenigen gesunden Empfindungen, die erst ein dauerndes Leben ermöglichen.» Gerade in den Berggebieten finden wir zahlreiche Männer und Frauen, die nie aufhörten, so zu empfinden und zu denken. Ihnen ihr Recht zu lassen, sie in diesem Tun zu bestärken, von ihnen zu lernen, statt sie zu belehren, das wäre Dienst am Geist, am Menschen, an der Kultur wie an der Natur, wie er schöner kaum zu denken wäre.

DIE ZÜRCHER HEIMAT

Die Züribieterin im Wandel der Zeit

Das Thema, dem unsere Aufmerksamkeit gilt, ist bis heute erstaunlicherweise verhältnismäßig selten angegangen worden. Zwar gibt es das hübsche Büchlein «Die Zürcherinnen» von Verena Bodmer-Geßner. Im Zentrum der kleinen Kulturgeschichte standen indessen die Stadtzürcherinnen, die Frauen der Landschaft sind höchstens am Rande erwähnt. Verena Bodmers Interesse galt außerdem den bekannten oder sogar berühmten Frauen.

Wir verfolgen ein anderes Ziel. Wir wollen wissen, ob die Züribieterin einen Typus sui generis darstellt und, sofern dies zutreffen sollte, möchten wir herausfinden, wie sich dieser Typus gewandelt hat. Welchen Rollenbildern hatte die Züribieterin in den verschiedenen Ständen und Berufen zu entsprechen? Wo lagen ihre hauptsächlichsten Probleme und wie wurde sie mit ihnen fertig? Die ersten Hinweise, Schilderungen und auch Urteile stammen aus dem 15. und 16. Jahrhundert. In einem Gedicht rühmt Johannes Stumpf um 1548 die Zürcher als «schön hurtig volck, beid Wyb und Man». Wenn sich die Zürcherin hier mit ihrem Mann in das schmeichelhafte Urteil teilen muß, kann dies eventuell auf die alemannische Sprödigkeit zurückgeführt werden. Vielleicht aber hatte der Chronist auch die Absicht, das Gewicht gleichmäßig zu verteilen. Beim Italiener Ascanio Marso, der diese Bedingung nicht zu erfüllen hatte, tönt es jedenfalls anders. Er sagte 1558 vom Staate Zürich, er produziere schönere Frauen als Männer. Knapp 100 Jahre später haben sich aber die Zürcherinnen offenbar zu ihrem Nachteil sehr verändert, schreibt doch der päpstliche Nuntius in der Schweiz Ranuccio Scotti 1642: «Die Schönheit, die anderswo von der Natur als besondere Mitgift den Frauen verliehen zu sein scheint, ist hier bei den Männern häufiger zu treffen als bei den Frauen». Nicht gerade anerkennend äußert sich auch ein belgischer Diplomat, Daniel l'Hermite. Er vermerkt um 1600, die schönsten und bestangezogenen Frauen der Schweiz seien die Baslerinnen. Die Zürcherinnen hätten einst diesen Ruhm für sich beanspruchen können. Auch auf diesem

Gebiet veränderte sich eben die Natur beständig. Im allgemeinen äußern sich jedoch die Beobachter – es sind vor allem Ausländer – durchaus positiv. Der Franzose Marc Lescarbot meinte 1618, die Zürcherinnen verfügen nicht nur über eine Schönheit «qui leur est naturelle», sondern auch über eine «fort bonne grace» in Kleidung und Coiffure. Selbst der Verfasser der «Heutelia», ein recht kritischer Geist, meinte: «Hier lebt ein schönes Volck, insbesonderheit von Weibern». Aber diese Frauen und Mädchen können sich nicht bücken und neigen. Es sei deshalb zu vermuten, dass sie hölzerne Beine haben. Er tönt damit ein Urteil oder Vorurteil an, das von nun an fast stereotyp immer wieder von neuem erscheint. «Die Weiber sind zwar schön, aber darneben unfreundlich, sintemahlen sie keinen grüßen», schreibt der Deutsche Johannes Limberg um 1677, und ein englischer Geistlicher namens Gilbert Burnet sagt 1685: «Ihre Frauen unterhalten sich nicht vertraulich mit Männern, außer mit solchen der nahen Verwandtschaft. Sie erwidern auch nicht die Artigkeiten der Fremden auf der Straße...». In Blainvilles Reisebericht von 1705 werden unter dem Randtitel «Women very reserved here» die merkwürdigen Manieren erklärt: «Die Ortssitte erlaubt es nicht, den Höflichkeitsbezeugungen von Fremden irgendwelche Beachtung zu schenken». Besser als dieser Engländer kannte sich der Waadtländer Abraham Ruchat aus. «Les femmes y sont fort réservées en public, mais assez ouvertes dans la maison. C'est là l'usage du pais».

Offenbar waren die Zürcher Frauen nicht immer so reserviert. Der Reformator Heinrich Bullinger bemerkt jedenfalls, daß es vor der Reformation in Zürich «vil hurenvolck» gegeben habe. Eine Notiz des aus dem Wallis stammenden, aber in Basel wirkenden Thomas Platter läßt eher auf ein düsteres Sittenbild schließen. Er habe, so sagt er, in Brig eine junge Zürcherin angetroffen, die wegen eines Fehltrittes von ihrem Vater verstoßen wurde. Was aber noch schlimmer sei als dieser Tatbestand: «Sömmlicher meitlin hatt man offt zimlich vill in Walleß funden». Offenbar haben sich aber die sittlichen Zustände seit dieser Zeit wirklich zum Vorteil der Zürcher geändert: Um 1557 spricht der nach Zürich übersiedelte Italiener Francesco Betti von «sobrietà» und «temperanza». Nicht nur Ehebruch, sondern jede einfache Unzucht sei verboten und werde rigoros bestraft. «Wenn in Italien einer in aller Öffentlichkeit die Frau eines andern für sich nimmt, wird er nicht nur nicht bestraft, sondern rühmt sich dessen wie einer Heldentat.» Der schon zitierte englische Geistliche Gilbert Burnet meinte 1685 gar, in Zürichs Landen finde man noch die wahre alte Einfachheit der Schweizer. «Not corrupted with luxury or vanity». Bei diesen beiden Betrachtungen mag religiöse Sympathie und Dankbarkeit für die wohlwollende Aufnahme mitgespielt haben. Aber selbst von einem ganz unverdächtigen Zeugen, dem französischen Gesandten Marquis de Puyzieulx, besitzen wir eine Äusserung, die ähnlich lautet und die die Bewohner der Landschaft miteinbezieht. Er schreibt 1708: «Die Zürcher Bürger und Untertanen auf dem Land sind arbeitsam, und sie leben in einer nahezu unglaublichen Sparsamkeit und Bescheidenheit; ils vivent avec tant d'épargne et avec tant de frugalité qu'il est presque impossible de le croire».

Gleichzeitig wird ein recht positives Bild der Agrar- und Wohnkultur gezeichnet. Die Gärten seien wundervoll geschmückt, die Felder und Weinberge recht gepflegt, meint z. B. Edward Gibbon.[1]

Sparsamkeit und Fleiß auf der einen, wohlbestellte Äcker und Wiesen auf der andern Seite, sollte es da am Ende einen innern Zusammenhang geben? Der Zürcher Stadtarzt und Ökonom Hirzel sah ihn lange vor Max Weber. Für Hirzel ist die Reformation indirekt die Ursache «des protestantischen Wohlstandes, insofern als sie den freien Gebrauch einer aufgeklärten Vernunft, Arbeitsamkeit und gute Sitten der Familien erzeigen»[2]. Der Frau fällt dabei die Hauptaufgabe als Erzieherin zu. Wie hat sie diese Aufgabe gemeistert?

Betrachten wir zunächst die Situation und Stellung der Bäuerin. Schließlich war ja auch die Urproduktion für den Wohlstand in erster Linie verantwortlich. Die Bäuerin hatte, während der Mann seine Arbeit in Feld, Wald und Wiese verrichtete, alles, was mit dem Verbrauch zusammenhing, zu erledigen. Sie besorgte den Gemüsegarten, das Hanf- und Flachsfeld, sie sagte, was in die Vorratskammer und was auf den Tisch kam. Ihre Töchter erzog sie zu guten Hausfrauen. Diese Arbeitsteilung war durch Sitte und Brauch vorgeschrieben, und an diese Normen hatte sich jeder zu halten. Als im Jahre 1573 die Stiftsherren beim Schwamendinger Kehlhof große Schulden feststellten und der Konkurs drohte, nahmen sie an, daß die Ursachen dieses Zustandes in der Abweichung von der Tradition zu suchen seien. Den Kehlhofern wurde eine detaillierte Haushaltsordnung zugestellt. Von nun an hätten sie sich gottesfürchtig und einträchtiglich verhalten. Bernhart

Meyer soll der rechte Hausmeister sein. Sein Sohn Andres «soll nüt heimliches für sich selbst handeln». Uli der Ältere soll den Feldbau an die Hand nehmen und die Jüngeren gut anführen. Der alten Bela soll die Küche erlassen, während Elsbeth, des Ulis Frau, die Küche samt Keller sowie Brot, Gemüse, Obst mit allen Sachen an die Hand nehmen soll. Uli, der schreiben kann, soll fleißig aufzeichnen und Buch führen[3]. Hier sind die Rollen der Hofinsassen eindeutig und klar umschrieben. Solche Hausordnungen aus dieser Zeit sind übrigens außerordentlich selten. Die traditionelle Arbeitsteilung ist im Großen und Ganzen bis in unser Jahrhundert hinein beibehalten worden. Erst im Gefolge der Rationalisierung und Mechanisierung der letzten 50 Jahre kam es zu erheblichen Umdispositionen und Umänderungen. In einer volkskundlichen Umfrage aus den vierziger Jahren heißt es aus dem Zürcher Oberland: «D'Frau ghört is Huus und de Ma in Stall». Die Frauen hatten die Stallarbeit höchstens im Notfall zu übernehmen, und das fiel schon damals recht schwer, weil sie nicht oder nicht mehr melken konnten. Anders sieht es im Nebenerwerbsbetrieb aus. Die Frauen helfen dort oft mit, weil alles Kleinbauern ohne Knecht sind, wurde damals gesagt. Zur eigentlichen Frauen- und Kinderarbeit gehörte seit jeher das Ausbreiten des Grases und Heues. Während in den Mittellandbetrieben die Maschine diese Arbeit ersetzte, ist sie in den Hügelzonen und vor allem in den Bergregionen des Zürcher Oberlandes großenteils noch Frauenarbeit geblieben. Übereinstimmend wird in dieser Umfrage festgehalten, daß die Arbeit der Bauersfrau hart und schwer geblieben sei, die Maschine hat die Frauen, wie neue Untersuchungen zeigen, vor allem in den Großbetrieben von der Feldarbeit entlastet. Hingegen kam es im allgemeinen zu einer Aufwertung ihrer Position. Die Bäuerin übernimmt heute in zahlreichen Betrieben mit Hilfe der Buchhaltung die gesamte Kontrolle des Geld- und Naturalwertverkehrs und hat so eine Stellung erreicht, die außer ihr nur noch die selbständige Unternehmerin kennt.

Völlig anders sieht das Bild der Arbeiterin und auch Arbeitersfrau aus. Schon im 16. und 17. Jahrhundert treffen wir auf der Zürcher Landschaft viele Spinnerinnen und Weberinnen an. Doch besaß die textile Hausindustrie damals lediglich die Bedeutung eines Nebenerwerbs. Im 18. Jahrhundert wird dagegen die Heimarbeit zur selbständigen Heimindustrie von großer, wachsender Bedeutung. Doch blieb dieser Prozeß nicht ohne Folgen. Dort, wo die Heimindustrie florierte, konnten die jungen Leute eher, vielleicht auch früher heiraten. Für viele Menschen war die «neue Industrie» Grundlage und Voraussetzung für eine Ehe. Gleichzeitig vollzog sich eine Individualisierung. Man heiratete nicht mehr nach Vaters Wunsch die Tochter, die auch Land einbrachte, sondern das Mädchen des Herzens. Spürbar war auch eine gewisse Besserung des Lebensstandards, wobei allerdings Depressionen und Hochkonjunktur abwechselten. Von einem gewissen Behagen und auch einem gewissen Stolz zeugt das Gedicht von der Seegegend:

«Von Nußbaum stehen Sachen da
Die man in mancher Stadt nie sah
da seht ihr Uhren groß und klein
und Spiegeltische groß und fein
und Vorhäng', weiß wie Schnee,
ja, oft sogar ein Kanapee.»

Im allgemeinen wird mit Recht angenommen, daß der Übergang von der Hausindustrie zur Fabrikindustrie nahtlos war. Das mag z. T. stimmen. Doch für die Frau und für die Familie bedeutete die neue Organisationsform grundlegende Änderungen. Die Fabrik brachte die Trennung von Lohn- und Arbeitsplatz. Für das Familienleben und vor allem für die Kindererziehung war dieser Schritt von größten Folgen. Fabrikinspektor Schuler hat die Situation klar umschrieben: «Vor Zeiten war und blieb die Hausfrau im Hause. Heute steht die ganze Haushaltung in der Fabrik». Zunächst wird der herkömmliche Rhythmus der Mahlzeiten gestört. Schon das Frühstück mußte zur Unzeit, meist um 5 Uhr morgens, eingenommen werden. Für das Mittagessen war eine Stunde Freizeit eingeräumt. Die in der Nähe wohnenden Arbeiter und Arbeiterinnen aßen zu Hause. Die andern nahmen das Essen mit, um es im Fabriksaal einzunehmen. Den Ehefrauen war es erlaubt, eine halbe Stunde früher wegzugehen, um das Essen zu Hause vorzubereiten. Wie es in einem zeitgenössischen Bericht heißt, «eilt sie nach Hause, kocht so rasch als möglich, denn bald stehen die Ihrigen bereit zum Essen und jammern über Verspätung, wenn die Schüssel nicht schon auf dem Tische dampft. Eine Stunde später und die ganze Familie steht abermals an ihrem Posten in der Fabrik. Wo also die Zeit hernehmen zu gehörigem Kochen?» Als fatal wirkte sich aus, daß die Fabrikarbeiterin im Kochen ungeübt war. Mit dem allerbesten Willen konnte sie aus diesen und andern Gründen den Haushalt nicht so führen, wie es notwendig gewesen wäre. «Die Industrie löst das Familienband», sagten deshalb die meisten zeitgenössischen Betrachter, «auch im Hinblick auf die Kinder». «Die Kleinkinder sind sich selbst überlassen, die Schulgenössigen der Schule und vor allem dem Zufall. So werden die Kinder den Eltern entfremdet und entbehren jeder ordentlichen Erziehung»[4]. Tatsächlich war die Pflege des Kleinkindes ein besonders schwieriges Problem. Es gibt aus der Frühzeit der Industrialisierung Berichte, die wir heute kaum mehr verstehen können. Aus dieser Zeit stammen auch die ersten Schlüsselkinder. Wir werden auf dieses Problem noch zurückkommen.

Für die meisten zeitgenössischen Betrachter, vor allem für die Pfarrer, war das Fabrikwesen notwendigerweise gleichbedeutend mit dem Zerfall der Familie. Tatsächlich besaß aber die Familie genügend Kohäsionskraft, um die schwierigen Anfangszeiten zu meistern. Allerdings war das herkömmliche christliche Familienbild (die Frau am Herd und die Kinder um sie versammelt) nicht mehr zu halten.

Noch bleibt das Schicksal der Frau in den beiden andern Ständen zu schildern. Beginnen wir mit dem Unternehmertum. Diese Schicht ist gleichzeitig mit der Fabrikarbeiterschaft entstanden. Zwar gab es schon im Zeitalter der Hausindustrie Unternehmer, ja selbst einige mehr oder weniger erfolgreiche Unternehmerinnen. Zu diesen gehört z.B. Anna Hauser aus Wädenswil, die 1760–1770 über Hunderte von Heimarbeiterinnen gebot und die mit Dutzenden von Unternehmungen in Zürich und auf der Zürcher Landschaft verbunden war. Vielleicht hat sie sich zu viel zugemutet. Jedenfalls erlitt sie im Jahre 1771 Konkurs. Besser ging es der Anna Blattmann, ebenfalls aus Wädenswil. Sie besaß um 1790 eine weitverzweigte Textilmanufaktur, die noch ins 19. Jahrhundert hinein gerettet werden konnte. Diese frühen Fabrikantenfrauen, wie man ihnen damals sagte, paßten nicht so recht in das Bild der Zürcher Landschaft. Sie kleideten sich wie die Stadtfrauen und gerieten deshalb des öftern in Konflikt mit den Sittenmandaten, die einfache und ländliche Kleidung verlangten. Ein eigentlicher Fabrikantenstand trat erst im 19. Jahrhundert in Erscheinung. In diesen Familien wird der Erziehung besonderes Augenmerk geschenkt. Die Berufs- wie Partnerwahl wird auf das Unternehmen ausgerichtet. Auf äußern Aufwand und Repräsentation wird weitgehend verzichtet. (Eine Ausnahme machen lediglich einzelne Villen, die städtischen Vorbildern huldigen.) Auch die Töchter werden gut ausgebildet, sei es für die Ehe, sei es als Stütze des Geschäftes. Es werden ihnen auch kaufmännische Kenntnisse beigebracht. Nicht verheiratete Töchter bleiben als Stütze des Geschäftes im Betrieb. Einzelne unverheiratete Töchter steigen, wie z. B. Elisabeth Feller aus Horgen, selber zu Unternehmerinnen auf.

Eine Neuschöpfung des 19. Jahrhunderts ist schließlich auch die Angestellten- und Beamten-Familie. Wie die Arbeiterfamilie, so hatte auch sie eine neue Arbeits- und Lebenssituation zu meistern: Fixierte Arbeitszeiten, Trennung von Arbeits- und Wohnplatz sowie die Arbeit der Ehefrauen und Mütter. All das blieb nicht ohne Folgen. Wir treffen deshalb heute im Züribiet wie auch anderswo immer mehr Schlüsselkinder an. Auch für die Angestellten-Familie ist das alte christliche Familienbild heute in manchen Bezügen und Fällen keine Realität mehr. Sie hat sich umgestellt und angepaßt, was auch in der Neubewertung der Frauenarbeit zum Ausdruck kommt. Manche Frau geht heute ins Büro, weil der Verdienst des Mannes nicht ausreicht, um den Lebensstandard halten oder verbessern zu können.

Mit der Neubewertung der Berufe ist leider gleichzeitig oft auch eine Abwertung der Hausfrauenarbeit verbunden. Das alte überlieferte Familienbild wird da und dort belächelt, oft als Klischee, oder ganz einfach auch als Bild der Vergangenheit abgetan. Das ist eigentlich eher merkwürdig, sehen wir doch mit aller Deutlichkeit, daß das Produkt dieser neuen Familie, eben das Schlüsselkind, zu einer schrecklichen Bedrohung nicht nur der Familie selber, sondern der ganzen Gesellschaft zu werden droht.

Glücklicherweise gibt es auch Gegenkräfte. Seit einem Jahrzehnt haben wir nun eine Reihe von beherzten Züribieterinnen in politischen Ämtern. Außerdem gibt es zahlreiche Frauen, die, vom Zeitgeist nicht angekränkelt, tapfer ihren Weg gehen. Ihnen zu helfen, ist eine wichtige Aufgabe der Züribieter.

---

[1] Gasser, Monika: Zürich von außen gesehen. Zürich 1973, S. 199 ff.

[2] Hauser, Albert: Der Familienbetrieb in der schweizerischen Landwirtschaft. Zeitschrift für Agrargeschichte 1978. Jg. 26, Heft 2.

[3] Sigg, Otto: Bevölkerung, Agrar- und sozialgeschichtliche Probleme in der Zürcher Landschaft. Schweiz. Zeitschrift für Geschichte 1974, Heft 1, 24. Jg.

[4] Braun, Rudolf: Sozialer und kultureller Wandel in einem ländlichen Industriegebiet im 19./20. Jahrhundert. Zürich 1965.

Die Seebuben – Zur Charakteristik eines Volksschlages

Der Ausdruck «Seebuben» stammt aus dem 18. Jahrhundert. Er wurde von jenen konservativ-städtischen Kreisen geprägt, die jeder Diskussion mit den auflüpfischen, aufbegehrerischen ländlichen Untertanen abhold waren. Man wollte damit, wie das ein hervorragender zeitgenössischer Vertreter der Zürcher Regierung formulierte, das Verhältnis der väterlichen Obrigkeit zu den noch unmündigen, ja bübischen Kindern ausdrücken.[1] Nach erfolgter Gleichstellung ist aus dem ursprünglichen Spott- und Spitznamen ein Ehrenname geworden, der einen ganz bestimmten Typ kennzeichnet.

Zu den Merkmalen dieses Typus gehört eine gewisse Angriffigkeit, ein jähes, manchmal leidenschaftliches Temperament, das oft bis zur Reizbarkeit gesteigert erscheint. Diese Eigenart tritt uns in vielen Berichten und Begebenheiten entgegen; sie wird von manchen zeitgenössischen Beobachtern verbürgt. So sagte Johann Conrad Faesi 1765: Die Seeleute sind «meist starke, handfeste und in ihren Leidenschaften, sowohl den guten als den bösen, heftige Leute».[2] Tatsächlich belegen die Gerichtsakten der Landvogteien und die Stillstandsprotokolle, daß von allen Vergehen in bezug auf Häufigkeit die Schlägereien oder Schlägleten an erster Stelle stehen. Selbst beim Kartenspiel und Kegeln – heute gewiß im allgemeinen friedliche Spiele – kam es noch im 18. Jahrhundert immer wieder zu tätlichen Auseinandersetzungen, und mehr als einmal floß Blut. Auch im täglichen Leben waren die Waffen schnell zur Hand; ein unbedachtes Wort, eine absichtlich oder unabsichtlich vollführte Gebärde genügten, um die Faust zu erheben, das Messer oder den Degen zu zücken. Mächtigen Antrieb empfing solches Handeln aus dem Gefühl der wirklichen und manchmal auch nur vermeintlichen wirtschaftlichen und politisch-sozialen Zurücksetzung der ländlichen Untertanen. Die mannigfachen Verbote und Sittenmandate reizten nicht nur zur Umgehung; es gehörte fast zum guten Ton, der städtischen Obrigkeit Schnippchen zu schlagen. Wesentlich erscheint uns vor allem, daß die unablässigen Kämpfe gegen die Herrschaftsansprüche im Wirtschaftsleben nicht nur die Kraft stählten, sondern auch ein erhöhtes Selbstbewußtsein gaben. Es äußerte sich in der Ausstattung von Haus und Hof, von Kleidung und Gehaben. Sozusagen sämtliche Reiseschriftsteller des 18. und auch des 19. Jahrhunderts geben davon übereinstimmend Kunde, und selbstverständlich melden es auch die der Stadt verpflichteten Vögte und Untervögte nach Zürich. So heißt es in einem solchen Bericht aus dem Jahre 1793, daß in Stäfa, Richterswil und Wädenswil die Fabrikanten «zu Abendgesellschaften zusammenkamen, wo gekannegießert und die Regierung von Zürich, die Landvögte und Untervögte zurechtgewiesen werden». Auch hätten die Untertanen Musik- und Theatergesellschaften sowie Lesegesellschaften gegründet. Hier herrsche der Geist der Revolution; in diesen nach französischem Vorbild gegründeten Konventikelklubs rede man in höchst strafbaren Ausdrücken von der Obrigkeit.[3]

Reste dieses revolutionären, antistädtischen, manchmal auch antiaristokratischen Geistes blieben erhalten, als längst aus den ehemaligen Untertanen gleichberechtigte Staatsbürger geworden waren. Es gibt hierfür mannigfache Beispiele. Ein heute nicht mehr im Amte stehender, langjähriger Gemeindeschreiber erzählte mir, daß er alle Vorschriften und Weisungen aus dem Kaspar-Escher-Haus schon nur deshalb, weil sie eben aus dem städtischen Regierungssitz kamen, skeptisch, ja mißtrauisch betrachtet habe. Noch anläßlich des Generalstreiks von 1918 haben Zürichseebauern heimlich Säcke gesammelt, um bei einem allgemeinen Sturm auf die Stadt plündern zu können, und noch heute gibt es Bauern, die einem Seebuben ohne weiteres, einem Städter aber niemals Land verkaufen.

Dieses antistädtische Leitbild hat im Laufe der Zeit verschiedene Veränderungen erfahren. So wurde es zwischen 1890 und 1920 ergänzt, revidiert und «aufgefrischt» durch die neuaufkommende Abwehr der Großstadteinflüsse. Man sah auf dem Lande, daß aus der idyllischen Kleinstadt am untern Ende des Sees langsam, aber sicher eine Großstadt, ein wirtschaftliches Zentrum wurde, das die Landschaft in mannigfacher Weise beeinflußte und zum Teil auch übertraf. Die namentlich in den Jahren nach dem Ersten Weltkrieg hitzig geführten Diskussionen gingen von Extremen aus: dort die Großstadt, dort künstliches, hier natürliches Dasein; hier das von der Industrie unberührte Land, das natürliche Leben, dort eine vermaßte Gesellschaft, hier eine bodenständige, ländliche Gesellschaft, dort der intellektuelle Großstädter, hier der Seebube als Prototyp der alten, bodenständigen Sitten und Bräuche. Gerne zitierte man Peter Rosegger:

«Vom Land zur Stadt gehts abwärts,
Von der Stadt zum Land stets aufwärts,
Zurück aufs Land heißt vorwärts...»[4]

Ein tiefer Kulturpessimismus trug und nährte diese Diskussionen. Man glaubte, daß sich das Land entvölkere und daß die Stadt kulturell ausgehöhlt werde. Man sprach von der Vermassung und von der Lösung der natürlichen Grundlagen, von Gemachtheit, von Künstlichkeit, von Einsamkeit und Verlorenheit des Städters. Wir wissen heute, daß in dieser Erörterung als Typus der Stadt mehr die Großstadt angesehen wird. Wer die schweizerischen Städte kennt, weiß genau, daß solche Feststellungen zum mindesten übertrieben sind, wenn auch nicht zu leugnen ist, daß es auch in der Stadt Zürich einige Dinge gibt, die im schlechten Sinne großstädtisch anmuten. Die Bewohner unserer Schweizer Städte, namentlich die Zürcher, sind im allgemeinen aber doch weder einsam noch verloren. Auch wird es kaum angehen, daß man die Natürlichkeit als Merkmal des Landes schlechthin betrachtet. Was den Landleuten als städtische Steinwüste erscheint, ist manchem Städter geradezu natürlicher Lebensraum. Mit Werturteilen in der Frage der biologischen und seelischen Angemessenheit einer bestimmten Umwelt sollte man vorsichtig sein.

Nun spielt es bei den Leitbildern keine wesentliche Rolle, ob sie in allen Teilen richtig sind oder ob nicht Vorurteile, ja sogar ganz falsche und verdrehte Ansichten zugrunde liegen. Wichtig ist nur, daß ein neues Leitbild gefunden wurde, das dem Herzen derer, die es trugen, entsprach. Es war offensichtlich, daß die städtische Welt von der Landwelt, «der wirklichen Welt der Berge, Wälder und Flüsse, der Tiere und Gottesgedanken nichts wußte». C. G. Jung, der dieses Wort prägte, hat auch darauf hingewiesen, daß diese Einsicht zu Überlegenheitsanfällen, vielleicht auch zu unangebrachter Kritiklust führen kann.[5] Wie weit das bei den Seebuben der Fall ist, läßt sich nicht ohne weiteres entscheiden. Der Verfasser dieses Aufsatzes, der zu ihnen zählt, ist geneigt, zuzugeben, daß ihnen eine gewisse Aggressivität anhaftet; Angriffslust, Angriffigkeit ist ihnen immer noch eigen, ja es gibt so etwas wie einen Kult der Grobheit. Es geht dies sehr schön aus dem heute nicht mehr viel gesungenen Seebubenlied hervor, das wir hier nur auszugsweise wiedergeben:

Juch-he! Die luschtige Buebe sind do,
Die Buebe vom Zürisee.
Gang s Ländli ufe, gang s Ländli ab,
So Kärli findsch niene per se!
Händ immer en gsunde-n-und frohe Muet,
Und wänns grad Chatze hagle tuet.

Chum sind mir hinder de-n-Ohre troch,
So tüemer scho jasse und chegle,
Und fische-n-und fahre-n-und schwümme-n-im See:
Drum seit me-n-euis Züriseehegle.
Es Schätzli hät scho en jede Chnopf,
Suscht ischt er en truurige Zwetschgechopf.

Und wänns is äntli ufs Totebett leit,
So bruucht is au niemert me z'tröschte.
Mir fahred mit Freude zur Ewigkeit
Vom Chlinschte-n-a bis zum Gröschte.
De Petrus rüeft: Grüeß Gott! Bim Eid!
Uf dich han i planget, du liebe Cheib!

Vor einiger Zeit hat auch Theodor Bertheau auf diese Wesensart hingewiesen, als er in seinem schönen Nachruf auf Bundesrat Haab sagte, «daß die Seebuben mitunter vorwitzig, gelegentlich etwas durstig, unter Umständen recht respektlos, zwar nicht gerade zartfühlend, aber auch nicht grob, aber doch groblächt sind».[6]

Doch ist es ja nicht allein der Gegensatz zur Stadt, der das Volk am See prägte. Eine wesentliche Ausstrahlung ging auch von der Fischer- und Schifferzunft aus. Zweifellos hat das Ideal des starken, grimmigen und jedem Sturm in die Augen blickenden Seebären den heranwachsenden Generationen einen tiefen Eindruck gemacht. Überhaupt hatte der See einst eine viel größere wirtschaftliche Bedeutung. Bis zum Bau der Eisenbahn wickelte sich nicht nur der außerordentlich rege Lokalverkehr, sondern auch der große internationale Verkehr auf dem Wasser ab. Und dieser Verkehr gab den Seeleuten Einblick in internationale

Zusammenhänge und internationale Handelsbeziehungen. Mancher aufgeweckte Bauer hat daraus Kapital geschlagen, indem er etwa Wein, Obst, Most und Käse sowie Vieh exportierte und so zu Geld kam. Allerdings blieb dieser Prozeß nicht ohne Folgen, traten nun doch an die Stelle des alten Prinzips der Selbstgenügsamkeit und Selbstversorgung, des altbäuerlichen, auf die Tradition ausgerichteten Denkens, zweckrationelle Überlegungen. Vom Handel zur hausindustriellen Fabrikation war dann kein großer Schritt mehr. Es ist kein Zufall, daß mancher Bauer zum Geldgeber oder Gründer eines Textilverlages wurde. Wettbewerb, individuelles Streben und Aufstieg fanden im 17. und 18. Jahrhundert Eingang. Das Arbeiten um des Lohnes willen wird zur Selbstverständlichkeit. Fortan gab die quantitative Arbeitsmasse Aufschluß über die geleistete Arbeit. Längst vor dem Einzug der Technik werden Zeit und Geld zu wichtigen Begriffen.[7] Diesseitigkeit und materielles Denken, die mit diesem Begriff verbunden sind, gehören fortan ebenfalls zu den Eigenschaften der Seebuben.

Für unsere Untersuchung ist es wichtig, festzustellen, daß die Industrialisierung Volksleben und Volkscharakter wohl veränderte und neu gestaltete, jedoch nicht zerstörte und zersetzte. Glücklicherweise vollzog sich der Umwandlungsprozeß nur langsam. Die Fabrikindustrie fand, als sie aufkam, bereits eine Bevölkerung vor, deren geistig-seelische Haltung mit den industriellen Daseinsbedingungen vertraut war. Und zum Glück gab es und gibt es auch heute noch Kräfte, die dem Vermaterialisierungsprozeß und dem oft allzu ausschließlich dominierenden Geist des Handels entgegenzuwirken in der Lage sind.

Von diesen Kräften, es sind auch kirchlich-religiöse, sei im folgenden die Rede. Hauptsächlich bei den industriellen Verlegern oder, wie man damals sagte, den Fabrikherren des 17. und 18. Jahrhunderts verband sich wirtschaftliche Tüchtigkeit mit strenger, fast puritanischer Rechtgläubigkeit. Geschäftsgebaren und Wirtschaftsgesinnung sind von einem religiösen Fundament getragen und von sittlich-moralischen Wertungen der Zeit durchsetzt. Ähnliche Kräfte waren selbstverständlich auch bei den Arbeitnehmern spürbar. Unschwer läßt sich erkennen, daß die auf Zwinglis Anschauungen fußenden Sabbat- und Sittenmandate einen großen Einfluß auf das ganze Volk ausübten. In einem langen Prozeß – man denke vor allem an die Predigten und

Schulbücher – wird das protestantische Arbeitsethos in die Brust des Volkes gepflanzt. Die Arbeit gehört von nun an zur christlichen Lebensführung, zum rechten Tun, ja sie wird beim industrietreibenden Landvolk zu einem brauchmäßigen Zwang, dem sich keiner zu entziehen vermag. Selbst nachdem die altprotestantische Lebensführung mit fortschreitender Industrialisierung neuen Lebensformen gewichen war, wirkte der Geist der Arbeit weiter, ja die Arbeit erhält im 19. und 20. Jahrhundert so etwas wie eine religiöse Weihe. So heißt es noch im Grütli-Kalender für das Jahr 1925: «Arbeit! die Du den Gebeugten aufrichtest, den Traurigen tröstest, den Irrenden auf die Bahn der Tugend leitest; Arbeit! Du Trost der Schwachen, Rettung der Armen und Freude der Starken; Arbeit! Du Arznei der Gefallenen, Stab der Strauchelnden und Labsal der Guten; Arbeit! Du Abglanz der höchsten Kraft, die Du uns zur Gottähnlichkeit erhebst; Arbeit! die Du die ganze Menschheit erzogen und aus der Barbarei herausgeführt hast – Du wirst Deine gewaltige Bildungs- und Erziehungskraft auch an dem weichen Stoff des heranwachsenden Geschlechtes ausüben, und eine schönere und bessere Jugend wird durch Dich erblühen, sich selbst und der Welt zur Freude und zum Segen.»[8]

Mit Recht bemerkt Rudolf Braun, dessen Arbeit «Industrialisierung und Volksleben» wir dieses Zitat entnehmen, daß die intensive volkstümliche Rezeption des protestantischen Arbeitsethos zu den erstaunlichsten Phänomenen der neuen Zeit gehört. Daß dieses Arbeitsethos volkstümlich werden konnte, dafür sind neben vielen anderen Gründen vor allem die Werte, die es schafft, verantwortlich. Jedermann kennt sie: Es ist der große Wohlstand, der die industriereiche Zürcher Landschaft kennzeichnet. Sie ist ohne den protestantisch-puritanischen Geist der Arbeit nicht denkbar. Mit großartiger Intuition hat dies schon J. H. Pestalozzi erkannt und erfaßt, als er im Jahre 1800 vom Zürichsee sagte, dieses Land sei wie ein Garten, Felder und Wiesen wie Gartenbeete: «Du kannst nicht denken, wie sich die Menschen, die in diesen zahllosen Häusern wohnen, erhalten. Du siehst bald keine Waldung, keine Weiden, fast keine große Besitzung, kaum einen großen Acker, auch keine großen Häuser, nur ein paar große Kirchen. Es ist wie eine große Täuschung. Ein Fürstentum bezahlt einen solchen Garten nicht, wenn er durch Kunst gemacht werden muß, aber ein armes Volk hat ihn erschaffen. Die Natur hat ihn gemacht, und ein armes Volk hat ihr nachgeholfen, wie ihr kein König nachhelfen könnte. Er steht da, er steht in einer

Pracht, dazu kein König die Gegend erheben würde. Aber es brauchte ein Zürichbiet, es brauchte Zürichbieter, es brauchte Jahrhunderte...»[9]

[1] Guggenbühl, G., Streiflichter zum Stäfner Handel 1794/95. Zürcher Taschenbuch 1925. Sep.-Druck. S. 16.
[2] Faesi, J. C., Staats- und Erdbeschreibung der ganzen Helvetischen Eidgenossenschaft. Zürich 1765. Bd. I, S. 429.
[3] Staatsarchiv Zürich. B IX 39. Bericht v. Orelli. S. 7 und S. 105.
[4] Epigramm zu Ehren von H. Sohnrey, Vgl. H. Sohnrey, Zwischen Dorn und Korn. Berlin 1934. S. 172.
[5] Jung, C. G., Erinnerungen, Träume, Gedanken. Zürich 1962. S. 107.
[6] Bertheau, Th., Erinnerungen an Bundesrat Robert Haab. Zürcher Taschenbuch 1941. S. 14.
[7] Vgl. darüber u. a. Braun, R., Industrialisierung und Volksleben. Zürich 1960.
[8] Zitiert von Braun, R., a.a.O., S. 185.
[9] Zitiert von Egli, E., Erlebte Landschaft. Zürich und Leipzig 1943. S. 155.

Bäuerliches Brauchtum im Wandel der Zeit

Obwohl brauchmäßiger Alltag und festlicher Brauch das ganze Volksleben durchdringen, besitzen wir bis heute keine zusammenfassende Darstellung zürcherischer Bräuche oder zürcherischer Bauernkultur. Wer sich mit diesem an und für sich recht schönen und reichen Thema befaßt, muß sich sowohl mit der Agrargeschichte, der Volkskunde, ja sogar mit der Kunstgeschichte befassen. In einzelnen Fällen ist auf die Quellen zurückzugreifen, wobei gleich eine weitere Schwierigkeit auftaucht: Die Bauern selber haben nicht geschrieben und greifen auch heute nur verhältnismäßig selten zur Feder. Hin und wieder kommt uns ein gütiges Schicksal zu Hilfe. So hat beispielsweise im letzten Jahrhundert ein deutscher Gelehrter, Wilhelm Mannhardt, seinen volkskundlichen Fragebogen auch in die Schweiz verschickt, und der Küsnachter Seminarlehrer Otto Sutermeister sorgte dafür, daß die Fragen im Kanton Zürich richtig beantwortet wurden.

Entsprechend dem Fragebogen stehen allerdings die Erntebräuche im Vordergrund. Wir wissen aber, daß das Brauchtum in viele andere Sparten und Lebensbereiche hineinragt. Die wichtigsten Brauchelemente sind das Essen, sind Tanz, Umzug, Wettlauf, Eintauchen in Wasser und Wasserguß, Aufstellen und Herumtragen von Gegenständen, Gestalten, Fetischen, Zeichen und Symbolen. Auch das Singen oder Sagen von brauchgebundenen Liedern und Formeln gehört hieher. Dazu kommen die Arbeitsbräuche. Den Brauch selber definierte Richard Weiß als eine Art zu handeln, die durch Überlieferung in einer Gemeinschaft von Menschen als richtig oder verpflichtend empfunden wird. Brauchmäßiges Verhalten und Tun ist immer an eine Gemeinschaft gebunden, und diese Gemeinschaft, in unserem Falle die Bauern, übt im Interesse der Selbsterhaltung einen mehr oder weniger deutlichen Zwang zur Befolgung der Bräuche aus. Da die Gemeinschaft ursprünglich auf der Familie, der Sippe, dem Dorf beruht, hatte der Brauch, und dies gilt bis zu einem gewissen Grade bis in die Gegenwart, eine Grenze. So kann ein Dorfbrauch schon im Nachbardorf als lächerlich gelten. Der Volksmund hat diese Relativität und die Begrenztheit des Brauches recht trefflich umschrieben: «Wo s'de Bruuch isch, leit mer d'Chue is Bett». Gerade deshalb, aber auch aus geographischen und klimatischen Gründen gibt es im relativ geschlossenen Kanton Zürich seit jeher große Gegensätze. So unterscheidet sich etwa die bäuerliche Kultur und Wirtschaft des Zürcher Unterlandes wesentlich von jener des Zürcher Oberlandes. Die hirtenmäßige Kultur der Viehbauern des linken obern Seeufers läßt sich kaum mit jener der ursprünglichen Ackerbauern im Knonaueramt oder jener der Rebbauern des Unterlandes vergleichen. Dazu kommen die Unterschiede zwischen Klein- und Großbauern. Schließlich ist auch an die immer größer werdende Diskrepanz zwischen Berg- und Talbauern zu denken. Weitere Unterschiede bestehen zwischen Dorfbauern und Einzelbauern. Im Zürcher Oberland gab es vor allem im 19. Jahrhundert noch sehr viele Arbeiter-Bauern und bäuerliche Heimarbeiter. Ihre Kultur, die bei Ulrich Bräker oder später in den Aufzeichnungen und Gedichten von Jakob Stutz in Erscheinung tritt, hat ganz spezifische Züge. Sie ist weit entfernt von jener bäuerlichen Welt, wie sie etwa Jeremias Gotthelf in seinem großartigen Werk beschrieben hat.

Diese Vielgestaltigkeit kommt zunächst in der Behausung, im Wohnen und im Essen zum Ausdruck. Sie setzt sich im Innern des Hauses fort. Keine Stube, keine Kammer gleicht der anderen. Höchstens sind gewisse Ähnlichkeiten und einige generelle Übereinstimmungen festzustellen. Vom einfachsten Typ mit Tisch-Bank und einigen Stabellen bis zur patrizisch anmutenden Stube mit bemalter Decke, reichverzierten Wänden, Buffets, Gutschen (Liegebetten) und bemalten Öfen finden wir im «Züribiet» alle Übergangsstadien.

Wohl die größten Wandlungen weist die Küche auf. Zunächst wurde die rauchlose Stube abgetrennt. In der Küche selber wurde der Rauch aus dem ursprünglichen Feuerhaus verbannt, das Feuer in Sparherden eingeschlossen. Der Erdboden des alten Feuerhauses verschwand, indem man die feuchte und schmutzige Erde mit Ziegeln bedeckte. Oft beließ man den alten Kaminhut sowie den Ende des 18. Jahrhunderts eingebauten Sparherd. In den meisten bäuerlichen Haushaltungen wurde ursprünglich nicht in der Küche, sondern in der Stube gegessen. Dabei ergaben sich ganz bestimmte Traditionen. Der Hausvater saß oben am Tisch und die Hausfrau – so im Zürcher Unterland – daneben. Im Oberland hatte sie unten am Tisch zu sitzen. Die Mutter trug die Speisen auf und teilte sie auch den Kindern zu; Knechte und Mägde durften sich in den meisten bäuerlichen Haushaltungen selbst bedienen. Das Essen wurde durch ein Gebet eingeleitet. Im Gegensatz zur städtischen Kultur gab es in bäuerlichen Kreisen keine ausgeklügelten Vorschriften über die Art und Weise der Speisefolge, über das Tranchieren, über das Anrichten in einzelnen Platten und Schalen. Die vorhandenen Zeugnisse lassen vielmehr auf teilweise eher primitive Verhältnisse schließen. Suppe und Gemüse wurden aus der gemeinsamen Schüssel gegessen. Fleisch aß man von den Holztellern, die erst verhältnismäßig spät von den Zinntellern abgelöst wurden. In den meisten ländlichen Haushaltungen begnügte man sich mit flachen, runden Holztellern, wie ein Scheibenriß von Stammheim aus dem Jahre 1640 zeigt. Der Brei kam im gemeinsamen Topf auf den Tisch, Gabeln fehlten noch bis ins 18. Jahrhundert weitgehend. Für alle festen Speisen benützte man die Finger. Im Bauernhaushalt gab es selbst im 19. Jahrhundert selten Gläser. An ihrer Stelle standen Holzbecher, zudem benützte man das sogenannte «Wassergätzi». Auch das Küchengeschirr war in der Regel aus Holz geschnitzt, es stammte oft aus dem Zürcher Oberland, dem «Chelleland». In keinem bäuerlichen Haushalt durften, was im Hinblick auf das häufige Vorkommen von Suppe und Brei, vor allem auch von Milchspeisen verständlich ist, die Löffel fehlen. In früherer Zeit bestanden sie aus Holz, später aus Zinn.

Auch die Eßgewohnheiten waren mannigfachen Einflüssen ausgesetzt. Wandlungen ergaben sich einmal aus der Änderung der Nahrungsmittel selber, dem Aufkommen von gewissen Getränken und Speisen (beispielsweise von Kartoffeln und Milchkaffee). Zu diesen natürlichen Gegebenheiten traten geistige Kräfte. Wir denken da vor allem an den stets vorhandenen Trieb, es den höheren oder anderen Ständen gleichzutun, und an den Drang, innerhalb des eigenen Standes immer wieder zu zeigen, was man besaß und dementsprechend auch galt. Das Essen und Trinken hatte in bäuerlichen Kreisen auch rechtliche Funktionen. Jede Vereinbarung: Kauf, Verlobung, Heirat, wurde durch einen Trunk bestätigt, wobei freilich in vielen Fällen der Wein diese Vereinbarung erleichterte oder gar überhaupt erst bewirkte. Dem gemeinsamen Trunk und Essen wohnte ein uralter magischer Sinn inne: «Man trinkt aus demselben Glas, man ißt vom selben Teller, man nimmt dieselben Speisen zu sich, folglich hat man dasselbe in sich». Im Freiamt galt es als rechtsgültiges Eheversprechen, wenn ein Bursche einem Mädchen ein Stück Brot oder auch nur eine Birne zuwarf mit den Worten: «I gib ders uf d'Eh» und wenn das Mädchen annahm und aß. In Ellikon mußten die Verlobten beim Verlobungsmahl mit demselben Messer schneiden und aus demselben Glas trinken. Die vielen bäuerlichen Feste (Erntefest, Metzgete, Flurumgang, Milchkauf, um nur einige Beispiele zu nennen) boten immer wieder Anlaß, sich gemeinsam an Trunk und Speise zu ergötzen. Dazu kamen die Festessen und Trinken an den Markttagen, am Examen, beim Pfarreinsatz, am Gerichtstag, bei der Zehntenablieferung und bei der Richterwahl. Bei diesen Zusammenkünften ist nicht nur gegessen worden, um den Hunger zu stillen. Nachdem man während langer Zeit sich nur mit dem Allernötigsten begnügen mußte, wollte man wieder einmal ausgiebig und ohne Ende tafeln und essen, «bis man es mit den Fingern erlängen mag». Mit alten Fruchtbarkeitsbräuchen hängen die Gaben an die Schwangeren und Kindbetterinnen zusammen. In Töß bekamen sie im 16. Jahrhundert ein paar «Mütschli», einen Napf mit Mehl und zwei Maß Wein. In Kilchberg mußte der Herr von Kappel, der das Recht hatte, von jeder Haushaltung ein Fasnachtshuhn zu beziehen, dieses an die Wochenbetterinnen zurückgeben. Bekannt waren auch die Taufmahlzeiten sowie die Leichenmähler. Der Obrigkeit war dieser Brauch zuwider: «Das vertrinken der todten», heißt es 1601, «haben wir vor jahren durch mandat abgestrickt». Gleichwohl sei dieser Unfug auf der zürcherischen Landschaft wieder eingerissen, das Zechen und Winkeln müsse nun aber ein Ende finden. Um 1793 zahlte Wirt Bosshard in Oberhittnau eine Buße, die ihn ein halbes Vermögen kostete, weil er ein köstliches Leichenmahl offeriert hatte. Ebenso ungehalten zeigte sich die Obrigkeit über das Jubel- und Freudenleben an Neujahr. Der Kyburger Landvogt verbot das Backen von Hels- und Birnweggen, Eier- und Simmelringen auf Neujahr, weil diese Gebäcke nicht dem Unterhalt, sondern «dem Mutwillen und der Schwelgerei» dienten. Sowohl hier wie auch anderswo hat sich dieser Brauch aber bis weit hinein in die Neuzeit erhalten. Zäh erhielten sich auch die Berchtelisbräuche. In Stammheim trat noch im Jahre 1840 am Berchtelistag die Magd des Pfarrers mit einem Herrenweggen (einem mit Änis gewürzten Weißmehlgebäck) vor die im Gemeindesaal versammelten Bürger. In Flaach und Rafz wurde das Berchtelismahl noch ins 20. Jahrhundert hineingerettet.

Zahlreich waren einst auch die bäuerlichen Osterbräuche. Von ihnen sind nur sehr wenige erhalten geblieben. Viele von ihnen kreisen um das Ei, Sinnbild des keimenden Lebens, und den Hasen, den Träger der Fruchtbarkeit. Vor allem die Bräuche des Eierschenkens waren recht zahlreich. Da und dort erhielt am Osterfest der Pfarrer seine Eiergabe. Die Kinder, die sie brachten, wurden mit Tirggeln oder Osterlämmchen beschenkt. In Stammheim reicht die Eierlesete wenigstens ins 17. Jahrhundert zurück. Mannigfache Eierspiele bestanden um 1840 im Zürcher Oberland (Eiereinziehen, Eiertütschen usw.). In Elgg kannte man im 19. Jahrhundert das Eierlaufen und in Wülflingen das Eierschütten. Andere Bräuche, wie das Pfingstspiel aus Bülach, sind verschwunden. Auch die Marktbräuche verloren mit dem Verschwinden des Marktes ihre Bedeutung. Die Kirchweih wandelte sich seit dem 15. Jahrhundert zusehends zu einem bunten Jahrmarkt und Gauklerbetrieb, an dem «ausschweifend getanzt, gegessen und getrunken wurde». Schon im 18. Jahrhundert gab es Stimmen, die brauchfeindlich waren. So verbot Kleinjogg, der Musterbauer, seinen Kindern alle öffentlichen Lustbarkeiten, die Jahrmärkte und Kirchweih. «Mit nicht geringerer Standhaftigkeit verbannte er den Unterschied der Tage, in Ansehung des Wohllebens bei den Mahlzeiten; Sonn- und Feiertage, Beschluß der Heuernte, Kornlese, Kirmes, Kindstaufen haben hierinnen von andern Tagen keinen Vorzug».

Im 19. Jahrhundert erscheint trotz diesen aufklärerischen Stimmen das bäuerliche Brauchtum noch recht kräftig. So haben gerade Mannhardts Gewährsleute aus dem Kanton Zürich sehr viele bäuerliche Bräuche festgestellt und notiert. Eindrücklich wird zum Beispiel beschrieben, wie in Oetwil am Erntetag ein Geschnitt – es bestand aus einem Mann und drei bis vier Frauen, die sich in das Geschäft des Schneidens mit Sichel und Sense, des Antragens (Sammelns) und des Bindens teilten – mit einem Geiger an der Spitze auf das Feld zog. Hier wurde nach dem Takt der Musik gearbeitet. Wer nicht nach dem Takt schneiden, nicht Schritt halten konnte, dem bereitete man einen «Fulacker» (Faulacker): Die Voranschreitenden trennen ihn von ihrer Gemeinschaft ab, indem sie ihn auf einem isolierten Stück, einer kleinen Getreideinsel zurücklassen (dies heißt das Äckerli- oder Zipfel-Schneiden und geschieht auch anderwärts, zum Beispiel in Schaffhausen, ohne Musik). Nun rückt der Geiger vor und singt zu seinem Spiel in altmodischer Weise:

s'Zipfeli wott nit schwine
s'Zipfeli wott nit ab;
Jetzt Zipfeli wenn d'nit schwine witt
So, Zipfeli, rätsch di ab.

Dabei schallendes Gejauchze der Übrigen und Zuruf: Fulacker!

Ab, Ächerli, ab
So chunnt de ful Schnitter drab!

Bisweilen schnitt aber auch umgekehrt ein Einzelner allen Übrigen ein Äckerlein ab, indem er vorauseilend von einem Flügel zum andern einen Bogen beschrieb. Kein Schnitter, so heißt es wörtlich in der Beschreibung, soll den andern lästig fallen durch Beklagen oder Arbeitsmuße – etwa mit der beliebten Formel: «Die Katze will mir auf den Buckel (Rücken) springen». Wer sich über Rückenschmerzen beschwert, den nötigt man ohne Nachsicht, sich auf den Bauch zu legen und von einem aus dem Geschnitte sich nach der Musik des Geigers auf dem Rücken herumtanzen zu lassen.

Diese Organisation war indessen doch wohl eher nur in Großbetrieben anzutreffen, und Großbetriebe waren eher selten. Dennoch ist diese Aussage aufschlußreich, zeigt sie doch, wie wichtig im Zeitalter der Handarbeit die Gemeinschaft war.

Von völlig anderer Art sind die Aussagen, die sich mit der letzten Garbe befaßten: «Wenn ein Häufchen Getreide auf dem Feld liegen bleibt, so sagt man, eine von den Personen, die gehäufelt haben, müsse Windeln bereit machen. Das Häufchen heißt an einigen Orten (zum Beispiel Bülach) Wiege; an andern dagegen heißt so die letzte Garbe; wenn nämlich statt der vier Häufchen, aus welchen jede Garbe gebunden wurde, schließlich nur noch zwei bis drei übrig bleiben, so wird diese kleinere Garbe unter Zujauchzen sämtlicher Schnitter als Wiege begrüßt, wobei es nicht an Neckereien und Beglückwünschungen zwischen Schnittern und Schnitterinnen fehlt. Andere Namen der letzten Garbe sind Haas.»

Hier schimmert wohl noch einmal alter Fruchtbarkeitszauber durch. Ebenso sehr aber handelt es sich um erotische Anspielungen, die ja dort, wo man paarweise arbeitete, nie ausblieben. Von anderer Art sind die beiden nächsten Regeln:

«Es wird immer noch ein Häuflein Heu oder Getreide auf dem

Feld zurückgelassen, damit der Segen des folgenden Jahres nicht ausbleibt».

«Der die Garben bindet, drückt noch mit dem Bein insbesondere auf ein Ende, damit für die Ährenleser mehr Ähren abfallen».

Zweifellos hat da ein gewisses Wunschdenken mitgespielt, denn die kommende Fruchtbarkeit war ja von ausschlaggebender Bedeutung. Bei der zweiten Regel dieser Gruppe handelt es sich sicher um eine soziale Regel. Wir haben uns zu vergegenwärtigen, daß in dieser Zeit die Produktivität äußerst gering war, daß es zahllose Arme gab, welche auf das Ährenlesen angewiesen waren.

Im vormechanisierten Zeitalter war Dreschen eine wichtige Arbeit. Sie ist zumeist gemeinschaftlich vollzogen worden. Wie dies im einzelnen geschah, wird ebenfalls aus der Mannhardt-Umfrage von 1865 ersichtlich. Es gab verschiedene Dresch-Takte, so beispielsweise den Achtdreschertakt. Er lautete: «Räbe (= Räbi) = Pappe, Räbepappe.» Dann gab es den Sechsdreschertakt, Sechzer genannt: «Die Stadtknecht die Hundsfott»; oder «Die Hundsfott die Stadtplätz». Hier wird nicht nur der Rhythmus genau beschrieben, es kommt auch etwas Politisches zum Ausdruck: Noch in der Mitte des 19. Jahrhunderts war offenbar auf der Landschaft die Erinnerung an die Stadtherrschaft lebendig. Wie hätte man sonst die Stadtknechte als Hundsfott bezeichnen können...

Dort, wo gemeinschaftlich gearbeitet wurde, ist auch gemeinsam gegessen worden: «Nach dem letzten Drusch schlagen Alle zumal auf die Tenne. Oder sie schaffen den Bindbaum in den Hof auf untergelegte Balken und dreschen nun auf diesen so lange ohrenzerreißend los, bis der Bauer in Sorge um Flegel und Bindbaum mit dem also herausgeforderten Schlaftrunk erscheint». Hier handelt es sich zweifellos um einen alten Heischebrauch, der deutlich zeigt, wie energisch dieses Wünschen oder Heischen (Heuschen) einmal gewesen ist.

Gerade diese Antworten auf die Mannhardt-Umfrage zeigen recht schön, daß auch im Kanton Zürich das Arbeitsgerät die Arbeit, ja selbst die Lebensform auf dem Acker und später auf dem Erntefeld bestimmte. Je geregelter die Arbeit geordnet war, je straffer die Technik der einzelnen Arbeitsvorgänge durchexerziert wurde, um so mehr kam es auf das Können, auf das Wissen an. Eine gewisse Arbeitsehre entfaltete sich, und sie ist zweifellos durch die erotischen Spannungen des paarigen Wettbewerbs gesteigert worden. Das darf indessen doch nicht dazu verleiten, alle magischen oder früheren brauchmäßigen Elemente zu leugnen, wie dies beispielsweise ein Kritiker von Mannhardt, der Schwede Eskeröd getan hat. Er hat dieses Brauchtum jeder Mythologie entkleidet und allein auf jugendlich-bäuerliche Arbeitsgemeinschaft zurückgeführt. Das Material aus dem Kanton Zürich läßt auch ältere Brauchschichten erkennen. In der Tat war ja auch die Erhaltung der Wachstumskraft für das Feld und den Acker, das Herbeiwünschen guter Bedingungen für den Bauern gleichbedeutend mit seiner eigenen Existenz.

Die Befragung selber erfolgte in einem ganz entscheidenden Zeitpunkt, nämlich in der letzten Phase der bäuerlich-ländlichen Handarbeit, ehe die ersten Maschinen auf den Wiesen und Feldern erschienen. Noch war die tüchtige Handarbeit – auf größeren Höfen auch in der Gruppe – entscheidend, noch machte sich die Natur unmittelbar geltend. Noch war der Kreislauf geschlossen. Noch war die Aufklärung nicht sehr weit vorangeschritten. Der Mensch lebte im Einklang mit der Natur. Für ihn war die Natur noch nicht entschleiert, enträtselt und manipulierbar. Es galten die alten Traditionen und Normen der Vorfahren, und das ganze Leben war deshalb eingebettet und verwurzelt, wenigstens, was die geistigen und seelischen Zusammenhänge anbetrifft.

In dieser Mannhardt-Umfrage bzw. den Antworten finden wir auch Reste des alten Fruchtbarkeitskultes. Sehr oft ist er, vor allem in den Fastnachtsbräuchen, mit dem Totenkult verschwistert. In beiden Bereichen haben die ewigen Rätsel von Leben und Sterben und zugleich die praktischen Anliegen des Bauern, der von den unerklärlichen Mächten des Wachstums und des Vergehens besonders abhängig ist, ihren ursprünglichen Ausdruck gefunden. Die brauchmäßige Verkörperung der einstigen Totendämonen lebt nach in vielen Maskengestalten und Mummereien alter zürcherischer bäuerlicher Jahresbräuche, in den Strättele, Sträggele, Spräggele, Räggele (in deren Bezeichnung sich der Dämonenname Schratt verbirgt) oder den Schnabelgeißen, die in der Vorweihnachtszeit den Kindern und den Mägden Angst einjagten, sowie der Haaggeri, der Chlungeri, die noch heute etwa im Hirzel, Schönenberg und auch im Zürcher Oberland auftritt. Vor allem in Richterswiler-Berg, Samstagern hat sich ein solcher Brauch von besonderer Prägung erhalten. Die sog. Haaggeri-Nacht findet jeweils am Abend des zweitletzten Arbeitstages vor Silvester statt oder, wie die alten Leute sagen, in der anderletzten Werchnacht vor Neujahr. Nach Feierabend kommen die Gruppen am vereinbarten Treffpunkt zusammen. Die Treicheln, Glocken und Geißeln werden verteilt und der Haaggeri-Träger bestimmt. Dieser hat seinen Roßgrind, er wird jahrelang immer wieder gebraucht, bei sich zu Hause aufbewahrt. Die Burschen sind unvermummt und tragen meistens weiße Sennenchutteli. Der Roßgrind selber ist auf einer langen Stange befestigt und er soll die Dämonen und bösen Geister bannen. Haaggeri-Spielgruppen gehen von einem Hof zum andern und von einer Häusergruppe zur nächsten. Mit lautem Geklapper werden Geldspenden erheischt. Meistens laden die Bauern die Haaggeri-Gruppe noch zu einem schwarzen Kaffee, zu einem Most mit Rosoli – einem aus gedörrten Kirschen selbstgebrauten Likör – ein. Mit diesem Brauch ist die Spräggele in Ottenbach, Knonaueramt, verwandt. Hier werden klappernde und schnappende Tierkopfmasken, Schnabelgeißen oder Spräggele herumgetragen und herumgeführt. Man spricht auch von Bochseln. Bochseln ist verwandt mit dem Verb pochen. Mit Pochen an Tür und Fenster fordern die Masken Einlaß und Gaben. Träger des heutigen Brauches der Spräggele in Ottenbach sind die Schulbuben der Oberstufe, bei der großen Spräggele Mitglieder des Turnvereins. Die Masken ziehen durchs Dorf und besuchen reihum die Wirtschaften, vor allem aber auch einzelne Höfe oder Häuser in der Umgebung. Noch im 19. Jahrhundert ist die Spräggele in verschiedenen Gemeinden des Knonaueramtes durchgeführt worden. Heute ist Ottenbach die einzige Gemeinde, in welcher der Brauch noch lebendig ist. Dieser Brauch zieht jedes Jahr einige schaulustige Besucher nach Ottenbach. Besonders viele sind es nicht. Das ist aber wohl ganz gut, denn nur so wird dieser Brauch nicht folkloristisch ausarten.

Schon diese kleine und sicher nicht vollständige Übersicht zeigt, daß das Erbe der bäuerlichen Kultur und bäuerlichen Brauchtums im Kanton Zürich außerordentlich reich ist. Wie bewahren wir es? Kann es überhaupt erhalten werden? Pessimisten glauben, daß die bäuerliche Kultur vollständig zerfallen sei. In einer technischen Welt könne sich auch die Lebensweise der Bauern nicht mehr in der tradierten Form abspielen. Wir haben indessen vor Augen zu halten, daß auch die bäuerliche Kultur nicht zeitlos ist. Im weiteren haben wir die Vorstellung zu revidieren, nach welcher die Volkswelt beseelt, die technische Welt dagegen rein rational und mechanisch aufzufassen wäre. Auch Feste und Bräuche sind keine zeitlos unwandelbaren Naturerscheinungen. Man mag zwar bedauern, daß Industrie und Technik großartige bäuerliche Kulturgüter unterwanderten, ja sogar überflüssig machen, man mag bedauern, daß eine Nivellierung, eine Angleichung an den Lebensstil der industriellen Gesellschaft eingetreten ist; der Versuch aber, das Volk oder die Bauern auf das «gemäße» Gut zu reduzieren, wird indessen mißlingen, weil er verkennt, daß das Maß eben dieses Volkes ein anderes geworden ist. Es wäre wohl richtig, eine Synthese anzustreben. Und es wäre sinnvoll, jene Bauern zum Vorbild zu nehmen, die in ihrem Betrieb zwar moderne Geräte, Methoden und Maschinen verwenden, gleichzeitig aber die Schönheit alter Geräte, Bräuche und Traditionen noch achten und lieben.

LITERATURHINWEISE
Hauser, A.: Vom Essen und Trinken im alten Zürich. 3. Aufl. 1973.
Mannhardt, W.: Die Antworten auf die Umfrage. Schweiz. Archiv für Volkskunde 67. Jg. Basel 1971. Heft 1/3. S. 324 ff.
Div. Autoren: Das Jahr der Schweiz in Fest und Brauch. Zürich 1981.

ANHANG

Bibliographie der Veröffentlichungen von Albert Hauser

1. Bücher

Der Bockenkrieg. Ein Aufstand des Zürcher Landvolkes im Jahre 1804. Dissertation Universität Zürich, Zürich 1938

Das eidgenössische Nationalbewußtsein. Sein Werden und Wandel, Zürich 1941

Hundert Jahre Handwerker- und Gewerbeverein Wädenswil 1855–1955. Jubiläumsschrift herausgegeben vom Handwerker- und Gewerbeverein Wädenswil 1955

Die wirtschaftliche und soziale Entwicklung eines Bauerndorfes zur Industrie-Gemeinde. Wirtschaftsgeschichte der zürcherischen Gemeinde Wädenswil, Wädenswil 1956

Aus der Geschichte der Stärkefabrik Blattmann & Co., Wädenswil (Jubiläumsschrift), Wädenswil 1956

Zur Geschichte der Kinderarbeit in der Schweiz. Schriftenreihe ETH Nr. 94, Zürich 1956

Der Hopfenanbau in der Schweiz, Zürich 1956

Geschichte der Brauerei Weber in Wädenswil (Jubiläumsschrift), Wädenswil 1957

Schweizerische Wirtschafts- und Sozialgeschichte. Von den Anfängen bis zur Gegenwart, Zürich 1961

Vom Essen und Trinken im alten Zürich, Zürich 1961, 1963, 1971

Wald und Feld in der alten Schweiz. Beiträge zur schweizerischen Agrar- und Forstgeschichte, Zürich 1972

Bauernregeln. Eine schweizerische Sammlung mit Erläuterungen, Zürich 1973, ³1981

Bauerngärten der Schweiz. Ursprünge, Entwicklung und Bedeutung, Zürich und München 1976

Wer Bäume pflanzt, der wird den Himmel gewinnen. Gedanken und Leitideen von Karl Albrecht Kasthofer. Eine Anthologie zum

200. Geburtstag des schweizerischen Forstpioniers (zusammen mit H. M. Keller, A. Schuler, J.-Ph. Schütz, A. Speich, G. Viglezio, E. Wullschleger), Birmensdorf 1977
Waldgeister und Holzfäller. Der Wald in der schweizerischen Volkssage, Zürich und München 1980
Glück im Haus. Ein immerwährender Kalender mit Lebensweisheiten, Rezepten und Sprüchen, Zürich und München 1982

2. Einzelbeiträge

Aus der Geschichte der Wädenswiler Industrien, Allg. Anzeiger vom Zürichsee, Juni 1936
Vom Schweizer Heimweh, Neue Schweizer Rundschau, Heft 3, Juli 1939
Die Wehrtüchtigkeit von Stadt und Land im alten Zürich, Zürcher Monatschronik 1939 (Sonderdruck)
Vier Hexenprozesse im alten Wädenswil, Zürichsee-Kalender, Wädenswil 1941
Die Kultur im alten Wädenswil, Zürichsee-Kalender, Wädenswil 1942
Die Mechanisierung der schweizerischen Industrie im Urteil der Zeitgenossen. Ein Beitrag zur Untersuchung des Schweizerischen Maschinenproblems, Schriftenreihe des Zentralverbandes schweizerischer Arbeitgeber-Organisationen, Zürich 1950
Das Maschinenproblem in der Schweiz 1750–1850, in: «Völker an der Arbeit», Zürich 1951
Der Maschinensturm von Uster, Zürcher Taschenbuch für das Jahr 1958
Die Schweiz und der deutsche Zollverein, Schweiz. Zeitschrift für Volkswirtschaft und Statistik. 94. Jg., Heft 4, 1958
Arbeiter und Bauer –Wandlungen im schweizerischen Sozialgeschehen seit 1850, in: Wirtschaftspolitische Mitteilungen der Wirtschaftsförderung, Zürich 1958
Die Sozialpolitik der protestantischen Kirche in der Frühzeit der Industrie, Reformatio, Heft 3, 1958
Die wirtschaftlichen Beziehungen der Schweiz zu Deutschland in der ersten Hälfte des 19. Jahrhunderts, Schweizerische Zeitschrift für Geschichte, Band 8, Heft 3, 1958

Das wirtschaftliche Denken und die Sozialethik Calvins, Neue Zürcher Zeitung, 22. November 1959, Nr. 3596

Die Welt von morgen – Über die Zukunftsprognose aus geschichtlicher Erfahrung, Reformatio, Heft 8, 1960

Kleinjogg der Musterbauer in neuer Sicht, Agrarpolitische Revue, Heft 8, 1961

War Kleinjogg ein Musterbauer? Zeitschrift für Agrargeschichte und Agrarsoziologie, Heft 2, Oktober 1961

Die Seebuben im sozialen Wandel. Struktur und Strukturänderungen der Zürichseebevölkerung in neuester Zeit, Jahrbuch vom Zürichsee, Stäfa 1962/63

Schweizerisches Bauerntum im sozialen Wandel, Reformatio, Heft 5/6, 1962

Über die Lebenshaltung im alten Zürich, Schweizerische Zeitschrift für Geschichte, Band 12, Heft 2, 1962

Wandlungen der Lebenshaltung in der modernen Wirtschaft, Nationales Jahrbuch der Neuen Helvetischen Gesellschaft für das Jahr 1962

Der erste schweizerische Versuchswald im Zürcher Sihlhölzli 1768–1808, Schweizerische Zeitschrift für Forstwesen, Nr. 9, September 1963

Lehren der schweizerischen Wirtschaftsgeschichte im Zeitalter der Integration, Reformatio, Heft 5/6, 1963 sowie in: Zoll-Rundschau, Dezember 1963

Über das wirtschaftliche und soziale Denken Gottfried Kellers, Jahresbericht der Gottfried Keller-Gesellschaft, Zürich 1963

Johann Heinrich Waser, Leben und Werk eines großen Volkswirtschafters im Zeitalter der Aufklärung, Festschrift Eugen Böhler, Zürich 1963

Wechselbeziehungen zwischen der schweizerischen und deutschen Landwirtschaft im 19. Jahrhundert, Schweiz. Zeitschrift für Geschichte, Band 13, Heft 2, 1963

Die deutschen Integrationspläne der Jahre 1814–1838 und die Schweiz, Neue Zürcher Zeitung, 23. Februar 1964, Nr. 750

Die Seebuben – Zur Charakteristik eines Volksschlages, Neue Zürcher Zeitung, 19. Januar 1964, Nr. 230

Fest und Alltag des Zürchers im Wandel der Zeit (Vortrag vor der Historisch-Antiquarischen Gesellschaft Winterthur), Agrarpolitische Revue, Februar 1964

Nochmals: Grundzüge des Schweizerischen Nationalbewußtseins, Schweizer Monatshefte, Heft 8, 8. November 1964

Soziologische Aspekte der Landwirtschaft im Industriestaat, Agrarpolitische Revue, März/April 1964

Wald und Forst in der Gründungszeit der Eidgenossenschaft, Schweizerische Zeitschrift für Forstwesen, Nr. 11, November 1964

Wirtschaft und Gesellschaft im Denken Calvins, Neue Zürcher Zeitung, 24. April 1964

Bezauberter und entzauberter Wald, Schweizerische Zeitschrift für Forstwesen, Nr. 4/5, 1965, S. 402–417

Einige Aspekte der europäischen Getreideordnung, Agrarpolitische Revue, Heft 8, 21. Jg., 1965

Zur Entstehung und Bedeutung der Hausväter-Literatur, Neue Zürcher Zeitung, 19. Dezember 1965

Schweizer Bauern als Kolonisten in Preußen und Litauen, Agrarpolitische Revue, Nr. 187, Heft 5, Jan. 1965

Zur Bedeutung Karl Kasthofers für die Schweizerische Forstwirtschaft und Forstgeschichte, Schweizerische Zeitschrift für Forstwesen, Nr. 12, 1966

Beiträge der Humanisten zur Entwicklung der Land- und Forstwirtschaft vom 15. bis 17. Jahrhundert, Zeitschrift für Agrargeschichte und Agrarsoziologie, November 1966

Einige soziologische und überwirtschaftliche Betrachtungen zur Agrarwirtschaft, Agrarpolitische Revue, März/April 1966

Die Entdeckung des Waldes. Zur Darstellung des Waldes in der Literatur des 18. Jahrhunderts, Schweizerische Zeitschrift für Forstwesen, Nr. 7, 1966

Die Forstwirtschaft der Hausväter, Schweizerische Zeitschrift für Forstwesen, Nr. 1, 1966

Schicksal und Aufgaben der bäuerlichen Bevölkerung in der Industriegesellschaft, Agrarpolitische Revue, Februar 1966

Baum und Wald in den schweizerischen Bilderchroniken des 15. und 16. Jahrhunderts, Schweizerische Zeitschrift für Forstwesen, Nr. 12, 1967

Karl Albrecht Kasthofer, ein Pionier der Berglandwirtschaft des 19. Jahrhunderts, Festschrift Günther Franz, Frankfurt a. M. 1967

Heinrich Zschokke und die schweizerische Forstwirtschaft, Schweizerische Zeitschrift für Forstwesen, Nr. 5, Mai 1967

Zur sozialen Situation um 1868, Jubiläumsausgabe der Neuen Zürcher Zeitung, 6. April 1968

Land- und Forstwirtschaft im Wallis vor und nach der industriellen Revolution, Agrarpolitische Revue, Heft 12, 1968

Die Wälder und Felder der römischen Schweiz, Schweizerische Zeitschrift für Forstwesen, Nr. 3, 1968
Wald und Forstwirtschaft bei Jeremias Gotthelf, Festschrift Hans Leibundgut, Zürich 1969
Glanz und Elend des Jahrmarkts. Die schweizerische Entwicklung im 19. und 20. Jahrhundert, Neue Zürcher Zeitung, 9. November 1969, Nr. 666
Forstrecht und Forstwirtschaft im Stadt- und Landrecht von Hans Jakob Leu, Festschrift Hermann Tromp, Zürich 1970
Das Museum «Zur Hohlen Eich» in Wädenswil. Ein Wegweiser, Wädenswil 1970
Sozialpolitik und Agrarpolitik in der schweizerischen Landwirtschaft aus der Sicht des Agrarsoziologen. Zusammenfassung des Referates vom 7. Kongreß der Europäischen Gesellschaft für ländliche Soziologie vom 10.–14. August 1970 in Münster/Westfalen, 1970
Bäuerliche Wirtschaft und Ernährung in der Schweiz vom 15. bis 18. Jahrhundert, Vortrag am III. Internationalen Kongreß der Landwirtschaftlichen Museen in Budapest vom 19.–23. April 1971
Das forstwirtschaftliche Leitbild Elias Landolts, Schweiz. Zeitschrift für Forstwesen, Nr. 10, 1971
Das Selbstbild der Bauern in der Alten Eidgenossenschaft, Festschrift J. R. von Salis, Zürich 1971
Wandlungen der forstwirtschaftlichen Zielsetzungen im industriellen Zeitalter, Zusammenfassung eines Referates am XV. IUFRO-Kongreß vom 14.–20. März 1971 in Gainesville, Florida 1971
Alte und neue Weihnachtsbräuche, Zürichsee-Zeitung vom 22. Dezember 1972
Kleinjogg, der Zürcher Bauer, Neue Zürcher Zeitung, 18. Oktober 1973, Nr. 484
Lebensqualität und Lebenshaltung vor und nach der industriellen Revolution, Referat an der ETH-Tagung «Lebenswertes Leben in der Zukunftsgesellschaft?», Zürich 1973
Über die Nostalgie, Neue Zürcher Zeitung, vom 2. Dezember 1973
Zur Frage der Produktivität und Lebenshaltung in der schweizerischen Landwirtschaft im ausgehenden Mittelalter, Festschrift W. Abel (= Wirtschaft und Gesellschaft in der Zeit der Industrialisierung, Band III, 1974)
Arten und Abarten der Nostalgie, Neue Zürcher Zeitung, 12. Januar 1974

Dorfforschung in der Schweiz, Zeitschrift für Agrargeschichte und Agrarsoziologie, Heft 2/1974, 22. Jg., 1974
Dostojewski über den Schweizer Wald, Schweizerische Zeitschrift für Forstwesen, Nr. 12, Dezember 1974
Güllewirtschaft und Stallmist – zwei große Erfindungen der Landwirtschaft, Festschrift R. Koblet (= Schweizerische landwirtschaftliche Forschung, Band 13, Heft 1/2, 1974)
Essen und Trinken hält Leib und Seele zusammen («Man ist, was man ißt»), Eß- und Trinksitten in alter und neuer Zeit, Hotel-Revue, Nr. 11, 14. März 1974, S. 20–21
Neujahrsgebäck der Zürcher Landschaft, Zürichsee-Zeitung vom 27. Dezember 1974
Nostalgie – Sehnsucht nach einer besseren Welt, Neue Zürcher Zeitung, 31. März 1974, Nr. 151
Zur soziologischen Struktur eidgenössischen Bauerntums im Spätmittelalter, in: Bauernschaft und Bauernstand 1500–1970. Deutsche Führungsgeschichte in der Neuzeit. Band 8, S. 65–88. Büdiger Vorträge 1971–1972, herausgegeben von Günther Franz. Limburg/Lahn 1974
Waldbäume im schweizerischen Brauchtum, Schweizerische Zeitschrift für Forstwesen, Nr. 10, 1974
Berggemeinden und ihre Probleme (mit H. Leibundgut), Schweizerische Zeitschrift für Forstwesen, Nr. 4, 4. April 1975, S. 314
Brachland oder Wüstung? Zur begrifflichen und historischen Abklärung des Brachlandproblems, Schweizerische Zeitschrift für Forstwesen (126), Nr. 1, 1. Januar 1975
Zur Geschichte des Christbaums, Neue Zürcher Zeitung, 24. Dezember 1975
Technische und wirtschaftliche Aspekte der Nutzung von Böden im Grenzertragsbereich – Sozio-ökonomische und kulturelle Aspekte, Schriftenreihe der Eidg. Forschungsanstalt Tänikon, Heft 5, 1975
Karl Kasthofer (1777–1853), in: Große Verwaltungsmänner der Schweiz. In Verbindung mit Karl S. Bader und Walter Müller, herausgegeben von Pius Bischofsberger und Bruno Schmid, Solothurn 1975
Zerstörung von Landschaft und Dorf durch das Bauen? (Referat anläßlich des Europajahres für Denkmalschutz und -pflege in Wädenswil), Anzeiger vom Zürichsee 1975
Bezauberter und entzauberter Wald, in: «Schweiz – Suisse – Svizzera – Switzerland», 2/1976, Schweizerische Verkehrszentrale, 1976, sowie in: Schweizerische Lehrerzeitung, Nr. 21, 20. Mai 1976

Chruut, Pilz und Beeri. Sammelnahrung und Heilmittel unserer Vorfahren, in: Katalog zur Ausstellung im Museum «Zur Hohlen Eich» Wädenswil, 1976

Bauernkultur und Brauchtum, in: Landwirtschaft im Industriekanton. Die zürcherische Landwirtschaft. Herausgegeben von der Direktion der Volkswirtschaft des Kantons Zürich, Stäfa 1976

Zur Entwicklung des Bauerngartens in der Zürcher Region, Wädenswiler Jahrbuch 1976

Der Familienbetrieb in der schweizerischen Landwirtschaft – Eine historische und sozio-ökonomische Analyse, Zeitschrift für Agrarwirtschaft und Agrarsoziologie, Jg. 4, Nr. 7, Juli 1976

Der historische Bauerngarten, Unsere Kunstdenkmäler XXVII, 4, 1976

Samichlausbräuche am Zürichsee, Zürichsee-Zeitung, 2. Dezember 1976

Der traditionelle Bauerngarten, Die Grüne, Januar, Zürich 1976

Der Schweizerische Bauerngarten, Der Schweizer Rotarier, Nr. 6, Dezember 1976

Der Wald als Schutz und Schirm, Schweizerische Jagdzeitung, Nr. 9, 1976

Geschichte der zürcherischen Landwirtschaft, in: Landwirtschaft im Industriekanton. Die zürcherische Landwirtschaft. Herausgegeben von der Direktion der Volkswirtschaft des Kantons Zürich. Stäfa 1976

Leitideen des Bauerntums im Wandel der Zeit, Die Grüne, Nr. 45, 29. Oktober 1976

Vom Raubbau zur Waldpflege – Eine kleine Geschichte der schweizerischen Forstwirtschaft, in: Bildung und Wirtschaft – Beilage des Vereins Jugend und Wirtschaft zur Schweizerischen Lehrerzeitung Nr. 6, 1976

Volkskundliches zum Thema «Pilz», Zürichsee-Zeitung, 28. August 1976

Waldschritt und Waldjuchart. Die Anfänge der Forsteinrichtung in der Schweiz, Festschrift A. Kurt (= Beiheft zur Zeitschrift des Schweizerischen Forstvereins, Nr. 57, 1976)

Wald und Baum in der schweizerischen Malerei und Zeichnung des 15. und 16. Jahrhunderts, Du, Juli 1976

Alltag und Fest im Leben unserer Vorfahren, Reihe Museum «Zur Hohlen Eich», Wädenswil 1977

Garten, Küche und Keller der Renaissance, Schweiz. Zeitschrift für Obst- und Weinbau, Wädenswil, Februar 1977

Die Holzernte im Spiegel der Bauernregeln, Holz-Zentralblatt, Nr. 120, 103. Jg. Oktober 1977 (Sondernummer Holzernte/Holztransport/Forsttechnik)
Karl Albrecht Kasthofer, Persönlichkeit, Wissen und Bedeutung eines großen Forstpioniers, Schweiz. Zeitschrift für Forstwesen, Nr. 11, November 1977
Die Landwirtschaft in der Herrschaft Wädenswil, Text für das Museum «Zur Hohlen Eich», Wädenswil, Texte des Museums 1976
Saure Wochen, frohe Feste – Alltag und Sonntag unserer Vorfahren. Ein Führer zur Ausstellung im Museum «Zur Hohlen Eich» in Wädenswil 1976
Über Ursprünge und Sinn des Gartens, Anthos, Nr. 1, 1977
Gesundheits- und Monatsregeln aus dem Jahre 1429. Zur Entstehung und Charakteristik einer Zürcher Handschrift des 15. Jahrhunderts, Zürcher Taschenbuch, 1978
Die Holzernte im Tessin um die Jahrhundertwende, Schweizerische Zeitschrift für Forstwesen, Jg. 129, Nr. 7, Juli 1978
Über die kulturelle Bedeutung des Waldes, Mitteilungen der Eidg. Anstalt für das forstliche Versuchswesen. Bd. 54, Heft 4, 1978
Das Osterlachen, Neue Zürcher Zeitung, 5./6. April 1980
Die Züribieterin, Zürichsee-Zeitung, 27. November 1980, Nr. 272
Bäuerliches Brauchtum im alten Wädenswil, in: Jahrbuch der Stadt Wädenswil 1981
Auf der Suche nach dem Bohnenlied, Neue Zürcher Zeitung, 9./10. Mai 1981, Nr. 106
Der vollkommene Landwirt. Das Lehrbuch des Römers Columella, Neue Zürcher Zeitung, 5./6. Dezember 1981, Nr. 283
Die Frau in Schweizer Chroniken und Sagen, Neue Zürcher Zeitung, 5./6. Juni 1982, Nr. 127
Die Lebensalter, in: Apropos Artemis. Ein Werkstattbuch. Zürich 1982
Heimatbegriff und Heimatbewußtsein in der Alten Eidgenossenschaft, in: «Ordo et Libertas» (= Festschrift Gerhard Winterberger), Zürich 1982
Bäuerliche Leitideen im Wandel der Geschichte, Festschrift H. Bach, Linzer-Universitätsschriften, Wien–New York, 1982
Vom Wein der alten Zürcher Landschaft, Schweiz. Hotel-Journal, Frühjahrsnummer, Zürich 1983
Bäuerliches Brauchtum im Wandel der Zeit, in: «Konturen eines Kantons» (= Jubiläumsschrift EKZ), Zürich 1983